Standpunkt

Analysen · Dokumente · Pamphlete

Redaktion Hans-Helmut Röhring

Iring Fetscher (Hrsg.)

Marxisten
gegen Antisemitismus

Hoffmann und Campe

1. bis 5. Tausend 1974
© Hoffmann und Campe Verlag, Hamburg 1974
Gesetzt aus der Borgis Garamond-Antiqua
Gesamtherstellung Clausen & Bosse, Leck
ISBN 3-455-09158-X. Printed in Germany

Inhalt

A. Vorwort   7

B. Einleitung *Ilse Yago-Jung*   11

C. Zur Entstehung des politischen Antisemitismus
   in Deutschland *Iring Fetscher*   29

  1. *Friedrich Engels*, Über den Antisemitismus   54
  2. *August Bebel*, Vorschlag einer Resolution zum Thema
     Antisemitismus und Sozialdemokratie   58
  3. *Karl Kautsky*, Das Massaker von Kischeneff
     und die Judenfrage   77
  4. *Karl Kautsky*, Rasse und Judentum   87
  5. *Wladimir Medem*, Der moderne Antisemitismus in
     Rußland   120
  6. *Rosa Luxemburg*, Nach dem Pogrom   127
  7. *Rosa Luxemburg*, Rückzug auf der ganzen Linie   136
  8. *Rosa Luxemburg*, ›Diskussion‹   141
  9. *Wladimir Iljitsch Lenin*, Die Stellung des ›Bund‹
     in der Partei   151
10. *Wladimir Iljitsch Lenin*, Gesetzentwurf über die
    nationale Gleichberechtigung   164
11. *Wladimir Iljitsch Lenin*, Die nationale
    Gleichberechtigung   166
12. *Wladimir Iljitsch Lenin*, Über die Pogromhetze
    gegen die Juden   169
13. *Maxim Gorki*, Antwort auf eine Umfrage über das
    Problem des Antisemitismus   171

14. *Leo Trotzki*, Brief an jüdische Linksintellektuelle
in der Sowjetunion (Oktober 1934)   178
15. *Leo Trotzki*, Thermidor und Antisemitismus
(22. Februar 1937)   179
16. *Leo Trotzki*, Imperialismus und Antisemitismus
(Mai 1940)   189
17. *Abraham Léon*, Der Niedergang des Kapitalismus und
die jüdische Tragödie im 20. Jahrhundert   191

A. Vorwort

Fast dreißig Jahre nach dem Ende der Naziherrschaft in Deutschland ist der Antisemitismus noch immer nicht tot. Gewiß, in den beiden deutschen Staaten hält ihn Scham über die eigne Vergangenheit zurück und sind offen antisemitische Äußerungen selten, aber die kritiklose Begeisterung der einen für die israelischen Streitkräfte und die offizielle Leugnung antisemitischer Tendenzen in bürokratisch-sozialistischen Staaten durch die anderen verdecken tieferliegende theoretische und moralische Verwirrungen.

Von Beginn seiner Entwicklung an hat der Marxismus sich kritisch mit dem Antisemitismus auseinandergesetzt. Nicht immer war das theoretische Niveau dieser Kritik ausreichend, aber nie gab es einen Zweifel an dem reaktionären Charakter dieser Form des »Fremdenhasses« und des Chauvinismus. Wenn Karl Marx in seinem Artikel ›Zur Judenfrage‹ (1844)[1] Judentum und Schacher identifiziert, so geschieht das nicht in der Absicht, den europäischen Juden die »Schuld« für die Entstehung des Kapitalismus in die Schuhe zu schieben (wie das später Werner Sombart getan hat, dessen Thesen von Max Weber so überzeugend zurückgewiesen wurden), sondern deshalb, weil Marx zeigen möchte, daß die Trennung von Staat und Kirche, die vollständige Emanzipation des bürgerlichen Staates von allen Elementen des kulturellen, religiösen und wirtschaftlichen Lebens der Gesellschaft keineswegs zur »Überwindung« von Entfremdung führen, sondern vielmehr alle diese Elemente nur um so hemmungsloser zur Entfaltung bringen wird. Der Vorschlag Bruno Bauers, die Juden durch Aufgabe ihrer besonderen Religiosität zu emanzipieren, beruht daher nach Marx auf der Verwechslung der bürgerlich-politischen Emanzipation mit der menschlichen, die erst der Sozialismus bringen kann. Dabei zeichnet sich schon vage die Erkenntnis ab, daß sich in der Kritik des »Judentums« (wie es in der Karikatur des christlichen Bürgers gesehen wird) im Grunde bourgeoiser Selbsthaß artikuliert. Der »jüdische Händler« ist das verhaßte Spiegelbild des eignen Wesens, mit dessen entrüsteter Ablehnung sich der christliche Geschäftsmann ein »gutes Gewissen« verschafft. Zugleich spiegelt sich in solcher Ablehnung immer auch ein Stück kulturell-sozialer Rückständigkeit, weil sie die (unbewußte) Ablehnung der neuen Produktionsweise impliziert, die doch längst schon ihren Siegeszug angetreten hat. Dieser Zusammenhang wird besonders klar in dem Essay von Abraham Léon (17) herausgearbeitet, der die Eigenart des europäischen Judentums in seiner sozial-ökonomischen Funktion während des feudalistischen Zeitalters erblickt. Damit wird begreiflich, warum mit der Durchsetzung des Kapitalismus die Juden in ihrer *Sonderfunktion* (als Vertreter einer innerhalb der Feudalgesellschaft zugelassenen, aber nicht voll akzeptierten ökonomischen Tätigkeit) in Frage gestellt und bedroht wurden. Die von Liberalen eröffnete Möglichkeit der Emanzipation wurde bald von der durch Reaktionäre entdeckten Eventualität der »Benützung« als Blitzableiter des »Volkszorns« wieder zunichte gemacht. Der Rückzug auf die Gettosituation, durch reaktionäre Regimes erzwungen, konnte zum Ausgangspunkt für eine nationale Erneuerungsbewegung werden, die sich quer zu den sozio-ökonomischen Entwicklungen stellte und gleichsam nachträglich aus der »Volksklasse« ein »normales Volk« zu machen suchte.

Die vorliegenden 17 Artikel, Essays, Briefe, Reden von Marxisten geben einen Querschnitt eines fast genau hundert Jahre währenden theoretischen und praktischen Kampfes von Marxisten gegen den Antisemitismus. Der Grundgedanke fast aller Beiträge ist, daß in einer sozialistischen Weltgesellschaft das Problem des Antisemitismus wie das der jüdischen Nationalität gelöst sein würde. Der deutsche Faschismus und die zumindest tolerierte Judenfeindschaft in der Stalinschen (und z. T. auch in der nachstalinschen) Sowjetunion haben solche Hoffnungen zwar nicht widerlegt, aber doch gezeigt, daß sie für die jetzt lebenden Generationen nicht genügen. Unter dem Eindruck des Holokausts in Europa haben 1948 die meisten Regierungen der Welt der Teilung Palästinas zwischen Arabern und Juden und der Gründung eines jüdischen Staates zugestimmt. Aber damit waren die Probleme dieses Volkes noch nicht gelöst. Arabischer und jüdischer Nationalismus stärkten sich fortan gegenseitig, und beide wurden von fremden Interessen in Dienst genommen. Eine genauere Rekonstruktion der jüngsten Geschichte macht eine simplifizierende Identifikation der beiden Seiten mit »Fortschritt« und »Reaktion« unmöglich. Vor allem verbietet sich für Völker, deren Antisemitismus die zionistische Lösung wenn nicht erzwungen so doch ermöglicht hat, die Verlagerung der Verantwortung auf diejenigen, die in der neuen palästinensischen Heimat eine letzte Zuflucht gefunden haben. Die Konflikte zwischen Israel und seinen arabischen Nachbarn sind u. a. auch Folgen dessen, was Juden in Mittel- und Ost-Europa erleiden mußten.

Wenn marxistische Analyse den Antisemitismus mit dem Kapitalismus in ursächliche Verbindung bringt, dann darf sie sich aber deshalb nicht blind stellen für antisemitische Tendenzen in den bürokratisch-sozialistischen Ländern. Mit Ausnahme der DDR (Ungarns und Rumäniens) gibt es in all diesen Ländern populäre antijüdische Tendenzen, die zwar nicht »offiziell gefördert«, aber doch auch nicht scharf und eindeutig verurteilt werden (vgl. hierzu die Analyse Trotzkis Nr. 15). Paradox genug wird selbst das mit erheblichen materiellen und psychischen Kosten bezahlte Auswanderungsrecht jüdischer Sowjetbürger zum Anlaß populärer Ressentiments. Der von Lenin auf eine Aufklärungsschallplatte gesprochene Text[2] (Nr. 12) ist – wie Adam Schaff gelegentlich anmerkte – seit der Stalin-Zeit aus dem Handel verschwunden. Seine Verbreitung wäre noch immer zeitgemäß und sinnvoll.

Bei der Vorbereitung dieser Textsammlung haben mich Herr Jacob Schissler und Frau Ilse Yago-Jung tatkräftig unterstützt. Darüber hinaus hat Frau Yago-Jung eine längere Einleitung verfaßt, die insbesondere auch auf die in Deutschland weniger bekannten Aspekte der Geschichte der jüdischen Arbeiterbewegung in Rußland (›Bund‹) eingeht und die Stellung von Lenin und Rosa Luxemburg ihr gegenüber analysiert.

Da die historischen Hintergründe des politischen Antisemitismus in Deutschland in den vorliegenden Beiträgen nur am Rande dargestellt sind, schien es sinnvoll, eine ältere Arbeit von mir, die in einem inzwischen vergriffenen Band enthalten war,³ in diesem Zusammenhang wieder vorzulegen, sie erscheint – bis auf stilistische Korrekturen – in ihrer ursprünglichen Gestalt.

Trillinghurst Oast, Cranbrook, Kent, Sommer 1974

Die Texte von Rosa Luxemburg werden zum erstenmal deutsch vorgelegt (aus dem Polnischen von Valentina Maria Stefanski). Die Arbeiten von Leo Trotzki sind einer englischsprachigen Broschüre, Leon Trotsky, ›On the Jewish Question‹, entnommen, die 1970 in New York erschien.

In den Beiträgen von Bebel, Kautsky und Medem wurde die ursprüngliche Orthographie beibehalten.

---

1 Der Text von Karl Marx ›Zur Judenfrage‹ (1844), der ursprünglich in diesen Band aufgenommen werden sollte, mußte aus Raumgründen weggelassen werden. Er ist aber in zahlreichen Editionen leicht greifbar z. B. in der Marx–Engels Studienausgabe (Bd. I.) in der Fischer Bücherei, Bd. 764.
2 Dieser Abdruck – wie auch der der anderen Lenin-Texte – erfolgt mit freundlicher Genehmigung des Dietz Verlages, Berlin.
3 Antisemitismus, zur Pathologie der bürgerlichen Gesellschaft, herausgegeben von Hermann Huss und Andreas Schröder, Frankfurt 1965, S. 11–33.

B. Einleitung
Ilse Yago-Jung

Bei einer nur oberflächlichen Kenntnis der Geschichte und politischen Funktion des Antisemitismus ist man leicht geneigt, die Stellungnahmen bedeutender Sozialisten unter die Dichotomie pro oder contra... einzuordnen, ohne dabei die Intention der gegebenen Aussagen zu berücksichtigen oder den Hintergrund, auf dem eine Stellungnahme zu Antisemitismus und Judentum abgegeben wurde. Eine solche Einfachheit der Beurteilung hieße jedoch, dem Wesen der marxistischen Analyse des Antisemitismus nicht gerecht zu werden.

Antisemitismus, ein Wort, das von dem deutschen Agitator Wilhelm Marr 1879 geprägt wurde, bezeichnet alle Formen von Feindseligkeit, die sich gegen die Juden als Angehörige eines Volkes mit exklusivem Normenkodex richten. Er tritt auf als eine Bewußtseinshaltung, die sich gegen verschiedene Formen der Andersartigkeit des jüdischen Volkes richtet.[1] Antisemitismus taucht geschichtlich immer im politischen Kontext auf.

Die ersten Formen des Antisemitismus findet man bereits bei Römern und Griechen, dort als Antagonismus zwischen der Pan-Religiosität der Hellenen und Römer und dem strengen Monotheismus, auf dem die jüdische Theokratie aufgebaut war. Der Antisemitismus war in der Antike wesentlich als Herrschaftskonflikt zwischen zwei Völkern zu verstehen, die territorial gesichert waren. Das ändert sich jedoch für die Juden mit der Zerstörung des zweiten Tempels und dem Beginn der Wanderschaft, mit dem Verlust der eigentlichen ökonomischen und staatlichen Basis.[2]

Im christlichen Ständestaat, der in Europa dem Zerfall des Römischen Reiches folgte, wurden Handel und Wucher zur Erwerbstätigkeit der Juden. Diese waren den Christen durch kirchlich verkündetes, göttliches Recht untersagt, so daß sie nur von Nicht-Christen betrieben werden konnten. Überdies besaßen die Juden aufgrund ihrer geographischen »Zerstreutheit« über Europa und den Orient hinweg gute Voraussetzungen für einen ausgedehnten Handel.

Der ökonomischen Scheidung zwischen Juden und Christen entsprach eine soziale und politische. Sie hatte ihren Ursprung in der christlichen Selbst-Definition des feudalen Ständestaates. Dieser leitete seinen Herrschaftsanspruch vom Gott des Neuen Testaments ab. Seine politische Spitze fundierte auch die weltliche Macht darauf, Stellvertreter Gottes auf Erden zu sein: universeller Herrscher über das Gottesvolk. Zum Gottesvolk wurden alle Menschen gezählt, die den christlichen Gottesbegriff akzeptierten, wie ihn der Klerus definiert hatte. Damit waren die Juden per definitionem aus dem sozialen und normativen Kontext der christlichen Gesellschaft ausgeschlossen, einer Gesellschaft, die ökonomisch fast ganz auf der Agrarwirtschaft beruhte. Die Juden waren jedoch durch Ausübung von Handel und Wucher Vertreter einer Wirtschaftsform, die inhaltlich bereits zur Warenproduktion gehörte.

Je mehr sich nun mit der Entwicklung der agrarischen Gesellschaft zur bürgerlich-kapitalistischen auch die sozialen Folgen dieser Transformation zeigten (ökonomisch als Verschuldung des Adels und der Bauern, gesellschaftlich als Auflösung des alten Normenzusammenhangs des christlichen Staates), um so mehr fanden diese ein Ventil gegen die Juden, die zu Unrecht als Vertreter der neuen Wirtschaftsform, des Kapitalismus schlechthin, angesehen wurden. Bis zum »Sieg« des Kapitalismus und der Industrialisierung kann daher die Geschichte des Antisemitismus als Geschichte eines fehlgeleiteten und vergeblichen Widerstandes gegen das Aufkommen des Kapitalismus und den Untergang der feudalen Gesellschaft angesehen werden, fehlgeleitet deshalb, weil die ökonomischen Tätigkeiten der Juden im Mittelalter – Handel und Wucher – lediglich Ausdruck einer neuen Wirtschaftsform waren, keineswegs aber deren Motor.[3]

Zum Politikum wird der Antisemitismus dann, wenn Kapitalismus und »kapitalistisches Denken« den Juden als ererbte »Rassenmerkmale« zugeschrieben werden. Bevor sich ein christliches Bürgertum in Europa entwickelte, fand die religiös verbrämte, wirtschaftliche Argumentation des Antisemitismus noch eine augenscheinliche Basis in der sozio-ökonomischen Exklusivität der Juden. Spätestens mit dem Aufkommen des christlichen Bürgertums, einer eigenen christlichen Kapitalistenklasse, mußte der Antisemitismus – indem er weiterhin nur die Juden allein mit dem Kapitalismus identifizierte – zur willkommenen Ablenkungsideologie vom »christlichen« Kapitalismus werden.

Damit aber das Politische dieser Identifikation erkannt werden konnte, war zunächst einmal ein Staat notwendig, der den Juden faktisch die Möglichkeit der sozialen und wirtschaftlichen Integration gab, um dem Antisemitismus die Basis seiner Identifizierung zu entziehen.

Dieser Gedankengang bildete auch die Motivation des Liberalismus, der für die politische Gleichberechtigung der Juden kämpfte.

Doch wie sah diese faktische Integration der Juden in die bürgerlich-liberale Gesellschaft nach der Französischen Revolution praktisch aus?

In Frankreich, wo die Juden 1791 die vollen Bürgerrechte bekamen (auch wenn sie noch lange Zeit danach besondere Abgaben zahlen mußten), bedeutete die Gleichberechtigung der Religionen und der religiös-sozialen Gruppen die Unterordnung unter den neutralen Gesetzeskodex des bürgerlichen Staates.[4] Das war aber gleichzusetzen mit einer Herabsetzung der Halacha, des jüdischen traditionellen Gesetzes, auf dessen Fundament die jüdische soziale Gemeinschaft ruht. Außerdem blieb der neutrale, bürgerliche Staat christlich organisiert (Sonntage, Feiertage, keine Ehescheidung etc.). Die volle Integration der Juden in den liberalen Staat wäre mit der praktischen Aufgabe ihres religiös-sozialen Zusammenhangs erkauft worden. So ergibt sich eigentlich das Paradoxon, daß die Juden im christlichen Ständestaat zwar rechtlich unterprivilegiert waren, ihr religiös-soziales Fundament jedoch nicht in Frage gestellt oder durch die Unterordnung unter ein nicht-jüdisches Gesetz benachteiligt wurde. Entsprechend ergab sich für die Juden zu Beginn des 19. Jahrhunderts die Handlungsalternative: gleichberechtigter integrierter Bürger im wert-neutralen, jedoch noch christlich organisierten Staat zu werden, das heißt, sich zu assimilieren, oder Jude zu bleiben und damit in einer sozialen Ausnahmestellung zu verharren. Viele wählten die erste Möglichkeit und traten sogar zum Christentum über als Zeichen ihrer vollständigen Assimilation: teilweise um sozial integriert zu werden, aber mehr noch aus Bewunderung für den neuen liberalen Staat, von dem einzig im Laufe der Entwicklung der Ausgleich sozialer Unterschiede erwartet wurde.

Bruno Bauer (auf den sich Marx in seiner Polemik ›Zur Judenfrage‹ bezieht) erkennt zunächst das Paradoxe, das in der geschilderten Situation der Juden im liberalen, aber gleichwohl noch christlich organisierten Staat bestand: in dem Zwang, sich religiös zu emanzipieren, sich zu assimilieren, um politisch und sozial emanzipiert zu werden. Konsequent der Idee des Liberalismus folgend, fordert Bauer daher, daß der Mensch überhaupt die Religion aufhebe, um staatsbürgerlich emanzipiert zu werden, während umgekehrt auch der Staat *jenseits* der Religion stehen solle, da der Staat, welcher die Religion voraussetze, kein wahrer, wirklicher Staat sei.

Marx widerlegt die Aussage Bauers, daß die politische Emanzipation des Menschen erst nach der religiösen Emanzipation von Individuum und Staat zu erlangen sei und dann auch die menschliche Emanzipation als freies, gleiches Individuum einschließe. Selbst bei der Emanzipation des Staates von der Religion (wenn sich der Staat als bloßen Staat bekennt) bleibt ja die Frage nach dem Wesen des Staates weiter bestehen, die Frage, ob der von der Religion gelöste Staat identisch sei mit dem wahrhaft menschlichen Gemeinwesen. Diese Gleichung lehnt Marx ab. Er weist nach, daß die Menschenrechte und die Ideen von Freiheit, Gleichheit und Brüderlichkeit, auf denen der liberale Staat beruht, im Grunde nur die Rechte des Privateigentümers sind, eingebettet in eine bürgerliche Gleichheitsideologie:

»Aber das Menschenrecht der Freiheit basiert *nicht auf der Verbindung des Menschen mit dem Menschen,* sondern vielmehr auf der *Absonderung des Menschen von dem Menschen.* Es ist das RECHT dieser Absonderung, das Recht des BESCHRÄNKTEN, auf sich beschränkten Individuums. Die praktische Nutzanwendung des Menschenrechts der Freiheit ist das Menschenrecht des PRIVATEIGENTUMS. Worin besteht das Menschenrecht des Privateigentums? ... Das Menschenrecht des Privateigentums ist also das Recht, willkürlich (à son gré) ohne Beziehung auf andere Menschen, unabhängig von der Gesellschaft, sein Vermögen zu genießen und über dasselbe zu disponieren, das Recht des Eigennutzes. Jene individuelle Freiheit, wie diese Nutzanwendung derselben, bilden die Grundlage der bürgerlichen Gesellschaft. Sie läßt jeden Menschen im anderen Menschen nicht die Verwirklichung, sondern vielmehr die SCHRANKE seiner Freiheit finden!«[5]

Die Emanzipation des Menschen in der bürgerlichen Gesellschaft ist daher nicht identisch mit der menschlichen Emanzipation, denn diese kann nur erreicht werden in einer Gesellschaft, in der die Grundlage für die Schranken zwischen den Menschen abgeschafft ist: das Privateigentum. Von dieser Argumentation ausgehend, kommt Marx zu der Schlußfolgerung, daß auch die menschliche Emanzipation der Juden nicht im liberalen Staat zu erreichen ist, sondern erst in einer klassenlosen Gesellschaft. Dabei identifiziert Marx die Juden und jüdisches Denken mit kapitalistischem Denken, auch wenn er einschränkend bemerkt, daß das, was seiner Meinung nach abstrakt in der jüdischen Religion angelegt sei, »der Polytheismus der vielen Bedürfnisse«[6], erst in der Entwicklung zur bürgerlichen Gesellschaft hin sich als kapitalistische Denkweise ausgeformt hat: »Das Judentum hat sich nicht trotz der Geschichte, sondern durch die Geschichte erhalten.«[7] Es ist schon viel über die Tatsache geschrieben worden, warum Marx in seiner Abhandlung über die Judenfrage das Judentum mit dem Kapitalismus gleichsetzt. Sicher floß in die Aussage Marx' seine persönliche Vergangenheit mit ein (sein Vater trat mit seiner ganzen Familie zum Christentum über, als der junge Karl erst 13 Jahre alt war und in ein christliches Gymnasium eingeschult wurde, wobei er mit Sicherheit seine Identität neu zu bestimmen hatte); deshalb aber Marx Antisemitismus zu unterstellen, wäre völlig verfehlt. Ihm ging es allein um die Emanzipation des Menschen von einer Gesellschaft, die auf dem Privateigentum beruht. Der »jüdische Schacher« ist mehr eine Metapher für das Wesen des allgemeinen »Geistes des Kapitalismus« als eine historisch gemeinte These.

Marx schrieb seine Abhandlung ›Zur Judenfrage‹ acht Jahre vor dem Staatsstreich von Louis Bonaparte (2.12.1851) und sechs Jahre, bevor im Sundgau im Elsaß ein Pogrom der Bauern gegen die dort ansässigen Juden ausbrach.

Er schrieb die Abhandlung, bevor sich die ersten Machtkämpfe innerhalb des auf dem Privateigentum beruhenden Staates zeigten, und daher auch, bevor die Funktion des Antisemitismus innerhalb dieses bürgerlichen Staates offensichtlich werden konnte.

In der Französischen Revolution und mit der Verfassung weiterer bürgerlicher Staaten wurden historisch zum erstenmal politische Herrschaftssysteme errichtet, die in ihrer ideologischen Basis, den individuellen Menschenrechten, dem Prinzip des freien ökonomischen Wettbewerbs des Liberalismus entsprachen. In ihrer geographischen Abgrenzung reflektierten die neuentstandenen und entstehenden Staaten sowohl das Territorium einer *Nation,* die durch gemeinsame *Sprache, Kultur und Geschichte* definiert wurde, als auch die wirtschaftliche Abgrenzung des nationalen Marktes. Die Entwicklung der bürgerlichen Wirtschaft sprengte jedoch rasch die nationalen Grenzen, mit denen der bürgerliche Staat kongruent war, und sie mußte sich im internationalen Wettbewerb behaupten. Das neue Stadium des internationalen Wettbewerbs zeigte sich in der Folgezeit jedoch nicht nur im wirtschaftlichen Fundament des bürgerlichen Staates, sondern auch in seiner Ideologie, im Bewußtsein der Staatsbürger. Der internationale Wettbewerb äußert sich als Anwachsen des Nationalismus innerhalb der bürgerlichen, miteinander konkurrierenden Gesellschaften.[8] Allgemein kann der Nationalismus verstanden werden als Selbstbehauptungswille einer nationalen Bourgeoisie gegen die anderen. Ideologisch findet dieser Selbstbehauptungswille seinen Ausdruck in der Verklärung nationaler, »völkischer« Eigenschaften, die den imperialistischen Supremat eines Volkes über ein anderes begründen soll,

z. B. eines europäischen Volkes über ein kolonisiertes. Bezüglich der Wirtschaft der eigenen Nation, dient der Nationalismus der Aktivierung aller Arbeitskräfte für den schnellen Aufbau der Wirtschaft im internationalen Wettbewerb (indem ein gemeinsames Ziel der Nation angestrebt wird). Psychologisch liefert der Nationalismus das einigende Band über alle Klassengegensätze hinweg zwischen der nationalen Bourgeoisie als Motor des Kapitalismus und der nationalen Arbeiterschaft als dessen Träger.[9] Sozial dient er dazu, sich der Konkurrenz von nationalen Minderheiten innerhalb der betreffenden Nation zu erwehren. Der Nationalismus selbst ist jedoch angewiesen auf ein logisches Gegenüber, von dem man sich absetzen kann. Historisch und sozial stellten die Juden für den aufkommenden Nationalismus der europäischen Nationalstaaten ein ideales »Gegenüber« dar. Wirtschaftlich in Westeuropa in Berufen des Bürgertums überrepräsentiert und – soweit sie gläubig waren – sozial wenig integriert, boten die Juden eine geeignete Angriffsfläche für das aufkommende Bürgertum. Indem man die Juden, wie es ja bereits im Mittelalter geschehen war, mit Kapitalismus gleichsetzt, kann man sie auch für den Kapitalismus verantwortlich machen. Man kann sie insbesondere natürlich für die Schwächen, die ökonomischen Krisen des Kapitalismus verantwortlich machen und so über die wahren Zusammenhänge, die wirklichen Ursachen und »Verursacher« dieser Krisen hinwegtäuschen.

So wird der moderne Antisemitismus zum Ausdruck der Konkurrenzverhältnisse und ihrer sozialen Folgen, die mit dem Kapitalismus auftreten. In bezug auf jene Schichten und Berufe, in denen die Juden überrepräsentiert sind, ist es die direkte Konkurrenz, auf der der Antisemitismus dieser Schichten (Akademiker, Kaufleute, des jungen Bürgertums allgemein) beruht. Sie ist verbunden mit einer erhöhten Knappheit an Arbeitsplätzen und erhöhter Schwierigkeit im Wettbewerb beim Absatz der Produkte. In bezug auf die Bauern und den Adel manifestiert sich der Antisemitismus dieser Schichten als indirekte Konkurrenz. Diese äußert sich als Widerstand der Vertreter eines feudalen Wirtschafts- und Sozialsystems gegen die Juden, die als Vertreter des neuen, des bürgerlichen Wirtschafts- und Sozialsy-

stems angesehen werden. Diese indirekte Konkurrenz ist verbunden mit den sozialen Folgen der Verschuldung.
Antisemitismus auf der Basis ökonomischer Konkurrenz mit dem politischen Ziel der Verschleierung und Ablenkung: Dieser Zusammenhang wird deutlicher, betrachtet man den Antisemitismus und seine Hintergründe in den einzelnen Ländern.

In Deutschland z. B. hatten sich während des 19. Jahrhunderts die jüdischen Gemeinden ziemlich vergrößert (im Vergleich zu einigen Tausend zu Ende des 18. Jahrhunderts). Der größte Teil der Juden wohnte in den großen Städten: Breslau, Leipzig, Köln, Frankfurt und Berlin. Die jüdische städtische Bevölkerung stellte ein Drittel der gesamten jüdischen Bevölkerung in Deutschland. 1871 gab es 512158 Juden in Deutschland, von denen fast 70 % in Kleinhandel, Industrie und Bankgewerbe (mittlerer Größe) arbeiteten oder freiberuflich (Akademiker etc.) beschäftigt waren. Ungefähr 5 % waren an den Universitäten angestellt, wenn dort auch nur zu den unteren akademischen Rängen zugelassen. Im Hinblick auf die Gesamtheit aller Studenten in Deutschland waren die Juden gegenüber den deutschen Studenten überrepräsentiert.[10]
Durch diese Überrepräsentierung in Handel, Industrie und akademischem Bereich stellten die Juden eine ungeheure Konkurrenz für das aufstrebende, junge deutsche Bürgertum dar. Diese Konkurrenz macht sich zum erstenmal deutlich in der ersten großen Krise des Kapitalismus bemerkbar, zur Zeit der großen Börsenkrachs von 1873. Kurze Zeit später kamen die ersten antisemitischen Parteien und Vereinigungen auf: Adolf Stöckers Christlich-soziale Arbeiterpartei (1878); der Verein deutscher (Burschenschaften) Studenten und das Corps deutscher Burschenschaften (1881); die deutsche Reichspartei von Ernst Henrici (1880) und der deutsche Volksverein (1881–1883). Diese Parteien und Vereinigungen spiegeln jene sozialen Schichten wider, die – wie oben ausgeführt – sich in der verstärkten direkten Konkurrenz mit Juden befanden: Akademiker, mittleres Bürgertum und auch bereits Arbeiter, da inzwischen die Einwanderung jüdischer Arbeiter aus dem Osten begonnen hatte,

und Adel und Bauern, die hoch verschuldet waren. Dieser – im Volk vorhandene – Antisemitismus wurde politisch geschickt von der Rechten ausgenutzt, nicht zuletzt um damit der liberalen Presse (bei der viele Juden mitarbeiteten) und der jungen Sozialdemokratie (unter deren Führern sich eine beachtliche Anzahl Juden befand) politisch zu schaden.
Auf diesem Hintergrund nimmt A. Bebel in seiner Resolution auf dem Kölner Parteitag 1893 Stellung zum Antisemitismus. Er charakterisiert den Antisemitismus als der ...

»Mißstimmung gewisser bürgerlicher Schichten (entsprungen), die sich durch die kapitalistische Entwicklung bedrückt finden und zum großen Teil durch diese Entwicklung dem wirtschaftlichen Untergang geweiht sind, aber in Verkennung der *eigentlichen* Ursache ihrer Lage den Kampf nicht gegen das kapitalistische Wirtschaftssystem, sondern gegen eine in demselben hervortretende Erscheinung richten, die ihnen im Konkurrenzkampf besonders unbequem wird, gegen das jüdische Ausbeutertum.«[11]

Sicher zeigt sich in dieser Identifizierung von Judentum und Ausbeutertum Bebels mangelnde Reflexion über die Juden, und sicher kommen im weiteren Text der Resolution noch einige sprachliche Schnitzer vor. Die *eigentliche* Aussage der Resolution ist jedoch eine Kampferklärung an den Antisemitismus als politisches Ablenkungsmanöver des Bürgertums im Konkurrenzkampf. F. Engels, der nicht nur als scharfsinniger Marxist klar die politische Funktion des Antisemitismus erkennt, sondern aufgrund besserer Kenntnis der Sozialstruktur der Juden in Europa auch klarer die Haltlosigkeit antisemitischer Gleichsetzung der Juden mit bürgerlicher Ausbeutung durchschaut, wendet sich in seinem Brief an den österreichischen Sozialdemokraten Engelbert Pernerstorfer[12] eindeutiger und sprachlich weitaus klarer als Bebel gegen den Antisemitismus. Nicht nur das: Er wendet sich auch direkt gegen die Meinung, daß der Antisemitismus eine Art »Sozialismus« sei, da in ihm ja eine Auflehnung gegen den Kapitalismus zum Ausdruck komme (Sozialismus der »dummen Kerls«).

»Der Antisemitismus ist also nichts anderes als eine Reaktion mittelalterlicher, untergehender Gesellschaftsschichten gegen die moderne Gesellschaft, die wesentlich aus Kapitalisten und Lohnarbeitern besteht, und dient daher nur reaktionären Zwecken unter scheinbar sozialistischem Deckmantel; er ist eine Abart des feudalen Sozialismus, und damit können wir nichts zu schaffen haben.«

Den Antisemitismus des Bürgertums, der neuen Kapitalistenklasse in seinem Brief außer acht lassend, bezieht sich Engels hauptsächlich auf den Antisemitismus des Adels und der Bauern als Vertreter des feudalen Systems (wie er in Rußland zum Beispiel zu seiner Zeit noch existent war).

In Rußland war die Situation der Juden hinsichtlich ihrer sozialen Position wesentlich anders als die der »westlichen« Juden. Während der drei polnischen Teilungen (1772 – 1795) kam das Gebiet, in dem der größte Teil der polnischen Juden angesiedelt war, unter russische Herrschaft. Die Zaren, den Juden feindlich gesinnt und gegen ihre Integration ins russische Großreich eingestellt, beschränkten das Wohnrecht der Juden auf ein bestimmtes Gebiet, den »Ansiedlungs-Rayon«, der weitgehend mit dem von Polen während der Teilungen übernommenen Gebiet übereinstimmte. Schwere Steuern, das Verbot, sich in den Dörfern anzusiedeln, Land an die einheimischen Bauern zu verpachten, Alkohol zu verkaufen etc., waren Einschränkungen, die für die Juden einschneidende Änderungen bezüglich ihres Lebensunterhaltes mit sich brachten (Judenerlaß 1804). Dazu kamen noch Verbote, die sich nicht nur gegen die wirtschaftliche und soziale Basis der jüdischen Bevölkerung im Rayon richteten, sondern auch gegen den Ausdruck ihrer religiösen (und nationalen) Identität, z. B. das Verbot, ihre traditionelle Kleidung zu tragen und sich die Schläfenlocken wachsen zu lassen (1844). Nur einer geringen Anzahl gelang es, der Enge des Zwangswohngebietes zu entfliehen: entweder durch den Besuch einer russischen Schule (nach den Reformmaßnahmen Alexanders II.), die zwangsläufig die Assimilation der Kinder mit sich brachte, da diese durch Sprache und Sitten total ihrer früheren, orthodoxen Umgebung entfremdet wurden, oder durch Auswanderung, nachdem diese legalisiert worden war.

Die ungeheure Verarmung der jüdischen Bevölkerung wurde noch verschlimmert durch die Mai-Gesetze des Jahres 1882, durch die es den Juden verboten wurde, sich außerhalb von Städten anzusiedeln, wobei eine Mindestgröße der Städte festgelegt wurde. Dadurch war ein großer Teil der Juden, die innerhalb des Rayon in kleineren Städtchen und Marktflecken wohnten, gezwungen, in die größeren Städte zu ziehen, in denen die dort wohnenden Juden bereits kaum ihren Lebensunterhalt bestreiten konnten. So bildete sich schnell ein jüdisches Proletariat und ein Heer von Arbeitslosen, die sich beide jedoch in bezug auf ihr Einkommen kaum von den ärmlichen jüdischen Handwerkern oder Kleinunternehmern unterschieden.[13]

Aufgrund dieser Lage fand auch der Sozialismus raschen Anklang bei den jüdischen Arbeitern im Anrainergebiet (Rayon). In bezug auf *Militanz* – die jüdischen Arbeiter begingen z. B. den ersten Mai bereits 1882 mit einer großen Demonstration, an der einige Tausend teilnahmen – und in bezug auf ihre praktische *Organisation* – es gab bereits 1880 Streikkassen[14] – standen die jüdischen Arbeiter schon früh an der Spitze der russischen Sozialdemokratie.[15] Als der ›Allgemeine jüdische Arbeiterbund in Rußland, Polen und Litauen‹ im Jahr 1897 gegründet wurde (Martov war einer der Gründungsväter des ›Bund‹), war er – bereits ein Jahr vor der Gründung der RSDAP – eine sozialistische Massenorganisation, mit der größten Mitgliederzahl im Verhältnis zum russischen Proletariat.[16] Von diesem unterschied sich das jüdische Proletariat jedoch stark in seiner sozialen Problematik. Ohne allgemeine Schulbildung (von den Religionsschulen einmal abgesehen), fast nur Jiddisch verstehend, ohne gesicherte Arbeitsplätze und aufgrund von Verboten nicht fähig, in andere Berufszweige auszuweichen oder durch Wechsel des Wohnorts die eigene wirtschaftliche Lage zu verbessern, bildete nicht nur das jüdische Proletariat, sondern die Juden im Rayon allgemein eine gesonderte soziale Gruppe, eine eigentümliche »Volksklasse«. Außerdem bestätigte der Antisemitismus täglich die »Volksklassensituation« der Juden, indem er *alle* Juden, ungeachtet ihrer sozialen Stellung, mit der physischen Ausrottung bedrohte. Aus dieser Situation heraus entwickelten sich Ende des Jahrhunderts *zwei politische Richtungen*, die die Lösung der Volksklassenproblematik der Juden zum Ziel hatten.

Die eine fand ihren Ausdruck in den verschiedenen *Richtungen des Zionismus*[17] und die andere im Programm der *national-kulturellen Autonomie* des sozialistischen ›Bund‹. Der Zionismus beruht auf der axiomatischen Annahme, daß der Antisemitismus grundsätzlich in jeder Gesellschaft besteht und bestehen wird und daß eine Lösung des »jüdischen Problems« erst in der Sammlung der Zerstreuten und der Wiedergeburt des jüdischen Volkes im eigenen jüdischen Staat möglich ist.

Der ›Bund‹ dagegen beruht auf einer sozialistischen Analyse des Antisemitismus und sieht aufgrund des Charakters des Antisemitismus die Lösungsmöglichkeit des »jüdischen Problems«, der Volksklassenproblematik, nur in einer sozialistischen Gesellschaft. Er fordert jedoch als Übergangsprogramm die *national-kulturelle Autonomie* der Juden, um praktisch (in der eigenen Sprache, mit eigenen Schulen, eigener Presse usw.) die Belange der Juden bis zu ihrer Integration in ein sozialistisches Gemeinwesen besser berücksichtigen zu können.[18] Der Zionismus stellt dabei die nationale Antwort auf den Antisemitismus als nationale Ideologie dar, das Programm des ›Bund‹ ist der Versuch, eine internationalistische, sozialistische Lösung für das jüdische Problem zu finden.

Beide sind jedoch gegen die Assimilation, besonders die erzwungene, als dritte Lösung der Volksklassenproblematik der Juden gerichtet.

Gegen die Assimilation gerichtet sein bedeutet aber: für die Beibehaltung einer *jüdischen Eigenart,* einer nationalen Eigenart zu kämpfen. Hierin bestand historisch das Hauptproblem der Auseinandersetzungen namhafter Sozialisten mit dem jüdischen Proletariat.[19] Auch nachdem der Antisemitismus und sein logisches Pendant, der Zionismus, als bürgerliche Ideologien erkannt worden waren,[20] blieb die Frage: Ist die Beibehaltung der nationalen Eigenschaften eines Volkes ohne Territorium bürgerlicher Nationalismus, der der internationalen Einigung des Proletariats im Wege steht, oder ist diese Beibehaltung gerechtfertigt, und wird die Zukunft der sozialistischen Gesellschaft über ihr »natürliches« Überleben entscheiden?

Für Kautsky ist die Antwort einfach: Er verficht die These, daß es weder eine jüdische »Rasse« noch ein jüdisches Volk gibt und daß die sogenannten besonderen »jüdischen Eigenschaften« die generellen Eigenschaften des Städters in der bürgerlichen Gesellschaft sind. Er nimmt daher an, daß mit der sozialen Integration der Juden in der sozialistischen Gesellschaft auch die noch bestehenden jüdischen Verhaltenseigenheiten verschwinden, was praktisch mit dem Untergang des Judentums durch Assimilation gleichzusetzen wäre.

Die Stellungnahme Lenins ›Zur Judenfrage‹ ist dagegen differenzierter. Grundsätzlich bejahte Lenin das Recht unterdrückter Nationen auf eine eigene nationale Organisation *innerhalb* des sozialistischen Staatenverbandes, und die Juden waren ganz offensichtlich ein unterdrücktes Volk. Im Hinblick auf die Juden bezog Lenin jedoch einen anderen Standpunkt: Er bekämpfte die Forderungen des ›Bund‹ nach *einer eigenen* Organisation des jüdischen Proletariats mit dem Vorwurf, daß dieser »nationalistische Tendenzen« verfolge. Lenin rechtfertigt seinen Vorwurf, indem er davon ausgeht, daß die Juden, in Europa und Rußland sozial so unterschiedlich entwickelt, zwei »Kasten« und keine Nation seien. Er beruft sich dabei – aus offensichtlicher Unkenntnis des religiös-nationalen Fundaments des Judentums – unkritisch auf die Urteile von Kautsky und O. Bauer. Lenin bestreitet nicht nur eine nationale Basis des Judentums, sondern lehnt auch – ebenfalls aus Unkenntnis der Situation der Juden im Rayon – die *Notwendigkeit einer eigenen Organisation für das jüdische Proletariat ab* und meint, die speziellen Probleme des jüdischen Proletariats im Rayon seien soziale Probleme, die von *jeder* lokalen Sektion der Sozialdemokratie gelöst werden könnten – eine Position, die Lenin später, nach der Oktoberrevolution, *revidierte*. Der ›Bund‹ hatte demgegenüber aus mehreren Gründen eine *eigene* Organisation gefordert: Erstens akzeptierte er eine religiös-nationale Identität des jüdischen Volkes und zweitens griff er die regionale Gliederung der Zweiten Internationale an. Diese regionale Gliederung benachteiligte automatisch alle nationalen Minderheiten ohne eigenes Territorium, da diese gezwungen waren, sich der Sektion der übergeordneten Nation anzuschließen. Da die jüdischen Arbeiter nirgendwo in Rußland und Polen in der Mehrheit waren – selbst im Rayon bildeten sie nur 7 % der Gesamtbevölkerung –, hätte sich das jüdische Proletariat in die polnische oder in die russiche Sektion integrieren müssen. Damit wäre die Verantwortung für speziell jüdische Probleme auf die russische bzw. polnische Sektion übertragen worden. Das jüdische Proletariat wäre bei der Lösung seiner Probleme von anderen Sektionen abhängig gewesen, die selbst sowohl mit ihren eigenen Problemen überfordert waren, als auch aufgrund von Sprach-, Wohn- und Traditionsbarrieren die jüdischen Probleme kaum angemessen beurteilen konnten.[21]

Die Auseinandersetzung zwischen Lenin und dem ›Bund‹ kann grundsätzlich dadurch erklärt werden, daß beide unterschiedliche Begriffe von »Nation« vertraten, die allerdings weniger die der Definition der nationalen Kriterien: gemeinsame Geschichte und Sprache betrafen. Bezüglich der nationalen Kultur trennt Lenin zwischen den kulturellen Elementen, die die nationale Bourgeoisie widerspiegeln, und denjenigen, die das Proletariat widerspiegeln und die Lenin bejaht. Soweit stimmte der ›Bund‹ mit ihm überein. Der wesentliche Unterschied bestand aber darin, daß Lenin das *Territorium* als eine notwendige Voraussetzung der Definition einer Nation ansah, während dem ›Bund‹, der ein nationales Proletariat *ohne* eigenes Territorium vertrat, die Bedeutung der nationalen Identität für die Definition der Nation als ausschlaggebend und ausreichend erschien.[22] Dieses Mißverständnis war historisch ein Fehler. Angesichts Lenins Ablehnung seiner Forderungen sah sich der ›Bund‹ gezwungen, mit den gemäßigteren Menschewiki zu koalieren, obwohl der ›Bund‹ in allen *anderen* Fragen sehr viel eher mit den Bolschewiki übereinstimmte. Der Konflikt zeigte sich in den wiederholten Ein- und Austritten des ›Bund‹ aus der RSDAP. (II. Kongreß der RSDAP in London: Austritt des ›Bund‹; Wiedereintritt nach der gescheiterten Revolution 1906 etc.)[23]

Im wesentlichen jedoch bleibt dieser Konflikt eine Auseinandersetzung um das Programm der national-kulturellen Autonomie und seiner politischen Folgen. Er darf in keinem Fall als »Antisemitismus« auf seiten Lenins angesehen werden, denn gegen den Antisemitismus wandte sich Lenin wiederholt mit großer Schärfe und Eindeutigkeit. Auch hinsichtlich der nationalen Problematik der jüdischen Arbeiter nahm Lenin nach der Oktoberrevolution eine weit konziliantere Haltung ein: 1918 bekamen die Juden in der ›Jewsektie‹ eine eigene Sektion innerhalb der russischen kommunistischen Partei, die ihre Angelegenheiten auf lokaler Ebene vertreten sollte. Sie wurde später von Stalin aufgelöst.[24]

Rosa Luxemburg argumentiert gegen den ›Bund‹. Sie lehnt jedoch noch radikaler als Lenin eine national-kulturelle Autonomie der jüdischen Arbeiter ab. Sie wendet sich allgemein gegen jede Art von nationaler Selbstbestimmung, sei sie politischer oder kultureller Natur. Ihr strenger Internationalismus basiert auf der theoretischen Voraussetzung der Expansion des Monopolkapitalismus, der durch die Entwicklung einer Weltwirtschaft *alle* nationalen Schranken wie Sprach- und kulturelle Unterschiede niederreißt. Von der internationalen Proletarisierung durch den Imperialismus ausgehend, fordert R. Luxemburg eine streng internationalistische Organisation der Arbeiter als einzig wirksame Avantgarde der Revolution.[25] Aus dieser internationalistischen Position heraus lehnt R. Luxemburg auch den ›Bund‹ als Organisation und alleinige Vertretung der jüdischen Arbeiter ab. Schärfer als den ›Bund‹ bekämpft sie jedoch die kleinbürgerlich-nationalistischen Gegner des ›Bund‹, in erster Linie die PPS. Die PPS war gegen die national-kulturelle Autonomie der Juden in Polen, nicht etwa aus Gründen eines strengen Internationalismus, sondern um durch die geforderte Assimilation der Juden an die polnische Sprache und Kultur die Massen der jüdischen Arbeiter im Kampf für die »polnische Sache« nützen zu können.[26]

Sowohl Lenin als auch R. Luxemburg erlebten die Greuel des Nationalsozialismus in Deutschland nicht mehr. Hier zeigte sich der Antisemitismus zum erstenmal in seiner politischen und sozialen Totalität. Der Antisemitismus war im Faschismus nicht mehr nur auf bestimmte gesellschaftliche Schichten oder das politische Programm einiger kleiner Rechtsparteien beschränkt. Er bildete jetzt die Rechtfertigungsideologie einer politischen Füh-

rung, deren Ansichten dem ganzen Volk beigebracht wurden. Für den Nationalsozialismus war jeder Jude »der Feind«, ungeachtet seiner sozialen Stellung. Indem der Nationalsozialismus jedem Juden alles Menschliche absprach, definierte er in einer absurden Überspitzung die Juden als *Nation* und rechtfertigte damit die Ausrottungsprogramme gegen das jüdische Volk.
In diesem Kontext, die Realität der totalen Bedrohung des jüdischen Volkes vor Augen, fordern Leo Trotzki und A. Léon einen menschlichen Sozialismus, in dem die Juden als Juden und als Menschen gleichberechtigt leben können. Versteht man mit Trotzki den Antisemitismus als faschistische Erscheinung in nationalen Wirtschaftsmächten, die auf internationaler Ebene miteinander konkurrieren, dann kann innerhalb des Kapitalismus keine Lösung für die jüdische Frage gefunden werden. Territoriale Lösungen, wie sie im Zionismus in Palästina oder im Siedlungsprojekt Stalins in Birobidjan in der UdSSR angestrebt wurden, können nur auf die eine oder andere Weise wieder eine – gebietsmäßig erweiterte – Gettosituation für die Juden schaffen, da die Konkurrenz der Großmächte im internationalen Rahmen nicht beseitigt ist und damit auch die Ursachen für die Dichotomie, Nationalismus/Antisemitismus, nicht aufgehoben sind. Das zeigt sich sowohl in der Aussichtslosigkeit des Nahost-Konflikts als auch darin, daß der Antisemitismus weder in bürgerlichen Demokratien noch in Staaten mit dem Programm des ›Sozialismus in einem Land‹ verschwunden ist. Daher, und aufgrund der besonderen geographischen Verteilung des jüdischen Volkes und seiner internationalen Verstreutheit in allen möglichen politischen Systemen, kann eine national-kulturelle Autonomie mit einer eigenen territorialen Basis auch nur in einem internationalen, weltweiten Sozialismus erreicht werden. Erst:

»Der Sozialismus führt im nationalen Bereich notwendigerweise zur Demokratisierung im weitesten Sinne. Er muß den Juden die Möglichkeit geben, in allen Ländern, in denen sie ansässig sind, ein eigenes nationales Leben zu führen. Er muß ihnen außerdem ermöglichen, sich auf ein oder mehrere Gebiete zu konzentrieren, ohne natürlich die Interessen der einheimischen Bevölkerung zu verletzen. Nur eine so weit wie möglich ausgedehnte proletarische Demokratie wird es erlauben, die jüdische Frage mit einem Minimum an Leiden zu lösen.«[27]

Literaturhinweise

1. ›Anti-Semitism‹, in: Encyclopaedia Judaica, Nr. 3, S. 87
2. H. Kohn, Die Idee des Nationalismus, Frankfurt 1962, S. 31 ff.
3. M. Weber, Gesammelte Aufsätze zur Religionssoziologie, Bd. III, Tübingen 1921; besonders: ›Die Entstehung des jüdischen Pariavolkes‹, S. 281-400
4. ›France‹, in: Encyclopaedia Judaica, Nr. 7, S. 7
5. K. Marx, Die Frühschriften, Stuttgart 1964, S. 193
6. Ebd., S. 204
7. Ebd., S. 203
8. E. H. Carr, Nationalism and After, London 1968, S. 25 ff.
9. R. M. Loewenstein, Psychoanalyse des Antisemitismus, Frankfurt 1967, S. 55 ff.
10. ›Germany‹, in: Encyclopaedia Judaica, Nr. 7, S. 458. Für weitere Statistiken siehe: A. Ruppin, Die Soziologie der Juden, Berlin 1932 bis 1934 (hebr.)
11. Protokoll über die Verhandlungen des Parteitages der Sozialdemokratischen Partei Deutschlands, abgehalten zu Köln a. Rh. vom 22. bis 28. Oktober 1893, Berlin 1893, S. 223
12. O. Heller, Der Untergang des Judentums, Berlin 1931, S. 131
13. ›Pale‹, in: Encyclopaedia Judaica, Nr. 13, S. 26
14. R. R. Abramovitch, ›The Jewish Socialist Movement in Russia and Poland (1897-1919)‹, S. 369-398, in: The Jewish People Past And Present, New York 1946
15. Siehe E. Mendelsohn, Class Struggle in the Pale, London 1970
16. Siehe E. Sorow, ›Die jüdische Sozialdemokratie in Rußland‹, in: Neue Zeit, 1901/1902, Bd. 1, Jg. 20/1, S. 812-819; außerdem: J. Martow, Geschichte der russischen Sozialdemokratie, Berlin 1926, S. 33 ff.
17. Siehe A. Böhm, Die zionistische Bewegung, Tel Aviv 1935
18. Siehe A. L. (sic), ›Die prinzipielle Stellung des ‚Jüdischen Arbeiterbundes‘, in: Neue Zeit, 1905/1906, Bd. 2, Jg. 24/2, S. 702 ff.
19. J. S. Hertz, ›Der Streit in der sozialistischen Bewegung wegen jiddische nationale Rechte und Autonomie‹ (Jiddisch), in: Die Zukunft, New York, März 1970, Nr. 75, S. 125-133 und S. 170-175
20. A. Maraschin, ›Bund‹ un Zionism, Warschau 1918 (jiddisch)
21. S. Schwarz, The Jews in the Soviet Union, Bd. I, 1951, S. 27 ff.
22. W. Medem, ›Die Sozialdemokratie un die nationale Frage‹ (jiddisch), in: Wladimir Medem zum zwanzigsten Jahrzeit, New York 1943, S. 173-219
23. Die Tätigkeit des Allgemeinen Jüdischen Arbeiterbundes in Litauen, Polen und Rußland (Bund) nach seinem V. Parteitag. Bericht für den Internationalen Sozialist. Kongreß in Amsterdam, August

1904; darin: ›9. Der Austritt des ‚Bundes' aus der Sozial-Demokratischen Arbeiterpartei Rußlands‹, S. 13 ff.
24 Zvi Y. Gitelman, Jewish Nationality and Soviet Politics, Princeton 1972
25 R. Luxemburg, ›Nationalitätenfrage und Autonomie‹, in: Internationalismus und Klassenkampf, Neuwied 1971, S. 220 ff.
26 A. Tartakower, ›Zur Geschichte des jüdischen Sozialismus‹, Teil II, in: Der Jude, 1923, S. 614
27 A. Léon, Judenfrage und Kapitalismus, München 1971, S. 116

C. Zur Entstehung des politischen Antisemitismus in Deutschland

Iring Fetscher

I

Größere *politische* Bedeutung konnte der Antisemitismus erst im Zusammenhang mit der fundamentalen Demokratisierung des Lebens im 19. Jahrhundert gewinnen. Ich will mich im folgenden auf den politischen Antisemitismus in Deutschland beschränken, obgleich es außerordentlich interessant wäre, auf parallele Erscheinungen in Rußland, Österreich-Ungarn, Frankreich und anderen Staaten einzugehen. Statt von »politischem Antisemitismus« sollte man vielleicht exakter von einem politischen Gebrauch des Antisemitismus sprechen. Dieser selbst oder – richtiger gesagt – die Judenfeindschaft als ein massenhaft auftretendes Phänomen in bestimmten Bevölkerungsschichten bildet die Voraussetzung für dessen spätere Indienststellung für durchaus verschiedenartige politische Zielsetzungen. Aus diesem Grunde möchte ich zunächst die Eigenart, die soziale Verbreitung und die Motive der Judenfeindschaft schildern, wie sie namentlich in der deutschen Gesellschaft der zweiten Hälfte des 19. Jahrhunderts anzutreffen waren, um darauf die Darstellung der Versuche ihrer politischen Benutzung und der politisch motivierten Aktivierung des Antisemitismus folgen zu lassen.
Selbstverständlich ist es nicht so, daß der Antisemitismus als ein spontan entstandenes Faktum überall bereits vollständig entwickelt vorhanden war, bevor die Politiker auf die Idee gekommen wären, ihn zu benutzen. Im Gegenteil: Politiker und Agitatoren haben ganz erheblich zu seiner Entwicklung und Ausbildung beigetragen. Aber auf der anderen Seite wäre es ebenso falsch, wenn man annehmen wollte, die Judenfeindschaft wäre von allem Anfang an nichts anderes als das Erzeugnis unverantwort-

licher Demagogen gewesen. Gegen eine derartige verharmlosende Ansicht hat sich bereits 1893 August Bebel in seiner berühmten Kölner Rede über ›Sozialdemokratie und Antisemitismus‹ gewandt. Als Sozialist, erklärte er damals, müsse man erkennen, daß offenbar in bestimmten Gesellschaftsschichten ebenso ein spontanes Bedürfnis für antisemitische Tendenzen entstehe wie in der Arbeiterschaft eine Neigung zum Sozialismus. Ohne derartige Prädispositionen könne man weder den Erfolg der Sozialdemokratie im Proletariat noch den Erfolg reaktionärer Antisemiten in anderen Volksschichten verstehen.

Die Motive der Judenfeindschaft in Deutschland, namentlich seit dem 19. Jahrhundert, sind unter verschiedenen Aspekten analysiert worden: sozialpsychologischen, historischen, soziologischen und theologischen, wobei die meisten dieser Erklärungsversuche ohne weiteres miteinander kombiniert werden können, wenn sie sich nicht absolut setzen. Im folgenden soll in erster Linie mit historisch-soziologischen Argumenten gearbeitet werden. Einleitend möchte ich jedoch ein paar Worte zur theologischen Deutung oder zur theologischen Dimension des Phänomens des Antisemitismus vorausschicken, wobei ich mich im wesentlichen auf eine interessante Schrift von Walter Sulzbach[1] stütze.

Der Judenhaß ist vom gewöhnlichen Fremdenhaß, wie er immer wieder zwischen Völkern vorkommt und im Laufe der Jahrhunderte mit Bewunderung und Liebe für das gleiche Volk wechseln kann, zutiefst unterschieden. Er zeichnet sich offenbar dadurch aus, daß das jüdische Volk im Weltbild auch eines noch säkularisierten Abendländers eine ausgezeichnete Stellung einnimmt, die historisch mit der Bedeutung des jüdischen Volkes in der christlichen Heilsgeschichte zusammenhängt. Während für die vorchristlichen Griechen und Römer die Juden nur die Angehörigen eines Fremdvolkes unter anderen darstellten, auch wenn dieses Fremdvolk durch die Verweigerung des Kaiserkults einigermaßen aus dem Rahmen fiel, wurde erst für die Christen das jüdische Volk zu einem einmaligen und einzigartigen. Erst jetzt gewann es seine heilsgeschichtliche Bedeutung, die u. a. darin zutage tritt, daß an seiner vollständigen Bekehrung das

Herannahen der Wiederkunft Christi abgelesen werden kann. Bis dahin aber scheinen die Juden dem heiligen *Augustin* als die »Zeugen ihrer eigenen Ungerechtigkeit und unserer (der Christen) Wahrheit«. Sie verbürgen nämlich als unparteiische Zeugen die Historizität des Jesus von Nazareth und verschließen sich zugleich verstockt vor der Tatsache, daß er der Messias, der Christus gewesen ist. Darüber hinaus halten die Juden in dieser christlichen Sicht verstockt daran fest, daß sie das auserwählte Gottesvolk seien, während nach christlicher Überzeugung an dessen Stelle die allen Völkern offenstehende christliche Kirche getreten ist.

Die Haltung der Kirche gegenüber den Juden entspricht dieser ambivalenten Einschätzung durch die Theologie. Einerseits werden die Rechte der Juden eingeschränkt, indem ihnen das Halten christlicher Sklaven und die Übernahme von Autoritätsfunktionen im Gemeinwesen verboten wird, auf der anderen Seite aber zielt man auf Erhaltung und Schonung des jüdischen Volkes ab. Sie dürfen nicht ausgerottet werden, denn nach *Augustin* sind sie »necessarii credentibus gentibus«. Die Juden gehören so notwendig zur Heilsordnung hinzu, daß zum Beispiel im Kirchenstaat, in dem noch bis 1870 jeder evangelische Gottesdienst verboten war, selbstverständlich immer eine Synagoge bestand. Bei aller noch so schrecklichen Verfolgung, Demütigung und Verhöhnung der Juden durch kirchliche Behörden hat man doch nie ernsthaft daran gedacht, ihre Kultgemeinschaft aufzuheben oder anzutasten.

Wie sehr aber, von christlichen Vorstellungen ausgehend, die Juden zugleich als einzigartiges und als böses und verstocktes Volk angesehen wurden, zeigt sich zum Beispiel in der Karfreitagsliturgie, in der es bis zur Abänderung durch Pius XII. hieß: »oremus et pro perfidis Judaeis«, was zwar der Wortbedeutung nach »laßt uns auch für die ungläubigen Juden beten« heißt, aber doch vom Kirchenvolk weithin als »für die heimtückischen« oder, wie im populären Meßbuch von Anselm Schott, »für die treulosen Juden« gelesen wird.[2] Als Hinweis für die Gläubigen fügt das Meßbuch an dieser Stelle hinzu: »hier unterläßt der Diakon die Aufforderung zur Kniebeugung, um nicht das Andenken an die Schmach zu erneuern, mit dem die Juden um diese Stunde den Heiland durch Kniebeugen verhöhnten.« Dieser inzwischen weggefallene Satz vermag sich übrigens nicht einmal auf einen biblischen Text zu stützen, denn nach Matth. 27,29 sind es römische Soldaten und nicht Angehörige des jüdischen Volkes gewesen, die Jesus als König der Juden durch spöttische Kniebeugungen beschimpft haben.

Die Juden galten im ganzen christlichen Mittelalter als derartig verstockt, daß man offenbar auch nur geringe Versuche zu ihrer Bekehrung unternommen hat. Eine gewisse, von den kirchlichen Geschichtsschreibern nicht sehr gern zugegebene Rolle dürfte dabei allerdings auch gespielt haben, daß die Konversion eines Juden für die Stadt, in der er sich aufhielt, eine ganz erhebliche finanzielle Schädigung bedeutete. Die betreffende Stadt war nämlich dazu verpflichtet, den Fürsten oder Kaiser für den durch die Konversion eintretenden Steuerverlust zu entschädigen, da mit ihrer Konversion die betreffenden Personen aufhörten, ihrem fürstlichen Schutzherrn steuerpflichtig zu sein. In den meisten mittelalterlichen Darstellungen erscheinen die Juden als außerordentlich abschreckend. Wiederholt wird sogar dem Teufel eine jüdische Physiognomie gegeben, wobei eine Stelle aus dem Johannes-Evangelium 8,44 als Beleg benutzt wird. In einigen mittelalterlichen Darstellungen trägt der Teufel sogar den *Judenfleck* auf seiner Kleidung. Luther bewegte sich ganz in dieser Tradition, die er freilich mit deutscher Grobheit noch übertroffen hat. In seiner Schrift *Von den Juden und ihren Lügen* erklärt er, man dürfe diese keineswegs mit den Päpstlichen und den Türken zusammen nennen, sondern allein mit dem Teufel, ihrem Herrn und Gott.

II

Doch lassen wir diese Chronik der christlichen Judenfeindschaft und überlegen wir uns, welche Konsequenzen sich daraus für die Ansprechbarkeit auf antisemitische Ressentiments ergeben. *Sulzbach* betont zu Recht, daß auch noch derjenige Europäer, der nur sehr wenig christliche Belehrung empfangen habe, immerhin wisse, daß die Juden eine Sonderstellung unter den Völkern einnehmen und gegenüber der Heilsbotschaft des Christentums verstockt geblieben sind. Aus der Profanisierung dieser christlichen Sonderstellung erklärt sich denn auch die Verteufelung, die schließlich ihre letzte Form in der nationalsozialistischen Ideologie vom »Pariavolk« fand, das Hitler mit Bakterien verglich. Auch die verschiedenen Verschwörungstheorien, etwa die in den berühmten *Protokollen der Weisen von Zion* entwickelte, könnte man als eine Art primitiver Säkularisierung dieser theologischen Auffassung ansehen. Alle möglichen geheimen Organisationen wurden schließlich mit dem jüdischen Volk in Beziehung gebracht: am äußersten Flügel des Irrsinns in den Lehren der Mathilde Ludendorff, die Jesuiten, Freimaurer, Wall-Street, kommunistische Internationale und selbst den Dalai-Lama im Dienst der »Alliance Internationale des Juives« sah. Das sind freilich absurde Übersteigerungen, die jedoch auf Tendenzen zurückgehen, die sich bereits im 19. Jahrhundert in Deutschland finden.

Für Deutschland kommt hinzu, daß das Gegenbild des jüdischen Volkes bei einer derart »verspäteten Nation« bewußt oder unbewußt als Mittel der Steigerung des eigenen Volksbewußtseins herangezogen wird. Kein Zufall vermutlich, daß bereits bei Johann Gottlieb Fichte antisemitische Anklänge sich finden. Zur Prädisposition der vom Christentum beeinflußten Bevölkerung, im jüdischen Volk etwas Einmaliges, Böses, ja Teuflisches zu erblicken, kam nun freilich als einer weitverbreiteten antisemitischen Stimmung die Entwicklung der modernen bürgerlich-industriellen Gesellschaft hinzu. Das scheint mir der zweite wesentliche Aspekt einer Analyse des Antisemitismus zu sein, der besonders in den Untersuchungen des Frankfurter ›Instituts für Sozialforschung‹ nachdrücklich und überzeugend herausgearbeitet worden ist.[3]

In meinem historischen Abriß möchte ich vor allem auf die *ökonomischen Motive des Antisemitismus* eingehen.

Im Jahre 1890 schrieb Friedrich Engels an Isidor Ehrenfreund:

»Der Antisemitismus ist also nichts anderes als eine Reaktion mittelalterlicher, untergehender Gesellschaftsschichten gegen die moderne Gesellschaft, die wesentlich aus Kapitalisten und Lohnarbeitern besteht, und dient daher nur reaktionären Zwecken unter scheinbar sozialistischem Deckmantel. Er ist eine Abart des feudalen Sozialismus, und damit können wir nichts zu schaffen haben. Ist er in einem Lande möglich, so ist das ein Beweis dafür, daß dort noch nicht genug Kapital existiert.«4

Der Antisemitismus stellt also eine Reaktion von Gesellschaftsschichten dar, die durch die moderne industrie-kapitalistische Entwicklung dem Untergang geweiht sind und sich in entwicklungsfeindlicher Weise gegen den Kapitalismus wenden. Wenn sich auch die Prophezeiung, die Engels hier in bezug auf den Untergang der kleinbürgerlichen Schichten ausspricht, als voreilig herausgestellt hat, so dürften doch im großen und ganzen die sozialen Wurzeln der antisemitischen Bewegung hier bereits ganz richtig erkannt sein. Das soll anhand einiger Beispiele belegt werden.

Im 19. Jahrhundert beobachteten wir die erste massenhafte antisemitische Reaktion während der Revolution von 1848 und in den darauffolgenden Jahren in einigen ländlichen Gegenden Süddeutschlands (Neckarbischofsheim, Breisgau, Mohlheim usw.). Dort waren Bauern, die als Kreditschuldner in finanzielle Abhängigkeit von, wie sie meinten, jüdischen Händlern geraten waren, die Teilnehmer an antisemitischen Ausschreitungen. In manchen Fällen mögen es auch tatsächlich jüdische Händler gewesen sein, mit denen es diese Bauern als den Agenten des aufsteigenden und ihnen unbegreiflichen kapitalistischen Zeitalters zu tun hatten. Kurt Stechert meint in seiner interessanten Arbeit über die Entstehung des Nationalsozialismus,5 selbst wenn die Bauern die Zusammenhänge nicht hätten durchschauen können, stehe doch fest, daß sie, objektiv betrachtet, gegen den Kapitalismus revoltierten, indem sie auf die Juden einschlugen. Die Juden waren für sie oftmals die Gestalt, in der ihnen der Kapitalismus zum erstenmal konkret gegenübertrat.

Vor 1871 war der Antisemitismus in Deutschland fast vollständig auf das flache Land beschränkt, doch kommt es auch noch nach 1871 wiederholt zu ländlichen Ausschreitungen gegen Juden, z. B. 1881 in Pommern. Damals hat der Verein für Sozialpolitik eine Enquête durchgeführt, die bestätigt hat, daß tatsächlich in vielen Teilen Deutschlands die Bauern durch jüdische,

freilich ebenso oft auch durch nichtjüdische Händler geschädigt worden sind, indem sie zu Ratenkäufen und Kreditaufnahmen veranlaßt wurden, die ihre finanzielle Kraft bei weitem überstiegen. Die Ursache für dieses Verhalten der Bauern scheint darin zu liegen, daß sie einerseits zu wenig von einer rationalen Buchführung verstanden und außerstande waren, ihre eigene Finanzkraft richtig einzuschätzen, auf der anderen Seite aber im Wettkampf um Wohlstand und Sozialprestige mit der aufsteigenden städtischen Bevölkerung Schritt zu halten wünschten und aus diesem Grunde ihre Wirtschaftskraft überstrapazierten. Sie vermochten und vermögen zum Teil bis heute nicht einzusehen und zu akzeptieren, daß im Zuge der Industrialisierung der Schwerpunkt des ökonomischen und kulturellen Lebens sich immer mehr in die Stadt verlagert und damit ein relatives soziales Absinken namentlich der kleinbäuerlichen Bevölkerung unvermeidlich wird. *Statt zu erkennen, daß sie die unvermeidlichen Opfer eines historischen Entwicklungsprozesses wurden, hielten sich diese Gesellschaftskreise für die bemitleidenswerten Opfer heimtückischer Machenschaften. Diese pseudokonkrete Verschwörungstheorie war sicher viel einleuchtender und erforderte erheblich weniger Intelligenz als die wissenschaftliche Einsicht in einen komplizierten ökonomisch-technischen Prozeß.*
In den Städten trat der Antisemitismus erst sehr viel später, im wesentlichen erst nach der Reichsgründung zutage. Das hängt sicher nicht ausschließlich mit der Tatsache zusammen, daß 1871 lediglich 24 %, 1925 aber 68 % aller deutschen Juden in Städten wohnten, denn eine ähnliche Bevölkerungsverlagerung hat ja auch bei der nichtjüdischen Bevölkerung stattgefunden, sondern vor allem damit, daß jetzt selbständige Handwerker und Kaufleute, die unter dem aufsteigenden und sich entwickelnden Industriekapitalismus zu leiden hatten, gleichfalls die Schuld an ihrem persönlichen und gesellschaftlichen Zurückbleiben auf die Juden zu schieben suchten. Fabriken, Großbetriebe, Kettenläden, Warenhäuser, Konfektionsgeschäfte treten hier als die gefährlichsten Konkurrenten der städtischen Handwerker und Kaufleute auf, und es gibt spezifische Formen des Antisemitismus, wie etwa den Schneider-Antisemitismus, die sich gegen einzelne Phä-

nomene dieses Prozesses zur Wehr setzen. Als 1873 auf den übertriebenen und ungesund raschen Aufschwung der Gründerjahre die Krise folgte, wurden viele Angehörige gerade dieser Stände, die sich ohne genügende Erfahrung und ohne Maß an den vorausgegangenen Spekulationen beteiligt hatten, ruiniert. Max Wirth berichtet in seiner ›Geschichte der Handelskrisen‹:

»Damals, 1871–73, wollten der hohe Adel und die Geheimen Räte ebenso mühelos verdienen wie die Kutscher und die Dienstmänner, die Bankherren wie die Briefkopisten, die Männer wie die Frauen. Man jobberte an der Börse wie zu Hause, im Hotel wie in der Kneipe, in politischen Versammlungen wie im Gesangverein«[6],

als dann die Misere kam, waren natürlich die Juden schuld. Als ein kleines historisches Randphänomen mag hier vermerkt werden, daß die Krise sich in Berlin sehr viel stärker ausgewirkt hat als in Frankfurt, dessen vorsichtige Bankiers sich offenbar bei den Spekulationen klug zurückgehalten hatten.

Während aber die Krise von 1873 für sozialistische Arbeiter lediglich eine Bestätigung ihrer Theorie von der Unvermeidbarkeit kapitalistischer Krisen war, konnten die ruinierten Kleinbürger eine derartige Theorie, die auf eine Verurteilung des Privateigentums an den Produktionsmitteln hinauslief, nicht akzeptieren. Sie suchten daher die Schuld an ihrem Schicksal nicht bei der kapitalistischen Wirtschaft als solcher, sondern bei einzelnen Institutionen, etwa bei den Börsen und Banken und sehr häufig dann auch bei den Juden, die man fälschlich mit dem Bank- und Börsenwesen identifizierte.

Einen ersten großen publizistischen Niederschlag fand diese Welle des städtischen Antisemitismus in der über 12 Monate sich erstreckenden Artikelserie des Literaten Glagau in der ›Gartenlaube‹. Die ›Gartenlaube‹ war sozusagen der ›Spiegel‹ des Bismarckschen Deutschland, in dem es allerdings sehr viel gemütlicher zuging als in dem modernen Nachrichtenmagazin. Das bürgerlich-kleinbürgerliche Publikum suchte in der ›Gartenlaube‹ in erster Linie Erbauung und Belehrung für den Feierabend. Der ganze sogenannte »Gründungsschwindel« wurde in den offenbar äußerst gern gelesenen Artikeln Glagaus als jüdische Mache hingestellt. In diesen Artikeln tritt übrigens auch schon deutlich die Verbindung des Kampfes gegen die Juden mit dem Antiliberalismus zutage. Hier einige charakteristische Passagen: »Das Judentum ist das angewandte, bis zum Extrem durchgeführte Manchestertum.« Also Wirtschaftsliberalismus. »Es kennt nur den Handel und auch davon nur noch den Schacher und Wucher. Es arbeitet nicht selber, sondern läßt andere für sich arbeiten... sein Zentrum ist die Börse.«[7]

Wenn das gebildete Bürgertum in Deutschland bis 1879 vielleicht noch einige Hemmungen gehabt hatte, sich offen zu antisemitischen Gesinnungen zu bekennen, wie sie in den ungebildeten Schichten der Bauern, Handwerker und Händler sich ausbreiteten, so wurde das vor allem durch drei kleine Artikel anders, die Heinrich v. Treitschke 1879 in den angesehenen ›Preußischen Jahrbüchern‹ veröffentlichte. Weniger das, was Treitschke im einzelnen schrieb, als die Tatsache, daß er überhaupt für den Antisemitismus offen eintrat, war dabei ausschlaggebend. Die Vorwürfe, die er gegen die Juden erhob, sind im übrigen die gleichen, die von den demagogischen Antisemiten schon damals allgemein verbreitet wurden: Beteiligung am Gründerunwesen, Geldwucher auf dem Lande, Vorwiegen des jüdischen Einflusses auf die Presse und schließlich, in der typischen Sprache Treitschkes, »gemütsrohe Kritik an deutsch-christlichen Einrichtungen«. Ein paar besonders boshafte Formulierungen wie die Erinnerung an des Tacitus »odium generis humani« und die Rede von einer »Schar strebsamer hosenverkaufender Jünglinge«, die Jahr für Jahr aus dem Osten nach Deutschland zuwandere, drangen vor allem ins Publikum. Die Aufsatzserie endete mit dem durch die Nationalsozialisten berühmt gewordenen Satz: »Die Juden sind unser Unglück.« Die verhängnisvolle Wirkung, die von diesem Aufsatz ausging, hat Theodor Mommsen in seiner Schrift ›Auch ein Wort über unser Judentum‹, Berlin 1880, geschildert. Im Anschluß an einige Zitate aus Treitschkes Artikel erklärt er:

»Das sprach Herr von Treitschke aus, der Mann, dem unter allen ihren Schriftstellern die Nation am meisten Dank schuldet, dessen Feder eines der besten Schwerter war und ist gegen den Partikularismus. Was er sagte, war damit anständig gemacht. Daher die Bombenwirkung jener

Artikel, die wir alle mit Augen gesehen haben. Der Kappzaum der Scham war dieser tiefen und starken Bewegung abgenommen; und jetzt schlagen die Wogen und spritzt der Schaum!«[8]

Der Aufsatz Treitschkes führte zu heftigen Gegenangriffen in der liberalen Presse und steigerte den Verfasser allmählich mehr und mehr in einen pathologischen Judenhaß hinein, den er durch seine glänzende Beredsamkeit an zahlreiche Studenten der Berliner Universität weitergereicht hat, unter anderem auch an den langjährigen Führer der ›Alldeutschen‹ Heinrich Claß. Dieser bekennt in seinen Erinnerungen ›Wider den Strom‹ 1932, daß er seinem Lehrer Treitschke die Überzeugung von der Schädlichkeit der Juden für Deutschland verdanke.
Im gleichen Jahr 1879 fiel aber noch eine zweite sozusagen »vornehme« antisemitische Äußerung, nämlich die erste ›Judenrede‹ des kaiserlichen Hofpredigers Stöcker, die am 19. Sept. gehalten wurde. In ihr wendet sich Stöcker nicht gegen die Angehörigen der jüdischen Glaubensgemeinschaft, sondern nur, wie er es nennt, gegen das moderne Judentum und fordert von ihm weniger nationale Überheblichkeit, mehr Toleranz gegenüber christlichen Institutionen und Personen in Deutschland und den Verzicht auf seine wirtschaftliche und soziale Vormachtstellung auf allen möglichen Gebieten. Die Rede schließt mit der selbstverständlich rhetorisch gemeinten Frage, ob die Juden wohl endlich lernen würden, sich an der *gesamten* deutschen Arbeit, auch an der harten und sauren Arbeit des deutschen Handwerks, der Fabrik und des Landbaus zu beteiligen. Stöcker hat sich freilich nicht die Mühe gemacht, nachzuprüfen, wie viele arme und elende jüdische Arbeiter und Proletarier es zum Beispiel in den preußischen Ostprovinzen gab und wie es dazu kam, daß so wenig Juden sich im Landbau betätigten. Ins Auge fallend und allein bekannt waren nur die wohlhabenden Angehörigen der jüdischen Gemeinden, ihr Los wurde stillschweigend verallgemeinert und für »typisch jüdisch« gehalten. Es ist hier allerdings hinzuzufügen, daß es für den Hofprediger Stöcker nur Konfessionsjuden gab. Durch die christliche Taufe hörte für ihn das Problem einer jüdischen Sonderstellung eo ipso auf. Ähnlich wie im Falle Treitschkes lag aber auch die Wirkung Stöckers weniger in

dem, was er sagte, als in der Tatsache, daß ein angesehener, sogar mit dem Hof verbundener evangelischer Geistlicher die »Judenfrage« anschnitt und im judenfeindlichen Sinn behandelte. Vor allen Dingen stellte jedoch Stöcker bei seiner Tätigkeit als politischer Redner die ungeheure Werbekraft des Antisemitismus bei seinen kleinbürgerlichen Zuhörern fest. Er hat die Zugkraft antisemitischer Äußerungen für die politische Mobilisierung der Massen für konservativ deutsch-nationale und christlich-monarchische Ziele entdeckt und damit der künftigen Entwicklung den Weg gewiesen.

III

Damit sind wir bereits bei dem zweiten Thema, bei der *politischen Indienststellung dieses Antisemitismus*, den wir bei der ländlichen Bevölkerung, bei der städtisch-kleinbürgerlichen Bevölkerung und bei dem Bildungsbürgertum kennengelernt haben. *Stöcker war einer der ersten, vor allem aber einer der prominentesten, die den Antisemitismus in die konservative und christlich-soziale Politik eingebracht haben.* Stöcker stammte aus kleinbürgerlichen Verhältnissen und hat immer zum preußischen Adel als einer ihm unerreichbar hohen Welt aufgeblickt. Das ist nicht ganz untypisch für diese Art von Politikern. Seine Aufgabe aber sah er darin, die Arbeiter auf den Boden des Christentums und der Liebe zu König und Vaterland zurückzuführen. Die Besitzenden rief er aus diesem Grunde dazu auf, »Herz und Hand dem Armen und seiner Not zu öffnen«. Das und nichts anderes verstand er unter Sozialismus. Die schon erwähnte Tatsache, daß namentlich die antisemitischen Äußerungen Stöckers auf großes Echo stießen, ist schlagend durch die Zahlen seiner Zuhörerschaft zu belegen. 1880 sprach er wiederholt über die Judenfrage und zweimal zu Problemen rein christlicher Natur (›Ist die Bibel die Wahrheit?‹ und über das Alte Testament.) Bei den biblischen Fragen schwankte die Zahl der Zuhörer zwischen fünf- und siebenhundert, bei den antisemitischen Reden zwischen zwei- und dreitausend. Ähnliche Zuhörerzahlen konnte er nur noch erzielen, wenn er über spezifische *Mittelstands-*

fragen, wie z. B. »das Recht der Bauern« oder »das Recht der Handwerker auf höhere Erträge«, niemals aber, wenn er über theologische Fragen zu den Zuhörern sprach. Über die Art und Weise der Reaktion seiner Hörer wird berichtet: »Sie jubelten bei den antisemitischen Sätzen und ließen sich seine christlichen Interjektionen gefallen in der Annahme, daß er als Pfarrer auch kirchlich reden müsse.«

Das Hervorbrechen dieses christlich-sozialen Antisemitismus kam aber vielleicht nicht ganz zufällig einer Wendung in der innenpolitischen Kräftegruppierung des Bismarckschen Reiches zupaß. Bismarck hatte 1875 unter dem Einfluß Buchers und Wagners seine Abkehr von der liberalen Freihandelspolitik vollzogen. Mit den Finanzreformplänen, die an dem Widerstand der liberalen Mehrheit scheiterten, machte er in demselben Jahr den Anfang seiner Reformära. Während Bismarck bis dahin von den Ultrakonservativen und von einigen Zentrumsblättern wegen seiner Verbindung mit den Liberalen als ein *Judenfreund* beschimpft worden war, sah er jetzt bei allem persönlichen Widerwillen gegen die Töne der Antisemiten, das Anwachsen antisemitischer Strömungen gar nicht so ungern, versprach er sich doch von ihnen eine Schwächung der Liberalen im Parlament. Als aber dann 1882 durch die Spaltung der Liberalen der wesentliche Zweck des Manövers in seinen Augen erreicht war, hat er sich mit allen Mitteln gegen eine weitere Stärkung der Bewegung Stöckers gewandt, deren evangelischer Klerikalismus ihm ohnehin schon suspekt genug war, und 1887 sogar eine Reichstagskandidatur Stöckers verhindert. Nur im Jahre 1888, während der kurzen Regierungszeit des liberalen Kaisers Friedrich III., hat er noch einmal in einer Einheitsfront mit den Antisemiten Stöckers sich zusammengefunden. Auch wenn die Stimmengewinne der Berliner Konservativen nicht *allein* auf das Konto der Stöckerschen antisemitischen Agitation zurückzuführen waren, so hängt doch die Zunahme der christlich-sozialen und konservativen Stimmen in Berlin sicher zum Teil mit der Tätigkeit Stöckers zusammen: 1878 waren es nur 14 000, 1881 bereits 46 000 und 1884 56 000 konservative und christlich-soziale Wähler.

Nachdem Stöcker durch eine Rede in London unliebsam Aufsehen erregt hatte, führte schließlich eine Beschwerde des liberalen Großherzogs Friedrich I. von Baden über eine antisemitische Rede Stöckers in Baden am 5. November 1890 zu seiner vorzeitigen Pensionierung. So ist dieses Kapitel des christlichsozialen Antisemitismus immerhin noch ganz gut zum Abschluß gekommen. Die Konservative Partei aber hatte aus den Erfahrungen der Agitation Stöckers doch so viel »gelernt« daß sie es für angebracht hielt, in ihr neues Programm 1892 einige antisemitische Formulierungen aufzunehmen. Diese heißen:

»Wir (die Konservativen) bekämpfen den vielfach sich vordrängenden und zersetzenden jüdischen Einfluß auf unser Volksleben. Wir verlangen für das christliche Volk eine christliche Obrigkeit und christliche Lehrer für christliche Schüler.«9

Das ist zwar gemessen an den Forderungen der extremen Antisemiten wenig, aber es ist immerhin eine beachtliche Konzession an antisemitische Stimmungen kleinbürgerlicher Kreise. Nicht zufällig taucht übrigens im gleichen Parteiprogramm von 1892 auch das Wort »*Mittelstand*« zum ersten Male auf. Einige typische Forderungen der Mittelstandspolitiker werden ins Programm aufgenommen, so etwa »Kampf dem Warenhaus«, »Kampf der Börse«, »Kampf dem Bankkapital«, und natürlich auch »Kampf den vaterlandslosen Sozialdemokraten« und der »gewissenlosen Presse«, wobei bei fast allen dieser Phänomene der Leser leicht das Adjektiv jüdisch assoziieren konnte: »jüdisches Warenhaus«, »jüdische Presse«, »jüdisches Bankkapital« und natürlich auch »jüdische Sozialdemokratie«.

Wenn im gleichen Zusammenhang von »undeutschen Verletzungen von Treu und Glauben im Geschäftsverkehr« die Rede ist, so ist die Anspielung auf »jüdisch« vollends mit Händen zu greifen. Trotzdem läßt sich nicht sagen, daß in diesem konservativen Programm der Antisemitismus Kern oder unabdingbarer Bestandteil der politischen Zielsetzung geworden wäre. Vielmehr ist er eine »Konzession«, mit deren Hilfe angesichts der Existenz des allgemeinen und gleichen Wahlrechts zum Reichstag eine politische Richtung, welche von Haus aus keine Massenbasis besaß, diese sich nachträglich mit demagogischen

Mitteln zu verschaffen suchte. *Und das scheint tatsächlich eine zentrale Funktion des Antisemitismus zu sein: politischen Richtungen, die von Haus aus keine Massenbasis besitzen können, weil sie, wie die Konservativen, sich auf Minderheiten (in erster Linie auf den preußischen Großgrundbesitz, den Amtsadel und die Bürokratie) stützen, diese Massenbasis zu sichern.* Durch die Bindung an Tradition, religiöse, patriotische und Besitzinteressen konnte sich die konservative Partei einer weitergehenden, radikal-revolutionären antisemitischen Bewegung freilich nicht anschließen. Auf die Formel des Literaten Glagau jedoch: »Die soziale Frage ist die *Judenfrage*« konnten sich Großagrarier, Landwirte, Handwerker und Intellektuelle sehr wohl einigen, Schichten der bürgerlichen Gesellschaft, die in unterschiedlichem Grade unter der raschen Entwicklung der industriell-kapitalistischen Gesellschaft litten und ihre einstige Machtstellung oder ihr einstiges Ansehen bedroht glaubten.

IV

Von dieser *Indienststellung* antisemitischer Tendenzen in bestimmten Schichten der Gesellschaft durch konservative Politiker unterscheidet sich ein *eigenständiger kleinbürgerlicher, kleinbäuerlicher und lumpenproletarischer Antisemitismus*, der in der politischen Zielsetzung sehr viel radikaler und gefährlicher wird. Solche antisemitischen Gruppen und Bewegungen hat es in den siebziger, achtziger und neunziger Jahren des letzten Jahrhunderts mannigfach gegeben; hier seien nur die Namen einiger Führer genannt: etwa Dr. Henrici, dessen ›Reichshallenrede‹ von 1880 ebenso wie eine zweite Rede vom gleichen Jahr einen fanatischen *Rassenantisemitismus* verbreitete und noch mehr Zulauf fand als die Rede Stöckers. Die von ihm geleitete Sozialistische Reichspartei forderte übrigens eine expansive Kolonialpolitik, in der allein die Germanen den Juden gegenüber ihre überlegene wirtschaftliche Kraft mobilisieren könnten. Ebenso könnte man hier Theodor Fritsch anführen, dessen deutsch-antisemitische Vereinigung eine erhebliche Rolle spielte und der noch von den Nazis als eine Art »Kirchenvater« verehrt wurde.

Am interessantesten und typischsten erscheint freilich unter diesen zahlreichen antisemitischen Radikalen die Persönlichkeit des ersten als *Antisemiten,* nicht als Konservativen oder Christlich-Sozialen, in den Reichstag gewählten Abgeordneten, nämlich Dr. Böckel (1859-1923), eines Bibliotheksrats aus Marburg an der Lahn, der als Volksliedforscher bekannt geworden ist. Für ihn bedeutete der Antisemitismus eine nationale, nicht mehr eine religiöse, auch nicht mehr allein eine soziale Frage. Er bedeutete »die Wiedergeburt des reinen, unverfälschten deutschen Gedankens. Das deutsche Volk soll durch den Antisemitismus sich wieder als germanische Rasse im Gegensatz zur jüdischen Rasse fühlen lernen«[10]. Naiv offenbart Böckel die Funktion des *Gegenbildes,* das indirekt zur Stärkung des Volksbewußtseins herhalten soll. Erich Vögelin hat in seinem interessanten Buch ›Rasse und Staat‹ die Funktion des Judentums als eines imaginären Gegenbildes der erstrebten Volkswerdung aufgezeigt und nachgewiesen, daß alles, was den Juden als Wesenseigentümlichkeit untergeschoben wird, im Grunde einen Katalog der Gegenwerte zu denjenigen bildet, die man dem eigenen Volk unterstellt oder wünscht. Gegenüber der jüdischen »Bodenlosigkeit«, ihrer mangelnden Seßhaftigkeit, wird die fragwürdige eigene Bodenständigkeit glorifiziert. Gegenüber der Abhängigkeit vom äußeren Gesetz wird die angebliche sittliche Autonomie des Germanen betont und so fort.

Das imaginierte Gegenbild des jüdischen Volkes erscheint bei einem Volk wie dem deutschen, dessen nationales Selbstbewußtsein so außerordentlich labil ist, als ein willkommenes Mittel, um auf diesem indirekten Wege zu einer Steigerung des eigenen Nationalbewußtseins zu gelangen.

Dr. Böckel erwies sich dabei als außerordentlich begabter Bauernagitator in jenen armen Gegenden Hessens, an denen auch heute noch teilweise die Entwicklung der industriellen Gesellschaft vorbeigegangen ist, und fand dort einen fruchtbaren Boden für seinen Antisemitismus. An die Stelle einer bis dahin von ihm herausgegebenen Wochenschrift, die den typischen Titel ›Die Wucherpille‹ trug, setzte er 1887 den ›Reichsherold‹ und baute dieses Blatt zu einem Organ des extremen Rassenantisemitismus in Deutschland aus. Es ist vielleicht nicht uninteressant festzustellen, daß diese radikalistische rassenantisemitische Bewegung der Kleinbauern und Kleinhändler in den nordhessischen Notstandsgebieten auch sehr früh schon religiöse, charismatische Züge annahm. Wenn zum Beispiel Böckel irgendwo in Hessen einen »*judenfreien Viehmarkt*« einweihte, dann waren Girlanden gezogen, die den einziehenden hessischen »Bauernkönig« begrüßten, und die Bauernsöhne gaben hoch zu Roß ihrem »König« das Ehrengeleit. Die Phantasie dieser Menschen, die sich vielleicht auch durch jüdische Händler, Kreditgeber usw., in erster Linie jedoch durch die europäische Agrarkrise und die großen strukturellen Wandlungen des internationalen Wirtschaftslebens in einer bedrängten Lage befanden, verzauberte hemmungslose Judenhasser in weise Führer, kopflose Draufgänger in Könige und kleine Männer in »große historische Persönlichkeiten«. Es hängt ebenso mit der besonderen psychischen Verfassung dieser bedrängten Massen wie mit der ihrer Führer zusammen, daß im Lager des Antisemitismus schon sehr früh eine naive Führermystik entstand. Wenn man so will, kann man in Dr. Böckel eine Antizipation Hitlers in Taschenformat erblicken.

Ein weiterer Aspekt, durch den sich dieser radikale Rassenantisemitismus von der vorher erwähnten *Benutzung* antisemitischer Stimmungen durch die Konservativen unterscheidet, ist, daß hier ganz bewußt für das allgemeine Wahlrecht eingetreten wird. Dr. Böckel ist nämlich, so merkwürdig das scheinen mag, Demokrat. Er ist, im Unterschied zu den Konservativen, die ja wissen, daß eigentlich nur eine Minderheit der Bevölkerung ihren Zielen folgen will, davon überzeugt, daß man durch den Antisemitismus seine Massenbewegung mobilisieren kann, und fordert daher auch für die preußischen *Landtagswahlen* das allgemeine gleiche Wahlrecht. In der Außenpolitik hat er gleichfalls im Unterschied zu den Konservativen außerordentlich aggressive, weitreichende politische Zielsetzungen, so tritt er u. a. für die Bildung eines *großdeutschen Reiches* ein.

Wie sehr aber insgesamt diese radikale, kleinbürgerliche und rassistisch-antisemitische Bewegung sich von der sozial-reformerisch christlich-sozialen und konservativen unterschied, zeigte sich bei dem berühmten Antisemitentag 1889 in Bochum, auf dem zum letzten Male *alle* Richtungen der Antisemiten in Deutschland von Stöcker angefangen bis zu Böckel durch zweihundertfünfzig Abgeordnete aus hundert Städten vertreten waren. Obgleich die Mehrheit der dort anwesenden Delegierten dem starken Mann Böckel so sehr entgegenkam, daß sich sogar Stöcker zur vorzeitigen Abreise genötigt sah, schied am Ende auch Böckel in Unfrieden aus der Versammlung aus, und die konservative ›Kreuzzeitung‹ begrüßte diese »Selbstreinigung der Antisemiten«, die sich von diesen schmutzigen Radikalen distanziert hätten. Trotzdem war in dem folgenden Wahlkampf allein Böckel erfolgreich und konnte 1890 mit vier ihm gesinnungsverwandten Abgeordneten im Reichstag eine eigene parlamentarische Gruppe bilden. Die Repräsentation der Antisemiten im Reichstag ist dann in den nächsten Jahren bis 1907 noch weiter angewachsen, 1893 erreichte sie sechzehn, 1894 vierundzwanzig, 1907 fünfundzwanzig Sitze, hat aber in der Folge nicht weiter zugenommen. Selbst wenn man die Gesamtzahl der antisemitischen *Wähler* einschließlich des Bundes der Landwirte, der ziemlich starke antisemitische Tendenzen zeigte, addiert, so ergibt das doch noch immer keine Zahl, die über fünfhunderttausend hinausgeht.

Ein letztes Vorkriegsphänomen, das noch kurz skizziert werden soll, ist der Antisemitismus im Alldeutschen Verband. Der Alldeutsche Verband ist eine Propagandaorganisation, die 1890 gegründet wurde, 1894 dann den Namen ›Alldeutscher Verband‹ annahm und bis 1914 nie mehr als zwanzig- bis dreißigtausend Mitglieder umfaßte, die aber in der unschönen Bürokratensprache unserer Zeit als »Multiplikatoren« bezeichnet werden könnten, also Leute waren, die ihre Meinung weitergeben – opinion leaders – Lehrer, Beamte, Publizisten, die im Sinne des Alldeutschen Verbandes für Großmachtpolitik, Kolonialpolitik, aber auch Ostpolitik eintraten. Von der Industrie sind persönlich hier nur die Geheimräte Hugenberg und Kirdorf vertreten, gelegentliche Angriffe auf das »Finanzkapital« in den Alldeutschen *Blättern* sind zugleich antiliberal und antisemitisch gefärbt. Die Zahl der Mitglieder des Alldeutschen Verbandes im Parlament war so groß wie die Zahl der Antisemiten, aber nicht vollständig mit ihr identisch; offiziell war der Alldeutsche Verband nicht antisemitisch, aber eine große Anzahl seiner Mitglieder, vor allem Heinrich Claß, der in den letzten Jahren vor dem Krieg im Verband eine einflußreiche Rolle spielte, waren entschiedene Antisemiten. Neben den individuellen Mitgliedern gab es korporative Mitgliedschaften, zu denen etwa als wichtigste die des Deutschnationalen Handlungsgehilfenverbandes, des Hammerbundes und des Ostmarkenvereins gehörten. Der *Deutschnationale Handlungsgehilfenverband*, die Organisation des neuen Mittelstandes der Angestellten, war bereits 1893 bei seiner Gründung antisemitisch, er hatte von vornherein Juden die Mitgliedschaft versagt und auch die Aufnahme von Anzeigen jüdischer Firmen in seine Blätter abgelehnt. Die Ziele des Alldeutschen Verbandes waren Machtpolitik, Stärkung der Wehrkraft, Kolonialpolitik und Expansion nach Osten, 1913 erschien in den ›Alldeutschen Blättern‹ zum erstenmal ein prononciert rassenantisemitischer Aufsatz von einem gewissen K. F. Wolff. Dieser erklärt u. a. wörtlich:

»Die rassenbiologische Weltanschauung sagt uns, daß es Führerrassen und Folgerassen gibt. Die politische Geschichte ist nichts weiter als die Geschichte der Kämpfe zwischen den Führerrassen. Insbesondere sind Eroberungen stets ein Werk der Führerrassen. Solche Menschen können erobern, dürfen erobern, sollen erobern! Und sie sollen auch Herren sein, sich und den anderen zu Nutz und Frommen. Das gilt für die Neuzeit genausogut wie für das Altertum. Denn nicht Vernichtung, sondern Höherentwicklung bedeutet das Hereinbrechen einer hochgesinnten Edelrasse. Sie dient dem Herrn der Heerscharen, und was sie tut, ist ein Erlöserwerk.«

Das alles ist nicht in einem obskuren Winkelblatt, sondern in den ›Alldeutschen Blättern‹ erschienen, die, wie der *Alldeutsche Verband* überhaupt, aus öffentlichen Mitteln unterstützt wurden. Heinrich Claß hat in seinem Buch ›Wenn ich Kaiser wär‹[11] deutlich jene Kombination von kleinbürgerlichen Reformideen und Antisemitismus zum Ausdruck gebracht, die wir in ähnlicher Weise dann beim Nationalsozialismus wiederfinden: Bankkapital, Warenhäuser, Materialismus und überhandnehmende

Genußsucht werden sämtlich auf die Juden und die von ihnen infizierten, instinktentfremdeten Deutschen, zurückgeführt. Graf Gobineau und H. St. Chamberlain werden als Kronzeugen für diese rassenbiologische Weltanschauung angeführt. Und die Parteien im Reichstag werden nach dem Ausmaß ihrer Erkenntnis der Notwendigkeit des Antisemitismus in eine Rangordnung gebracht.

Claß schätzt freilich die demagogischen Möglichkeiten des Antisemitismus nicht ganz so hoch ein wie Böckel und fordert daher auch die Aufgabe des allgemeinen und gleichen Wahlrechts und statt dessen Einführung eines Fünf-Klassen- oder besser eines fünffach gestuften Mehrfachstimmrechts, das nach Steueraufkommen, beruflicher Stellung, militärischem Rang usw. den einzelnen Männern ein Pluralstimmrecht gibt, den Frauen aber dafür überhaupt keines. Ein Vorschlag, der nur als Ausdruck seiner autoritären Persönlichkeit gedeutet werden kann bei gleichzeitiger Verkennung der Tatsache, daß unter den seelisch deformierten Frauen der bestehenden Gesellschaft ein durchaus geeignetes Potential für reaktionäre Tendenzen sich finden ließ.

Die von Claß geplanten Reformen werden zusammengefaßt in einem Vorschlag zur Reichsreform, der auch einen spezifischen Judenparagraphen enthält, der zwar gegenüber den späteren nationalsozialistischen Praktiken noch als gemäßigt erscheint, jedoch die absurde Brutalität des ganzen antisemitischen Denkens offenbart. »Die Juden«, heißt es zunächst, »die 1871 Juden waren und seither konvertierten«, seien besonders gefährlich und ebenso zu behandeln wie gläubige Juden. Neueingewanderte nach 1871 seien sämtlich wieder auszuweisen. Die übrigen dürften keine öffentlichen Ämter, kein aktives und passives Wahlrecht ausüben, weder Anwälte noch Lehrer, noch Theaterleiter, noch Redakteure sein, keine Banken leiten, keine Läden besitzen und müßten, heißt es unbewußt ironisch am Ende dieses Registers, als Entgelt für den Schutz des Reiches die doppelte Steuer zahlen wie die übrige Bevölkerung. Wovon sie diese bezahlen sollten, ist bei Herrn Claß freilich nicht nachzulesen. »Der völkische Deutsche«, so heißt es auch bereits bei Claß, einem damals jedenfalls als honorig angesehenen Mann, dürfe sich gegenüber den Juden nicht vom Mitleid leiten lassen, denn Mitleid mache nur schwach. Das sei zwar menschlich begreiflich, aber wo es um die Zukunft des deutschen Volkes gehe, müsse man diese Schwachheit von sich tun. In den Reden Himmlers wird die Grausamkeit der SS mit ähnlichen Worten geradezu als eine moralische Tugend hingestellt, denn selbstverständlich seien diese Menschen von Haus aus auch mitleidig, aber im Dienst des deutschen Volkes hätten sie dieses Mitleid heroisch überwunden.[12] Gewiß war der Alldeutsche Verband nicht ohne freundliche Mitwirkung offizieller Stellen des kaiserlichen Deutschland entstanden. Aber in der von Claß und seinen Anhängern vertretenen Position drückte er bereits deutlich jenen dynamischen, rassistischen Antisemitismus aus, der das sichere Anzeichen einer dem konservativen Traditionsbewußtsein entwachsenen, kleinbürgerlich-radikalen Massenbewegung darstellt.

Das scheint nun auch der Charakter des Rassenantisemitismus zu sein, den Hitler und seine Anhänger, ein großer Teil seiner Anhänger zumindest, vertreten haben. Zum Abschluß sei noch ein kurzer Blick auf den Rassenantisemitismus der nationalsozialistischen Bewegung geworfen. Wir können hier, wenn wir die Dokumente untersuchen, zwei Aspekte unterscheiden. Den ersten Aspekt, in dem der Antisemitismus sozusagen in der Tradition der uns bekannten Äußerungen des Konservativismus als ein Mittel fungiert, um Massen für die Nationalsozialistische Partei zu werben – Antisemitismus als Pseudosozialismus. Wir finden in dem Parteiprogramm von Feder, das Hitler als propagandisches Meisterwerk gefeiert hat, aber niemals in seinen konkreten wirtschaftspolitischen Punkten in die Tat umsetzte, eine ganze Reihe von Forderungen, die beinahe sozialistisch klingen, jedenfalls weit links vom ›Godesberger Programm‹, so etwa Aufteilung des Großgrundbesitzes, Kommunalisierung der Warenhäuser, Gewinnbeteiligung bei Großbetrieben, Einziehung aller Kriegsgewinne und dergleichen mehr, aber bei jedem dieser Programmpunkte wurde dann in der Folge aus Antikapitalismus Antisemitismus gemacht. Das ist am nachdrücklichsten bei dem die deutschen Großagrarier beunruhigenden Punkt 17 geschehen:

»Wir fordern eine unseren nationalen Bedürfnissen angepaßte Bodenreform, Schaffung eines Gesetzes zur unentgeltlichen Enteignung von Boden für gemeinnützige Zwecke.«

Das klingt ziemlich radikal. Hitler aber gab schon 1928 auf dem Wege zur Vorbereitung jener Allianz mit den deutschen Konservativen, die ihm schließlich auch die Machtergreifung ermöglicht hat, eine einschränkende Interpretation, die wie folgt lautete:

»Da die NSDAP auf dem Boden des Privateigentums steht, ergibt sich von selbst, daß der Passus ›unentgeltliche Enteignung‹ nur auf die Schaffung gesetzlicher Möglichkeiten Bezug hat, Boden, der auf unrechtmäßige Weise erworben wurde, oder nicht nach den Gesichtspunkten des Volkswohls verwaltet wird, wenn nötig zu enteignen. Dies richtet sich demgemäß in erster Linie gegen die jüdische Spekulation.«

Das sollte die Großagrarier und Bauern beruhigen. In ähnlicher Weise wurde in der Folge *jeder* antikapitalistische Programmpunkt in einen antijüdischen umfunktionalisiert: Aus der Kommunalisierung der Warenhäuser wurde z. B. die Entjudung, die Arisierung, die es einem der Partei nahestehenden Nichtjuden möglich machte, zu Spottpreisen jüdische Warenhäuser zu übernehmen. Damit war dann der Kampf gegen das Warenhaus beendet.

Weit über diesen politischen Gebrauch des kleinbürgerlichen Antisemitismus zum Zwecke der Massenwerbung ging aber die Ideologie hinaus, an die Hitler selber felsenfest geglaubt hat und der ein großer Teil seiner radikalsten Mitarbeiter, Männer wie Himmler und Darré, ebenfalls anhingen. Eine Ideologie, derzufolge die gesamte Weltgeschichte in rassenbiologischen Kategorien gedeutet werden muß und daher der Kampf gegen die Juden eine Voraussetzung für die Stärkung und Befreiung des deutschen Volkes darstellt. Ich will das noch etwas näher anhand eines Buches zeigen, das von den Nationalsozialisten sehr hoch geschätzt wurde: Otto Bangerts ›Gold oder Blut‹[13]. Ganz ähnliche Ausführungen nur nicht in der gleichen Konzentration finden sich schon in Hitlers ›Mein Kampf‹, und Hitler hat sie ebensowenig erfunden wie Bangert, sondern, wie man inzwischen weiß, großenteils von einem österreichischen Antisemiten und sehr merkwürdigen Sektierer namens Lanz von Liebenfels, der die ›Ostara-Hefte‹ herausgab, übernommen.[14] Diese rassenmythologische Geschichtsdeutung geht davon aus, daß die Geschichte ein Rassen- und nicht ein Klassenkampf sei. Als die großen historischen Gegenspieler erscheinen die arische oder nordische und die jüdische Rasse. Die blonden, blauäugigen, hochgewachsenen Arier vertreten das gute Prinzip und ebenso eindeutig natürlich die in ihrer physischen Beschaffenheit entgegengesetzt dargestellten Juden das böse. Die Entwicklung zum Industrialismus und Kapitalismus ist diesem Rassenmythos zufolge das Resultat einer listig planenden Machenschaft der Juden. Die Juden versuchten nämlich, die Widerstandskraft gesunder bäuerlich-soldatischer Völker wie des deutschen dadurch zu untergraben, daß sie Verstädterung, Zivilisation, Kapitalismus, Sozialismus und all diese Dinge heraufbeschworen. Die Juden hätten sich dabei in höchst raffinierter Weise in zwei Parteien gespalten: die Liberalen, die die Entwicklungsmöglichkeiten des Kapitalismus verbessern, und die radikalen Demagogen, die an die Spitze der sozialistischen Bewegung traten. Bankiers sind Juden, Marx und Lassalle sind Juden, Freimaurer sind Juden, daran sehe man schon, daß sie auf beiden Seiten der antagonistischen Sozialordnung stehen, und zwar immer führend. Als Zweck dieser ganzen Veranstaltung galt, um es noch einmal zu unterstreichen, die Schwächung der germanischen Völker, von denen allein Deutschland noch nicht vollständig dem Judentum unterworfen sei. Überall sonst seien es die »jüdischen Machthaber«, die das Volk führen, allein in Deutschland sei es noch nicht ganz soweit, allerdings auch bereits »fünf Minuten vor zwölf«. In diesem Moment habe aber die Vorsehung Hitler geschickt, um in der äußersten Not die »Kehre« herbeizuführen und Deutschland als erstes Land wieder von den Juden zu befreien und damit auch den übrigen Völkern den Weg zu weisen. Dieser Rassenmythos, so grotesk, so absurd, so unwissenschaftlich und widersinnig er uns erscheint, hat doch wie eine fixe Idee das Denken Hitlers bis ganz zuletzt beherrscht, und sein Vermächtnis lautete, man möge die Judenfrage im Auge behalten. Das ist eine letzte Übersteigerung dessen, was wir an selbständigem, kleinbürgerlichem Rassenantisemitismus in Ansätzen schon vor dem Ersten Weltkrieg in Deutschland beobachten konnten und der in ähnlicher Form auch in Österreich-Ungarn unter den dort ganz besonders nationalistischen, kleinbürgerlichen Deutschen sich entwickelt hat.

Wenn man fragt, wie ist dieser radikalisierte rassenbiologische Antisemitismus zu deuten, so wird man vielleicht doch noch einmal zu einer theologischen Interpretation greifen können; hier sei hingewiesen auf die Thesen des Paters Gaston Fessard[15], eines Freundes von Teilhard de Chardin, der die Theorie aufgestellt hat, daß die faschistische Ideologie am besten durch die Kategorie des *totalen Feindes* verstanden werden könne und daß der Antisemitismus der Nationalsozialisten verständlich werde als die notwendige Folie für die Postulierung der erwählten Rasse: Der heidnische Mythos von der durch die Natur ausgewählten und qualitativ überlegenen nordischen Rasse kann nur bewährt und in die Wirklichkeit übergeführt werden, wenn das anstößige Faktum des von Gott auserwählten *theologischen Volkes* beseitigt wird. Das ärgerliche Faktum des theologischen Volkes par excellence muß beseitigt werden, um Platz zu schaffen für das rassenbiologisch begründete tausendjährige Reich der von *der Natur zur Herrschaft ausersehenen* nordischen Germanen. Natürlich braucht dieser Zusammenhang zwischen der Postulierung des Reiches der rassenbiologischen Elite und der bis zur Tötung gehenden Negierung des theologischen Volkes der Juden den einzelnen Nazis nicht bewußt gewesen zu sein. Wahrscheinlich überfordert das auch intellektuell ihr Selbstverständnis. Aber es ist nicht ausgeschlossen, daß ihnen eine Ahnung davon dämmerte, daß durch die theologische These eines von Gott auserwählten Volkes der biologische Mythos entwertet wird, natürlich genauso durch die aus dem Judentum hervorgegangene christliche Religion, die daher in letzter Konsequenz von den Nazis ebenso bekämpft werden mußte. Nach einem siegreichen Krieg hätte die ganz Vernichtungsleidenschaft der Nationalsozialisten sich vermutlich gegen die christlichen Konfessionen gewandt.

V

Die *Gewähr* dafür, daß es nicht noch einmal zu einem solchen Rückfall in Barbarei, zu einer derartigen mit den modernen technischen Mitteln potenzierten Barbarei kommen kann, liegt wohl weder in geschickt konstruierten Verfassungsbestimmungen, noch in einem integren Verfassungsgericht, so wichtig diese beiden sein mögen, sondern einzig und allein in der ausreichenden kritischen Wachsamkeit und vernünftigen Nüchternheit souveräner Wähler, die den Gefahren demagogischer Verführung gegenüber gefeit sind und die die sozioökonomischen Gesetzmäßigkeiten ihrer Gesellschaft kennen.

Die Tatsache, daß es in beinahe allen zivilisierten Ländern Antisemitismus gibt und daß in manchen Ländern andere Arten des Rassenhasses vorkommen und sogar in den letzten Jahren an Bedeutung gewonnen haben, mindert die Schande in keiner Weise, daß es bei uns zum verbrecherischsten Ausbruch dieses Massenwahns und zur skrupellosesten Nutzung dieses Ressentiments zu politischen Zielen gekommen ist. Aber alle Schuldbekenntnisse sind vollständig wertlos, wenn sie nicht die Vorstufe zur Einsicht in die Notwendigkeit jener nüchternen, vernünftigen, wachsamen und kritischen Einstellung gegenüber allen politischen Fragen bilden, ohne die eine freiheitliche Verfassung niemals leben kann.

Anmerkungen

1 W. Sulzbach, Die zwei Wurzeln und Formen des Judenhasses, Stuttgart 1959.
2 In der Jubiläumsausgabe des Volks-Schott von 1934 lesen wir noch als Übersetzung von »perfidis Judaeis« die »*treulosen* Juden« (S. 330), während es in einer Ausgabe von 1953 die »*ungläubigen* Juden« heißt.
3 Vgl. auch P. W. Massing, Rehearsal for Destruction, New York 1949, deutsch: Vorgeschichte des politischen Antisemitismus, Frankfurt 1959.
4 Zit. nach Marx–Engels–Lenin–Stalin, Zur Deutschen Geschichte, Berlin 1953, Bd. II, 2, S. 1121.

5 K. Stechert, Wie war das möglich?, Stockholm 1945.
6 Geschichte der Handelskrisen, 1874, S. 454.
7 O. Glagau, Des Reiches Not und der neue Kulturkampf, 3. Aufl. Osnabrück 1880, S. 27.
8 Zit nach: Reden und Aufsätze, Berlin 1905, S. 419.
9 Salomon, Deutsche Parteiprogramme, Leipzig 1912, Bd. II, S. 65.
10 Eine Äußerung in: Reichsherold, vom 4. 10. 1887.
11 Unter dem Pseudonym Frymann 1912 erstmals erschienen.
12 Vgl. hierzu die Rede Heinrich Himmlers bei der SS-Gruppenführertagung in Posen am 4. 10. 1943: »Von euch werden die meisten wissen, was es heißt, wenn 100 Leichen beisammen liegen, wenn 500 da liegen oder wenn 1000 da liegen. Dies durchgehalten zu haben und dabei – abgesehen von Ausnahmen menschlicher Schwäche – anständig (!) geblieben zu sein, das hat uns hart gemacht. Dies ist ein niemals geschriebenes und niemals zu schreibendes Ruhmesblatt unserer Geschichte...« (Zit. nach W. Hofer, Der Nationalsozialismus, Dokumente, Frankfurt 1957, S. 114.)
13 O. Bangert, Gold oder Blut, München 1927.
14 Vgl. zu Lanz von Liebenfels und Hitlers Beziehungen zu ihm die mit Vorsicht zu benutzende Arbeit von W. Daim, Der Mann, der Hitler die Ideen gab, München 1958.
15 Vgl. G. Fessard SJ, De l'actualité historique, Paris 1959, Bd. I, S. 121 ff. (Esquisse du mystère de la société de l'histoire.)

1. *Friedrich Engels*

Über den Antisemitismus

(Aus einem Brief nach Wien)*

(Arbeiter-Zeitung Nr. 19 vom 9. Mai 1890)

...Ob Sie aber mit dem Antisemitismus nicht mehr Unglück als Gutes anrichten werden, muß ich Ihnen zu bedenken geben. Der Antisemitismus ist das Merkzeichen einer zurückgebliebenen Kultur und findet sich deshalb auch nur in Preußen und Österreich resp. Rußland. Wenn man hier in England oder in Amerika Antisemitismus treiben wollte, so würde man einfach ausgelacht, und Herr Drumont erregt in Paris mit seinen Schriften – die an Geist denen der deutschen Antisemiten unendlich überlegen sind – doch nur ein bißchen wirkungslose Eintagssensation. Zudem muß er ja jetzt, da er als Stadtratskandidat auftritt, selbst sagen, er sei gegen das christliche Kapital ebensosehr wie gegen das jüdische! Und Herrn Drumont würde man lesen, wenn er auch die gegenteilige Meinung verträte.

Es ist in Preußen der Kleinadel, das Junkertum, das 10 000 Mark einnimmt und 20 000 Mark ausgibt und daher den Wucherern verfällt, das in Antisemitismus macht, und in Preußen und Österreich ist es der dem Untergang durch die großkapitalistische Konkurrenz verfallene Kleinbürger. Zunfthandwerker und Kleinbürger, der den Chor dabei bildet und aufschreit. Wenn aber das Kapital *diese* Klassen der Gesellschaft vernichtet, die durch und durch reaktionär sind, so tut es, was seines Amtes ist, und tut ein gutes Werk, einerlei, ob es nun semitisch oder arisch, beschnitten oder getauft ist; es hilft den zurückgebliebenen Preußen und Österreichern vorwärts, daß sie endlich auf den mo-

---

* Aus: Karl Marx/Friedrich Engels, Werke, Bd. 22, Berlin 1963.

dernen Standpunkt kommen, wo alle alten gesellschaftlichen Unterschiede aufgehen in den einen großen Gegensatz von Kapitalisten und Lohnarbeitern. Nur da, wo dies noch nicht der Fall, wo noch keine starke Kapitalistenklasse existiert, also auch noch keine starke Lohnarbeiterklasse, wo das Kapital noch zu schwach ist, sich der gesamten nationalen Produktion zu bemächtigen, und daher die Effektenbörse zum Hauptschauplatz seiner Tätigkeit hat, wo also die Produktion noch in den Händen von Bauern, Gutsherren, Handwerkern und ähnlichen aus dem Mittelalter überkommenen Klassen sich befindet – nur da ist das Kapital vorzugsweise jüdisch, und nur da gibt's Antisemitismus.

In ganz Nordamerika, wo es Millionäre gibt, deren Reichtum sich in unseren lumpigen Mark, Gulden oder Franken kaum ausdrücken läßt, ist unter diesen Millionären *nicht ein einziger Jude,* und die Rothschilds sind wahre Bettler gegen diese Amerikaner. Und selbst hier in England ist Rothschild ein Mann von bescheidenen Mitteln z. B. gegenüber dem Herzog von Westminster. Selbst bei uns am Rhein, die wir mit Hilfe der Franzosen den Adel vor 95 Jahren zum Land hinausgejagt und uns eine moderne Industrie geschaffen haben, wo sind da die Juden?

Der Antisemitismus ist also nichts anderes als eine Reaktion mittelalterlicher, untergehender Gesellschaftsschichten gegen die moderne Gesellschaft, die wesentlich aus Kapitalisten und Lohnarbeitern besteht, und dient daher nur reaktionären Zwecken unter scheinbar sozialistischem Deckmantel; er ist eine Abart des feudalen Sozialismus, und damit können wir nichts zu schaffen haben. Ist er in einem Lande möglich, so ist das ein Beweis, daß dort noch nicht genug Kapital existiert. Kapital und Lohnarbeit sind heute untrennbar. Je stärker das Kapital, desto stärker auch die Lohnarbeiterklasse, desto näher also das Ende der Kapitalistenherrschaft. Uns Deutschen, wozu ich auch die Wiener rechne, wünsche ich also recht flotte Entwicklung der kapitalistischen Wirtschaft, keineswegs deren Versumpfen im Stillstand.

Dazu kommt, daß der Antisemitismus die ganze Sachlage verfälscht. Er kennt nicht einmal die Juden, die er niederschreit.

Sonst würde er wissen, daß hier in England und in Amerika, dank den osteuropäischen Antisemiten, und in der Türkei, dank der spanischen Inquisition, es Tausende und aber Tausende *jüdischer Proletarier* gibt; und zwar sind diese jüdischen Arbeiter die am schlimmsten ausgebeuteten und die allerelendesten. Wir haben hier in England in den letzten zwölf Monaten *drei* Streiks jüdischer Arbeiter gehabt[2], und da sollen wir Antisemitismus treiben als Kampf gegen das Kapital?

Außerdem verdanken wir den Juden viel zuviel. Von Heine und Börne zu schweigen, war Marx von stockjüdischem Blut; Lassalle war Jude. Viele unserer besten Leute sind Juden. Mein Freund Victor Adler, der jetzt seine Hingebung für die Sache des Proletariats im Gefängnis in Wien abbüßt, Eduard Bernstein, der Redakteur des Londoner ›Sozialdemokrat‹, Paul Singer, einer unserer besten Reichstagsmänner – Leute, auf deren Freundschaft ich stolz bin, und alles Juden! Bin doch selbst von der »Gartenlaube«[3] zum Juden gemacht worden, und allerdings, wenn ich wählen müßte, dann lieber Jude als »Herr *von*«!

London, 19. April 1890 *Friedrich Engels*

Anmerkungen

1 Mit diesem Brief antwortete Engels dem österreichischen Bankangestellten Isidor Ehrenfreund, der ihm am 21. März 1890 geschrieben hatte, daß unter den Mitgliedern des Klubs der Beamten Wiener Bank- und Kreditinstitute, dem er angehörte, sowie unter einem gewissen Teil der Wiener Bevölkerung der Antisemitismus weit verbreitet sei und sich in der Propaganda gegen das jüdische Kapital ausdrücke. Engels' Antwort an Ehrenfreund wurde in der ›Arbeiter-Zeitung‹ mit der folgenden redaktionellen Anmerkung veröffentlicht: »Es bedarf wohl kaum der Genehmigung, daß wir diesen Brief mit beiderseitiger Autorisation, der des Schreibers und der des Empfängers, zum Abdrucke bringen.« Der Name des Empfängers wurde in der Zeitung nicht genannt.
Engels' Brief wurde auch im ›Berliner Volksblatt‹ Nr. 109 vom 13. Mai 1890 und der in München erscheinenden sozialpolitischen Wochen-

schrift ›Das Recht auf Arbeit‹ Nr. 315 vom 28. Mai 1890 abgedruckt.
2 Hinweis auf folgende Streiks jüdischer Arbeiter in London: der Streik der Schneider und Kürschner im August/September 1889, der Streik der Bäcker im November 1889 und der Streik der Schuharbeiter im März/April 1890. In diesen Streiks setzten die Arbeiter die Annahme ihrer Forderungen durch. Die Schneider, Kürschner und Bäcker erreichten die Einführung des Zehnstundenarbeitstages an Stelle des bisherigen vierzehn- bis sechzehnstündigen, und die Schuharbeiter setzten die Forderung durch, wonach die Heimarbeit eingestellt und von den Unternehmern entsprechende Arbeitsstätten gewährleistet werden sollten. Die Fabrikanten mußten außerdem die Forderung der Schuharbeiter nach Einführung eines Arbeitsschiedsgerichts zustimmen.
3 ›Die Gartenlaube. Illustrirtes Familienblatt‹ – literarische Wochenschrift kleinbürgerlicher Richtung; erschien von 1853 bis 1903 in Leipzig und von 1903 bis 1943 in Berlin.

2. August Bebel

Vorschlag einer Resolution zum Thema Antisemitismus und Sozialdemokratie*

»Der Antisemitismus entspringt der Mißstimmung gewisser bürgerlicher Schichten, die sich durch die kapitalistische Entwicklung bedrückt finden und zum Theil durch diese Entwicklung dem wirthschaftlichen Untergang geweiht sind, aber in Verkennung der eigentlichen Ursache ihrer Lage den Kampf nicht gegen das kapitalistische Wirthschaftssystem, sondern gegen eine in demselben hervortretende Erscheinung richten, die ihnen im Konkurrenzkampfe unbequem wird: gegen das jüdische Ausbeuterthum.

Dieser sein Ursprung zwingt den Antisemitismus zu Forderungen, die ebenso mit den wirthschaftlichen wie politischen Entwicklungsgesetzen der bürgerlichen Gesellschaft in Widerspruch stehen, also *fortschrittsfeindlich* sind. Daher auch die Unterstützung, die der Antisemitismus vorzugsweise bei Junkern und Pfaffen findet.

Der einseitige Kampf des Antisemitismus gegen das jüdische Ausbeuterthum muß nothwendig *erfolglos* sein, weil die Ausbeutung der Menschen durch den Menschen keine speziell jüdische, *sondern eine der bürgerlichen Gesellschaft eigenthümliche Erwerbsform ist, die erst mit dem Untergang der bürgerlichen Gesellschaft endigt.*

Da nun die Sozialdemokratie der entschiedenste Feind des Kapitalismus ist, einerlei ob Juden oder Christen seine Träger sind, *und da sie das Ziel hat, die bürgerliche Gesellschaft zu beseitigen,* indem sie deren Umwandlung in die sozialistische Gesellschaft herbeiführt, wodurch aller Herrschaft des Menschen über den Menschen, wie aller Ausbeutung des Menschen durch den Menschen ein Ende bereitet wird, *lehnt es die Sozialdemokratie ab,* ihre Kräfte im Kampfe gegen die bestehende Staats- und Gesellschaftsordnung durch falsche und darum wirkungslos werdende Kämpfe gegen eine Erscheinung zu zersplittern, die mit der bürgerlichen Gesellschaft steht und fällt.

Die Sozialdemokratie bekämpft den Antisemitismus als *eine gegen die natürliche Entwicklung der Gesellschaft gerichtete Bewegung,* die jedoch

---

* Aus: Protokoll über die Verhandlungen des Parteitages der Sozialdemokratischen Partei Deutschlands, abgehalten zu Köln a. Rh. v. 22. bis 28. Okt. 1893, Berlin 1893.

trotz ihres reaktionären Charakters und *wider* ihren Willen schließlich *revolutionär* wirkt, weil die von dem Antisemitismus gegen die jüdischen Kapitalisten aufgehetzten kleinbürgerlichen und kleinbäuerlichen Schichten zu der Erkenntniß kommen müssen, *daß nicht blos der jüdische Kapitalist, sondern die Kapitalistenklasse überhaupt ihr Feind ist und daß nur die Verwirklichung des Sozialismus sie aus ihrem Elende befreien kann.*«

Referent Bebel: Als der Parteivorstand voriges Jahr den Punkt »Antisemitismus und Sozialdemokratie« auf die Tagesordnung des Berliner Parteitages setzte, nahm besonders die antisemitische Presse mit Genugthuung Akt davon: sie wies darauf hin, daß die offizielle Behandlung dieser Frage auf unserem Parteitage beweise, welche Bedeutung der Antisemitismus in Deutschland erlangt habe. Gewiß hat die antisemitische Bewegung in Deutschland eine gewisse Bedeutung erlangen müssen, bevor wir uns entschließen konnten, dazu Stellung zu nehmen; aber daß dies geschieht, weil wir den Herren eine besonders große Bedeutung beilegen, darin dürften sie sich, und die heutige Verhandlung wird es hoffentlich zeigen, sehr geirrt haben. Wir haben dieser Frage gegenüber nur gethan, was wir allen neu auftretenden und eine gewisse Bedeutung erlangenden Erscheinungen auf sozialpolitischem und ökonomischem Gebiet gegenüber als Partei thun müssen. Gerade unsere Partei hat weniger als irgend eine versucht, vor solchen Erscheinungen die Augen zu schließen, sondern sie hat es sich angelegen sein lassen, sie genau auf ihren Werth und ihre Bedeutung hin zu prüfen.

Spricht man uns vom Antisemitismus als einer *neuen* Erscheinung, so ist das richtig und nicht richtig. Versteht man unter Antisemitismus die Feindschaft gegen die Juden mit dem Ziel ihrer Vernichtung oder wenigstens ihrer Vertreibung, dann ist der Antisemitismus mehr als anderthalbtausend Jahre alt. Was wir aber heute unter Antisemitismus und antisemitischer Partei verstehen, ist eine neue Erscheinung insofern, als sich die gegen das Judenthum gerichteten feindseligen Bestrebungen in einer politischen Partei zusammenfassen, welche am öffentlichen Leben sich betheiligt. Dazu kommt, daß über die Bedeutung dieser Bewegung in unseren eigenen Kreisen eine gewisse Unklarheit herrscht. Wenige Tage vor dem Parteitage hatte ich in Berlin im VI. Wahlkreise das Referat über den jetzt stattfindenden Parteitag und berührte kurz auch diesen Punkt. Da meinte ein Genosse, man lege der Sache eine viel zu große Bedeutung bei, der Antisemitismus sei nur ein Produkt von Schlagworten, und der Beifall, der diesem Ausspruch seitens eines Theiles der sehr stark besuchten Versammlung folgte, bewies mir, daß ein nicht unbeachtenswerther Theil der Genossen in dieser Frage noch nicht klar sieht. Wäre der Antisemitismus nur ein Produkt von Schlagworten, so hätten wir uns mit ihm gar nicht zu beschäftigen. (Zustimmung.) Wenn man den Antisemitismus derart abfertigt, dann steht diese Behandlung auf derselben Stufe, von der uns die Gegner lange Zeit abzufertigen versucht haben. (Sehr richtig!) Auch da hieß es, die Sozialdemokratie ist blos ein Produkt der Agitation gewisser Leute, mit deren Verschwinden oder Mundtodtmachung auch die Sozialdemokratie von der Bildfläche verschwinden wird. Daß diese Auffassung total irrig ist, haben die erbittersten Gegner an dem gewaltigen Wachsthum unserer Bewegung und durch sonstige Erfahrungen durchweg erkannt. Über Erscheinungen, die Widerhall in den Massen finden, über die kann man nicht hinweggehen, man muß sie auf ihre Ursachen hin prüfen und wenn die Ursachen der Erscheinungen erkannt wurden, muß man nach den Mitteln suchen, durch welche die Übel, die jene Erscheinung erzeugen, beseitigt werden können. In letzterem Punkte sehen wir der antisemitischen Bewegung anders gegenüber als anderen Erscheinungen. Wir können erklären, daß die Übel, die den Antisemitismus erzeugten, verschwinden werden, aber nicht dadurch, daß der Antisemitismus siegt, sondern dadurch, daß die Übel und mit den Übeln der Antisemitismus selbst hinfällig wird und *beide* verschwinden. (Sehr richtig.)

Der Antisemitismus, im Sinne des Judenhasses aufgefaßt, ist eine sehr alte Erscheinung. Von dem Augenblicke an, wo das alte jüdische Reich vernichtet, Jerusalem zerstört und die jüdische Bevölkerung auseinandergesprengt wurde und sich über alle Länder der damaligen Kulturwelt verbreitete, hat eine gewisse antisemitische Strömung Platz gegriffen. Schon Tacitus spricht sich in seinen »Annalen« in der feindseligsten Weise gegen die Juden aus. Die Juden waren in ihrem Heimathlande bis zu ihrer Vertreibung ein wesentlich ackerbau- und daneben gewerbetreibendes Volk; als handeltreibendes Volk von größerer Bedeutung sind die Juden im Gegensatz zu ihren Stammesverwandten, den Phöniziern, Tyrern und Karthagern, in der alten Kulturwelt nicht aufgetreten, hauptsächlich wohl weil ihr Land nicht am Meere lag. Charakteristisch ist aber, daß sie sofort nach ihrer Zerstreuung und Verbreitung über die alte Kulturwelt sich größtentheils dem Handel zuwandten. Sie konnten allerdings auch in eine auf der Sklavenarbeit beruhenden Gesellschaftsordnung, wie sie die alte Kulturwelt besaß, und da sie außerhalb dieser Gesellschaft standen, als Arbeiter nicht eindringen. Der Handel war so die einzig mögliche Beschäftigung, für den überdies die semitische Rasse unzweifelhaft stets eine große natürliche Anlage besessen hat. So treiben ja die Juden überwiegend überall Handel bis auf den heutigen Tag dort, wo sie als kleine Minorität wohnen; aber dort, wo sie massenhaft nebeneinander leben, wie in Ungarn, Polen, Galizien, Theilen von Rußland, haben sie sich auch in der Mehrzahl dem Gewerbebetrieb und selbst dem Landbau zugewandt und zwar weil sie mußten, denn alle können nicht handeln, und so liegt dort nur ein kleiner Theil von ihnen dem Handel ob. Dort wird die Masse der arbeitenden Juden von jüdischen Kapitalisten und Unternehmern ganz ebenso schamlos ausgebeutet, wie die christlichen Arbeiter im christlichen Europa von christlichen und jüdischen Ausbeutern ausgebeutet werden. Nur wo die Juden mehr in der Vereinzelung leben, wie in Deutschland, wo auf 50 Millionen Einwohner etwa 500 000 Juden kommen, ist ihre Hauptbeschäftigung der Handel. Diese Entwicklung ist nun durch die Umstände, im Laufe von fast 2000 Jahren, im höchsten Maße begünstigt worden. Mit Ausnahme der Glanzperiode im muhamedanisch-arabischen Reich wurden die Juden bis in die neueste Zeit durch die Gesetzgebung geflissentlich von jeder anderen Beschäftigung ausgeschlossen. Judäa war bekanntlich die Wiege des Christenthums; sehr bald aber trat das Christenthum in Feindschaft zum Judenthum. Andrerseits waren die Juden von tiefem Haß gegen die Christen erfüllt, weil ein Theil der ersten Christen Juden waren und die Juden jene als räudige Schafe, als Abtrünnige von ihrem Glauben betrachteten und sie verfolgten. Nimmt man hierzu die Darstellung der christlichen Kirche von den Verfolgungen und dem Kreuzestode Christi, den die Juden veranlaßten, so ist es klar, daß dieses die Massen vom Mittelalter bis heute beherrschende religiöse Moment nothwendig den Judenhaß, wenn nicht hervorgerufen hat, so doch bedeutend verschärfen mußte. Dazu kommt die Abneigung, die zwischen Menschen verschiedener Rasse, namentlich bei Menschen auf niedriger Kulturstufe, allgemein vorhanden ist. Und eine Verschiedenheit der Rasse besteht zwischen den Juden und der übrigen Bevölkerung. Wir sehen ja, wie *noch* heute der Nationalhaß, der milder als der Rassenhaß ist, von der Bourgeoisie geschürt, tief eingewurzelt ist, da begreift sich um so leichter das Vorhandensein des Rassenhasses. Es handelt sich eben um zwei in ihrem Charakter und ihrem ganzen Wesen grundverschiedene Rassen, deren Grundverschiedenheit durch 2000 Jahre hindurch bis heute aufrecht erhalten worden ist. Hat dann gar der unter einem anderen Volke lebende Jude das Malheur, durch sein Äußeres aufzufallen, so daß man ihm gewissermaßen schon an der Nase ansieht, daß er ein Jude ist (Heiterkeit), also im bösen Sinne des Wortes als ein Gekennzeichneter angesehen wird, so begünstigt dies noch die Rassenfeindseligkeit.

Scheinbar mit Recht werfen die Antisemiten den Juden vor, daß sie eine den Germanen besonders feindselige Rasse seien, mit besonders unangenehmen Rasseneigenthümlichkeiten, weil sie sonst ihre Absonderung unter der christlich-germanischen Gesellschaft doch nicht fast zweitausend Jahre hätten aufrecht halten können. Hierbei aber wird vergessen, daß die Juden bis in die neueste Zeit *gezwungen* wurden, von der übrigen Bevölkerung getrennt zu leben, es sei denn sie gaben ihren Glauben auf. Durch das ganze Mittelalter bestand eine in ihren Einzelheiten wechselnde, aber im Ganzen dauernd feindselige Gesetzgebung gegen die Juden, die sie völlig unterdrückte und zur Vereinsamung geradezu zwang. Und dieser tausendjährige Druck hat außerordentlich den engen Zusammenschluß unter ihnen gefördert. Also die Gesetzgebung des Mittelalters hat von vornherein

gegen die Juden schwer gesündigt und damit wider den Willen der Gesetzgeber die Erscheinungen begünstigt, die nach meiner Auffassung heute an den Juden, objektiv betrachtet, oft mit Unrecht getadelt werden. Außerdem haben häufig die heftigsten und gewaltthätigsten Judenverfolgungen stattgefunden, so in der Zeit von 1198 bis 1331 nicht weniger als 52 größter Art. An diesen Verfolgungen haben sich alle bedeutenden Städte Deutschlands jener Zeit ohne Ausnahme betheiligt, so Köln, Mainz, Nürnberg, Augsburg, Frankfurt am Mein u. s. w.
Und es waren nicht Verfolgungen, wie wir sie z. B. unter dem Ausnahmegesetz gegen uns kennen gelernt haben. Die Juden wurden wegen ihres Glaubens, wegen ihrer Rasse und namentlich wegen ihres Vermögens von Haus und Hof vertrieben, beraubt, ausgeplündert, grausam mißhandelt und sehr oft ermordet. In manchen dieser Judenverfolgungen betrug die Zahl der Opfer bis zu zehntausend. Ich gestehe, ich kann eine gewisse Bewunderung nicht unterdrücken für eine Rasse, die trotz all dieser furchtbaren Verfolgungen sich dennoch in ihrer Art weiter entwickelt und selbständig aufrecht erhalten hat; eine Erscheinung, die außer bei den Juden nur noch bei einem Volke in der Geschichte, den Zigeunern, sich zeigte. (Heiterkeit)
Gingen diese Hetzen und Gewaltthaten oft unter Billigung und Unterstützung der geistlichen und weltlichen Obrigkeit vor sich, so war andererseits die weltliche Obrigkeit geneigt, den Juden gewisse Begünstigungen einzuräumen. Die Juden waren, weil keinem deutschen Stamme angehörig, der kaiserlichen Schutzherrschaft unterstellt, sie galten als »des heiligen römischen Reichs Kammerknechte« und waren als solche zur Zahlung eines bestimmten jährlichen Schutzgeldes, des sogenannten Judenschutzgeldes, verpflichtet. Verschiedene Kaiser gestatteten den Juden, um das Schutzgeld erhöhen zu können, von dem von ihnen verliehenen Gelde doppelt so hohen Zins zu nehmen, als dies sonst nach den bestehenden Verordnungen über die Zinsbeschränkungen zulässig war. Wucher, d. h. Zinsennehmen war ursprünglich überhaupt von der katholischen Kirche verpönt und galt als unchristlich. Das Verbot des Zinsnehmens war aber, sobald Kapital sich zu bilden begann, undurchführbar. Und als

die Kirche selbst in den Besitz von Kapital und liegenden Gründen kam, die letzteren sie zu verpachten anfing, d. h. als sie begann, selbst Wucher zu treiben, da war ihr eigenes Interesse gegen das Verbot des Zinsnehmens gerichtet. Jetzt wurden Maximalsätze für die Zinsnahme eingeführt, also Zinsbeschränkungen, wie sie bis in die neueste Zeit bestanden haben, und wie sie die Antisemiten jetzt wieder einführen möchten. Mit dem erhöhten Zins, den die Juden nehmen durften, erhöhte sich aber auch das Schutzgeld, welches die Kaiser erhielten. Diese begünstigten also den Wucher der Juden, des eigenen Vortheils wegen. Durch das ganze Mittelalter hindurch galten für die Stellung der Juden in Deutschland folgende Hauptbeschränkungen: Sie durften keinen Grundbesitz erwerben oder besitzen; sie durften kein Handwerk betreiben; sie waren unfähig erklärt zur Ausübung politischer Rechte; sie waren belastet mit besonderen Abgaben; sie wurden gezwungen, in bestimmten Stadttheilen oder besonderen Dörfern zu wohnen – das bekannte Ghetto, wie es noch bis vor wenigen Jahrzehnten in Rom bestand –; sie mußten äußere Kennzeichen tragen, die charakteristische Nase als Kennzeichen genügte nicht (Heiterkeit); sie durften Christen nicht ehelichen, sie wurden also, wenigstens zur legitimen Fortpflanzung, innerhalb ihrer eigenen Rasse gezwungen; Christen durften bei Strafe keinen jüdischen Arzt nehmen; christliche Hebammen durften jüdischen Wöchnerinnen keinen Beistand leisten. So war den Juden also von Staats wegen von allen Seiten das Stigma als Verhetzte und Geächtete aufgedrückt. Diese Beschränkungen bestanden z. B. in Preußen im Wesentlichen bis 1812. Da erging, unter der Nachwirkung der Niederlagen von 1806 und der diesen folgenden neuen Ära, eine Verordnung, durch welche die Juden zur Ausübung bürgerlicher Gewerbe, zum höheren Lehramt, zum Kriegsdienst mit dem Anspruch auf Beförderung, zum Landbau und zum Grunderwerb zugelassen werden sollten. Aber obgleich diese Verordnung Gesetzeskraft hatte, blieb in den nächsten Jahrzehnten der thatsächliche Zustand für die Juden der alte. Noch 1833 stimmten die Landstände der acht alten preußischen Provinzen, in den von ihnen über die Wirkung des Edikts von 1812 eingeforderten

Gutachten, sämmtlich darin überein, daß eine wesentliche Änderung in dem Verhältnis der Juden zur übrigen Bevölkerung nicht eingetreten sei, und sie sprachen sich gleichzeitig für Aufhebung dieser neuen Freiheiten und für Einführung alter Beschränkungen aus, insbesondere für das Verbot, Hausirhandel zu treiben, christliche Dienstboten zu halten, Grundbesitz zu erwerben und Ehrenämter zu bekleiden. Auch das Apothekergewerbe sollten sie nicht betreiben dürfen und das Gast- und Schankgewerbe nur für ihre eigenen Glaubensgenossen. In der Hauptstadt Berlin war von 1812 bis 1833 kein Jude in der Stadtvertretung oder im Stadtrath, ein Zustand, den die Antisemiten von heute bekanntlich als ihr Ideal ansehen. Erst das Jahr 1848 hatte für die Juden große Verbesserungen in sozialer und politischer Beziehung im Gefolge. Wenn die Juden sich in allen neuen Reformbestrebungen, wie an der Revolution hervorragend betheiligten, so erklärt sich dies vollkommen aus ihrer Stellung als geknechtete, unterdrückte Rasse in Staat und Gesellschaft. Als die Reaktion gesiegt hatte, ging man alsbald, und zwar 1851 im preußischen Herrenhause, wieder gegen die Juden vor. Man beantragte den Artikel 12 der Verfassung. Gewährleistung der Freiheit des religiösen Bekenntnisses und des Genusses der staatsbürgerlichen Rechte, für die Juden und alle Nichtchristen zu beseitigen. Sie sollten nicht Mitglieder des Landtags werden können und von richterlichen und allen mit exekutiver Gewalt bekleideten Ämtern ausgeschlossen sein. Diese sollten ausschließlich den Angehörigen der anerkannten christlichen Kirchen vorbehalten bleiben. Dieser Antrag wurde gestellt und verhandelt zu einer Zeit, wo der anerkannte Führer des Herrenhauses, Stahl, selbst ein ehemaliger Jude war; er hatte sich taufen lassen! (Heiterkeit) Der Antrag fiel jedoch, und durch die neuere Gesetzgebung nach Begründung des Norddeutschen Bundes, beziehentlich des Deutschen Reichs, sind auch die letzten staatsbürgerlichen Beschränkungen für die Juden aufgehoben worden. Hat nun die tausendjährige Gesetzgebung gegen die Juden und ihre beständige Maßregelung nicht erreicht, was sie erreichen sollte, so mußte dies für die Judenfeinde ein Beweis sein, daß ihre Bestrebungen nicht durchführbar sind, selbst wenn sie einmal zur Macht gelangen sollten, woran gar nicht zu denken ist. In den ersten Jahren des Deutschen Reichs war charakteristischer Weise von einer antisemitischen Strömung in größerem Umfange nirgends etwas bemerkbar. Erst 1877 trat diese Bewegung als politische Erscheinung öffentlich auf, als in Berlin Stöcker sich zu ihrem Wortführer aufwarf und sie zuerst organisirte, worauf er noch heute besonders stolz ist. Diese Erscheinung aber war die natürliche Wirkung und Folge der ökonomischen Zustände, in welche Deutschland durch den großen Krach von 1873 gelangt war. (Sehr richtig!) Dieser hatte eine allgemeine Depression herbeigeführt. Die ins Leben gerufenen industriellen Riesenunternehmungen machten durch ihre Produktion auch dem Handwerker furchtbare Konkurrenz: jetzt zum ersten Male fing innerhalb des kleinen und mittleren Gewerbestandes allgemein das Gefühl sich zu regen an, daß es mit ihm abwärts gehe. Die große Prosperitätsepoche der ersten siebziger Jahre, die größte, die wir jemals gehabt haben, wird *nie* wiederkommen, weil alle Vorbedingungen dazu für *immer* vorüber sind. Als die Mittelschichten nun in diese bedenkliche ökonomische Lage gekommen und sich ihrer bewußt geworden waren, fingen sie natürlich auch an, nach dem Warum zu forschen. Nun ist ja ganz unbestreitbar, daß die Juden – ich spreche hier immer nur von der großen Majorität derselben – nach Erlangung der vollen Gleichberechtigung und in Folge der neuen wirthschaftlichen und sozialen Gesetzgebung des Norddeutschen Bundes und des Deutschen Reichs, die der kapitalistischen Entwicklung ungeahnte neue Bahnen eröffnete, als handeltreibende und kapitalkräftige Leute bei dieser Entwicklung im Vordergrunde standen. Dazu kam, daß der Jude in der Art, wie er zu handeln versteht, dem Christen meistens überlegen ist. Unzweifelhaft zeichnet das, was man Schacher nennt, einen Theil der Juden besonders aus. Der Jude versteht zu rechnen, er begnügt sich auch, wenn es sein muß, mit dem kleinsten Gewinn, er handelt ferner mit einer Anzahl von Dingen, die andern werthlos oder unscheinbar, vielleicht gar verächtlich erscheinen. Viele jüdische Kapitalmagnaten haben entweder persönlich oder durch ihre letzten Vorfahren durch diese Art Schacher die Grundlage für ihre heutige Stellung geschaffen. Alle diese Umstände in Verbindung mit den erwähnten Stammeseigenthümlichkeiten der Juden bewirken, daß der Antisemitismus zuerst in den handeltreibenden Kreisen Boden fand; der Haß richtete sich gegen den Juden als Konkurrenten.

Thatsächlich ist das Judenthum in einer großen Anzahl von Handelszweigen der entscheidende Faktor geworden. Es ist maßgebend für den Handel mit Manufakturwaaren im weitesten Sinne, es beherrscht vollkommen in weiten Gegenden Deutschlands den Handel mit Agrarprodukten aller Art, so in Hessen-Nassau, Baden, Württemberg, Nordbayern, Elsaß-Lothringen, Thüringen u. s. w. Im »Vorwärts« bemerkte jüngst ein Genosse ganz richtig in einem Artikel über die Ursachen des Antisemitismus, für den Bauern seien Kapitalist und Jude identische Begriffe. Da nun die ganze ökonomische Entwicklung den Bauernstand immer mehr zurück und zu der Einsicht gebracht hat, daß trotz aller schönen Versprechungen, welche ihm die politischen Parteien Jahrzehnte lang gemacht haben, seine materielle Lage immer schlechter wird, daß er unrettbar verloren ist, wenn ihm nicht bald Hilfe gebracht wird, so hat er sich bereitwilligst denen in die Arme geworfen, die ihm zurufen: Schafft den Juden aus der Welt, dann wird für Euch die Periode des Wohlseins wieder anbrechen! Mit diesem einfachen Rezept arbeiten die antisemitischen Demagogen. Natürlich hat der Kleinbauer, der Kleingewerbe- und Handeltreibende nicht Lust in diesem Kampfe unterzugehen, er sieht in dem seinen Retter, der ihm zu seiner Noth einen Strohhalm hinhält. Was uns in diesen Kreisen die Agitation so erschwert, ist, daß wir als ehrliche Leute ihnen sagen müssen: Wir haben keine Heilmittel innerhalb der heutigen Gesellschaft, Euch auf die Dauer zu retten. (Sehr richtig!) So wird denn unser Anhang in diesen Schichten zunächst ein schwacher sein, wenn auch Genosse Katzenstein mit seiner Behauptung Unrecht hat, daß wir keinen einzigen wirklichen Bauern in der Partei haben. Aber wir können sie nicht mit Versprechungen locken, von denen wir wissen, daß sie unausführbar sind. Dies thun aber die Antisemiten. Wir würden, folgten wir ihnen, zu Demagogen gemeinster Art herabsinken. Das sind

Hauptgründe, die dem Antisemitismus beim Bauernstande Boden verschafft haben.
Die Wahl Fusangel's in einem rein bäuerlichen westfälischen Kreise, die Bestrebungen der Bauernbündler, das alles sind Wirkungen der Erkenntniß, daß nach Meinung dieser Abtrünnigen das Zentrum für sie auf ökonomischem Gebiete seine Schuldigkeit nicht gethan hat. Das ist zugleich ein Beweis auch dafür, daß auch diese scheinbar religiöse Partei einen *ökonomischen*, einen *materialistischen* Untergrund hat.
Wenn heute der Bauer seine Produkte verkauft, Kartoffeln, Getreide, Hopfen, Tabak, Wein, wer sind die Käufer? Juden. Wer leiht ihm die Kapitalien, wer kauft und verkauft sein Vieh? Juden. Da müssen denn antisemitische Erscheinungen zu Tage treten. Wie der Bauer, so leidet der Kleingewerbestand unter der großartigen kapitalistischen Entwicklung, die in Deutschland seit 1871, höchstens vergleichbar mit der nordamerikanischen Entwicklung, Platz gegriffen hat. Diese Entwicklung ist ja längst soweit gediehen, daß das Kapital in Konkurrenz mit sich selbst tritt, daß der große Kapitalist den mittleren und kleinen totschlägt und auffrißt. Der Schutzzoll, der gerade zur Rettung von Handwerk und Bauernstand bestimmt sein sollte, hat in den letzten 15 Jahren die Entwicklung der Großindustrie außerordentlich begünstigt. Unsere Kapitalistenklasse, aus wenigen zehntausenden von Köpfen bestehend, behält jährlich sicher gegen 2000 Millionen Mark übrig, die in neuen Unternehmungen angelegt werden. Und nun tritt auch auf dem Gebiete der Industrie der Jude in Konkurrenz. Die fabrikmäßige Schuhmacherei, die Schneiderei, der Handel mit Kleidern, neuen und alten, die Tuchfabriken u. s. w. liegen mehr oder weniger in den Händen von Juden. Der Jude, der als Großhandeltreibender eine Menge kleiner Handwerker beschäftigt, der als Kapitalist en gros, als Ausbeuter auch auf diesem Gebiete auftritt, muß natürlich auch unter seinen Konkurrenten den Antisemitismus hervorrufen. Und kommt nun ein antisemitischer Agitator in die Handwerker-, in die Bauernkreise und ruft: Schafft den Juden weg, dann wird Eure Lage eine andere sein! So glaubt man ihm. Unsere Kleingewerbetreibenden, unsere Landleute, de-

ren Ideale in den Zuständen der *Vergangenheit* liegen, fallen auf solche Versprechungen hinein. Sie folgen in ihrem Drange, um jeden Preis gerettet zu werden, blindlings der Aufforderung der Antisemiten, die ihnen sagen: Tretet nur für uns ein, wählt uns, dann wird Euch sicher geholfen werden. In der That, wenn irgend wer mit Unverschämtheit und Unverfrorenheit sondergleichen den Wählern Versprechungen macht, so sind es die antisemitischen Agitatoren. Ein Sozialdemokrat dürfte dergleichen nicht wagen; er würde von seinen eigenen Parteigenossen mit dem Besen aus der Versammlung gefegt. (Lebhafte Zustimmung.) Wir sehen weiter, daß Staat und Kommunen große Lieferungen von Arbeiten aller Art vergeben. Wer kann allein billig, rasch und massenhaft liefern, wer vermag das Rohmaterial billig einzukaufen, weil er das Kapital in Masse zur Verfügung hat? Es sind oft genug nur Juden! Sie bekommen natürlich die Lieferungen übertragen. Drücken sie nun, wie auch natürlich ist, die Handwerker, so wird bei diesen das Gefühl des Hasses und der Feindschaft nicht gegen den Kapitalisten, sondern gegen den *Juden* auf den Höhepunkt getrieben.

Wesentlich aus demselben Grunde, wie bei den Bauern und Kleingewerbetreibenden hat der Antisemitismus in den Kreisen des Handelsstandes Anhang gewonnen. Aber der Antisemitismus reicht noch viel weiter. Große Kreise unserer Beamtenwelt sind Antisemiten. Ein erheblicher Theil ist in Folge schlechter Bezahlung und in Folge der Ansprüche, die an sogenanntes standesgemäßes Auftreten gestellt werden, gezwungen, Schulden zu machen, und diese muß er beim Wucherer, beim Halsabschneider machen; er kann sichere Garantien nicht gewähren, weil er in der Regel keinen Besitz hat. Nach dem wirthschaftlichen Grundsatz, daß einem größeren Risiko auch ein größerer Gewinn gegenüberstehen muß, eine Theorie, die nicht ein Jude, sondern die bürgerlichen Ökonomen, und in Deutschland mit großem Nachdruck Schulze-Delitzsch gelehrt haben, sind die Zinsen hohe; es sind Wucherzinsen. Die Wucherer sind aber wieder zum großen Theile Juden. Mit Unrecht sagt man den Juden nach, sie seien feig. Kein Mensch riskirt mehr als der Jude; in der Hoffnung auf höheren Gewinn betreibt er mit Vorliebe diese Geschäfte. Wir sehen gerade jetzt wieder an den Spielerprozeß in Hannover ein ähnliches Schauspiel; es sind Juden, allerdings Individuen der verkommensten Art, die die Hauptrolle unter den Angeklagten spielen. In einer verschuldeten Beamtenschaft faßt begreiflicherweise auch der Antisemitismus Wurzel. Auch läßt sich unter der Fahne des Antisemitismus seitens der Beamten unter Umständen Opposition treiben. (Sehr richtig!) Es ist die staatlich erlaubte Opposition, die sonst den Beamten unmöglich ist. Er darf höchstens in konservativen oder antisemitischen Versammlungen auftreten, sonst nirgends. Und da es in ersteren in der Regel entsetzlich langweilig zugeht, bei den Antisemiten aber es Radau und Aufregung giebt, so zieht er die letzteren vor; es wird dort auch seiner Loyalität und Königstreue, die er zur Schau tragen muß, kein Zwang auferlegt. (Heiterkeit) Aus ganz ähnlichen Ursachen ist der Antisemitismus in den Offizierskreisen und im Feudaladel vertreten. Unser Junkerthum ist theilweise durch Verschwendungssucht, theilweise auch durch seine gesellschaftliche Stellung, die es zu Ausgaben über seine Mittel nöthigt, gezwungen, dem Wucherer in die Hände zu fallen. Erst borgt der Jude, dann tritt er als Käufer der Rittergüter auf, oft wird er selbst Besitzer und vermehrt so die Gründe, daß der Feudaladel sich im antisemitischen Lager befindet. Das verhindert freilich nicht, daß der hochedelgeborene Adlige oft nach einem jüdischen Goldfisch angelt, um durch die Heirath mit ihm seine brüchige Existenz zu retten und das alte Adelswappen frisch zu vergolden. (Heiterkeit) Wer die Memoiren von Moritz Busch gelesen hat, wird sich eines drastischen Wortes von Bismarck entsinnen, das ich aus Anstandsrücksichten hier nicht wiederhole. (Heiterkeit und Sehr gut) Noch ein Element ist antisemitisch und sogar in der Bewegung einflußreich, das sind die Studenten. Diese sind heute zum größten Theil Antisemiten. Auch sie sind es aus materiellen Ursachen, obgleich das auf den ersten Anblick unwahrscheinlich erscheint. Sie sind sogar auf die Juden am meisten erbost. Der Konkurrenzkampf spielt heute auch innerhalb der Gelehrtenkreise, der Kreise mit höherer Bildung, eine einflußreiche Rolle. Schon in der ersten Auflage meines Buches »Die Frau« habe ich darauf hingewiesen, daß wir, wie an einer Überproduktion an Waaren, so auch an einer solchen an Intelligenzen leiden. Unsere kleineren Gewerbetreibenden, unsere mittleren Bauern fällt es sehr häufig nicht mehr ein, ihre Söhne Handwerker oder Bauern werden zu lassen. Sie wissen, daß dabei nichts mehr herauskommt, sie fühlen, daß sie Mühe haben, ihre eigenen Existenz noch aufrecht zu erhalten. Mit dem Aufwand ihrer letzten Kräfte lassen sie ihre Söhne studiren, damit diese nachher in die staatliche, in die Beamtenkarriere gelangen oder als Ärzte oder Juristen ihre Existenz haben, oder als Architekten, Chemiker, Ingenieure – bei öffentlichen oder industriellen Unternehmungen eine Lebensstellung finden. Aber auf allen diesen Gebieten ist in Folge des großen Zuflusses ein Überangebot von Kräften vorhanden, das mit der Nachfrage im schreiendsten Mißverhältniß steht. Charakteristisch dafür ist, daß, während in der Kulturkampfszeit in Folge der Abneigung der Söhne der Bourgeoisie, Geistliche zu werden, ein fühlbarer Pfarrermangel vorhanden war, man sich jetzt wieder »der Noth gehorchend, nicht dem eigenen Triebe«, weil alle übrigen Fächer überfüllt sind, dem Studium der Theologie zugewandt hat, sodaß heute alle Pfarrstellen wieder besetzt sind. Bei der Wohlhabenheit und dem Reichthum der Juden, bei ihrem unleugbar vorhandenen geistigen Streben nach höherer Bildung schicken sie ihre Söhne auch zahlreich auf die Universitäten, und sie studiren Jura, Medizin. Darin erblicken unsere »germanischen« Studenten eine sehr unliebsame, unangenehme Konkurrenz. Die allgemein bekannte Thatsache, daß die Juden sich durch ungemeine Ausdauer, Zähigkeit und oft durch Nüchternheit auszeichnen (Schoenlank: Oho!), ja, Genosse Schoenlank (Heiterkeit), macht sie ihren Gegnern nochverhaßter. Auch der christliche Kleinhandwerker und Kleinhändler glaubt in der Regel den Tag nicht ordentlich verlebt zu haben, an dem er nicht einen Frühschoppen von ein paar Stunden machte. Das fällt dem Juden nicht ein. Der Jude bleibt zu Hause im Geschäft. Bezüglich des Alkoholgenusses kann er durchschnittlich sogar als Ideal unserer Antialkoholisten gelten. Der jüdische Student studirt meist fleißig den größten Theil der Zeit, die er auf der Universität ist, der »germanische« Student schlägt sich in den Kneipen, auf dem Fechtboden oder an anderen Orten, die ich nicht nennen will, umher. (Große Heiterkeit) Graf Mirbach hat vor einigen Jahren in einem öffentlichen Blatte eine Warnung erlassen müssen, daß der große Luxus der Corps, namentlich der Verbindung »Borussia« in Bonn, aufhören möge, weil viele Väter mehr als 15 000 Mark pro Jahr für den Sohn nicht leisten könnten. (Hört!) Die Juden sind fleißig, lernen und schlagen dann im Examen sehr oft ihre germanischen Kommilitonen. Würden diese ebenso arbeiten und studiren wie durchschnittlich die Juden, der jetzige preußische Kultusminister Bosse hätte keine Veranlassung gehabt, seinen Vortrag über das juristische Studium und das Nichtwissen eines großen Theils der jungen Juristen zu halten, worin er ziemlich deutlich aussprach, daß die jungen Juristen vielfach Streber seien, die durch kriechende Gesinnung zu ersetzen suchen, was ihnen an Wissen und Charakter abgeht.

Damit habe ich in möglichster Kürze die Erscheinungen skizzirt, die nach meiner Auffassung dazu beigetragen haben, den Antisemitismus zu dem zu machen, als was er sich jetzt darstellt. Es ist aufgefallen, wie der Antisemitismus gerade in Sachsen, wo verhältnismäßig wenig Juden leben, einen solchen Aufschwung hat nehmen können. Nun, es kommt nicht darauf an, ob der Jude am Orte ist, sondern ob er sich als unangenehmer Konkurrent bemerkbar macht. Das ist aber in Sachsen so gut der Fall wie anderswo. Weiter kommt hinzu, daß die meisten sächsischen Konservativen sich durch ein besonderes Maß von Charakterlosigkeit und Kriecherei nach Oben auszeichnen und durch ihre Haltung die Unzufriedenheit ihrer Wähler in dem Maße erregten, daß diese sich den Antisemiten, die sich als Helfer und Großsprecher aufspielten, in die Arme warfen. Auch kommen sie mit scheinbar radikalen Forderungen, die bei dem im Innern demokratisch gesinnten Kleinbürger Beifall finden müssen. Warum ist z. B. in Deutschland eine eigentliche demokratische Partei nicht mehr möglich? Weil der Handwerker- und Bauernstand, der die Hauptgrundlage für eine solche bildete, immer mehr an Macht verliert. An ihre Stelle trat der Liberalismus, der Repräsentant der Bourgeoisie, die einen größeren Theil der erwähnten Schichten in ihren Bann zwingt. Je schwieriger im Laufe der nächsten Jahre der Existenzkampf für die Mittelschichten unserer Gesellschaft sich gestaltet, je rapider sie sich dem Untergange entgegentreiben sehen, und das wird geschehen, desto mehr werden sie sich, darüber täuschen wir uns nicht, der antisemitischen Bewegung noch zuwenden. Wir kommen bei diesen Schichten erst an die Reihe, wenn der Antisemitismus sich bei ihnen abgewirthschaftet hat, wenn sie durch die Erfahrung, durch das Verhalten ihrer antisemitischen Vertreter im Reichstage und anderwärts erkennen, daß sie getäuscht wurden. Dann kommt die Stunde unsrer Ernte, früher nicht. (Sehr richtig.) In seinem Kampfe um die Herrschaft wird der Antisemitismus genöthigt werden, wider Willen über sein eigenes Ziel hinauszuschießen, wie es sich schon jetzt bei Herrn Ahlwardt bewiesen hat, der erst Arm in Arm mit dem Junkerthum in den Kampf trat und allmählig durch die Stimmung seiner Wähler genöthigt wurde, die Parole auszugeben: Wider Juden und Junker! Auch für die hessische Bewegung ist es nicht mehr ausreichend, gegen die Juden allein loszugehen, sie muß sich bereits gegen das Kapital überhaupt wenden; ist erst dieser Moment da, dann kommt auch der Zeitpunkt, wo unsere Anschauungen auf fruchtbaren Boden fallen und wo wir den Anhang gewinnen werden, den wir augenblicklich noch vergebens erstreben.

Die widerspruchsvolle Natur des Antisemitismus kommt in den widerspruchsvollen, theils ultrareaktionären und konservativen, theils demokratischen und manchen mit unserem Programm übereinstimmenden Forderungen ihres Programms zum Ausdruck.

Sie verlangen z. B. Zusammensetzung der Volksvertretung aus Berufsständen, eine ganz reaktionäre, ins Mitelater zurückgreifende Forderung; solange das aber nicht erreicht ist, sind sie mit dem allgemeinen Stimmrecht einverstanden und sie wünschen natürlich auch Diäten. Einen Antrag auf Aufhebung des allgemeinen Stimmrechts würden sie also zur Zeit aufs entschiedenste mit uns gemeinsam bekämpfen, weil dieses ihnen allein die Existenz im Reichstage möglich macht. Sie wünschen ferner Beschneidung der unsittlichen Auswüchse in Presse, Literatur und Kunst, womit der schlimmsten Reaktion Thür und Thor geöffnet wird, wie die lex Heinze bewiesen hat; Wahrung des christlichen, nationalen Charakters der Schule, also eine durchaus konservative Forderung. Daneben aber verlangen sie wieder Ausbildung unbemittelter, hervorragend befähigter Schüler auf Staatskosten, was auch wir ähnlich im Programm haben. Eine starke Heeresmacht zur Erhaltung des Friedens nach außen *und nach innen*. Gegen wen diese nach innen nöthig sein soll, brauche ich Ihnen wohl nicht erst zu sagen. (Heiterkeit.) Sie verlangen ferner durchaus demokratisch eine progressive Einkommen- und Erbschaftssteuer, daneben aber eine Wehrsteuer und die *Beibehaltung der Getreidezölle,* womit die Bauern gefangen werden sollen. Des weiteren wird gefordert soziale Neuordnung der Berufs- und Erwerbsstände – also wieder eine rein mittelalterliche Forderung! Beschränkung der Gewerbefreiheit, Handwerkerkammern mit ehrengerichtlichen Befugnissen; Verstaatlichung der Grundschulen.

Diese letztere Forderung wird auch im Kommunistischen Manifest erhoben und sie ist ähnlich in einer deutschen Kammer gegenwärtig von unsern Genossen gefordert werden. Wunderbar, daß Antisemiten, Bauernbündler und wir scheinbar dieselbe Forderung aufstellen! Aber diese Forderungen haben im Grunde mit einander gar nichts gemein. Das Kommunistische Manifest fordert die Verstaatlichung der Hypotheken unter der Voraussetzung, daß eine sozialistische Staatsleitung bereits vorhanden ist. Wir fordern bekanntlich Verstaatlichung des gesammten Grund- und Bodeneigenthums und nur als *Übergangstadium* fordert das Kommunistische Manifest Verstaatlichung der Hypotheken. Das heißt also, können wir nicht ohne Weiteres die Kapitalistenklasse expropriiren, so sind wir bereit, dem Hund den Schwanz stückweise abzuschneiden (Heiterkeit), indem wir das Kapital durch Reduzirung des Zinsfußes allmählich zu Grunde richten. Die Männer, die das Kommunistische Manifest verfaßten, wußten sehr gut, daß diese Forderung im Grunde wenig Bedeutung habe, aber vielen Anklang finde und in der Übergangszeit vielleicht nöthig sei. Wenn aber heute gegenüber einer

bürgerlichen Regierung, gegenüber einem mächtigen Großgrundbesitz und Agrarierthum diese Verstaatlichung des Hypothekenwesens angeregt wird, damit die Herren Agrarier niedrigere Zinsen bezahlen, so ist das eine durchaus konservative Maßregel, auch wenn Sozialdemokraten sie fordern; sie bedeutet die Bevorzugung einer Klasse auf Kosten der Gesammtheit, auf Kosten der Arbeiterklasse. (Sehr richtig.) Beschafft der Staat die Verzinsung der Grundschuld billiger, dann haben nicht blos die Kleinbauern, sondern auch der Großgrundbesitz einen Vortheil davon. Würde die Verzinsung durch den Staat z. B. gar mit 3 pCt. bewirkt, während der Staat, um Geld aufzunehmen, 3 1/2 pCt. zahlen muß, so müßte das 1/2 pCt. Zins für Milliarden Hypothekenschulden aus Steuerquellen aufgebracht werden; nicht die Kapitalisten, sondern die große Masse müßte diese Belastung auf sich nehmen. Es ist also bedenklich, aus Eifer für praktische Thätigkeit ein so verkehrtes Mittel vorzuschlagen. Ich kann diejenigen Genossen, die in die Landtage kommen, nur davor warnen, in ihrem Eifer, in Kreisen propagandistisch zu wirken, die vorläufig doch nicht und theilweise garnicht zu gewinnen sind, an der künstlichen Aufrechterhaltung von Gesellschaftszuständen mitzuarbeiten, an deren Aufrechterhaltung wir am allerwenigsten mitarbeiten dürfen. Das Wort der Unabhängigen von der Versumpfung unserer Partei halte ich nicht für berechtigt, aber wir müssen ein wachsames Auge haben.
Die weiteren Forderungen des antisemitischen Programms: Beschränkung des Hausirhandels, Verbot der Bazare, der Geschäftsreklame u. s. w. sind nur ein interessanter Beweis für die Demagogie der Antisemiten. Da donnert z. B. einer der ihrigen bei den Landtagswahlen in Sachsen gegen die jüdischen Ausbeuter, kein Christ dürfe bei einem Juden kaufen; als er aber in der Versammlung seinen Überzieher auszieht, entdeckt einer unserer Genossen an demselben eine jüdische Firma! (Große Heiterkeit) Mir wurde gesagt, der Betreffende sei so verschuldet, daß keiner seiner *christlichen* Mitbürger ihm noch etwas borge. (Heiterkeit) Weiter wird im Programm die Beschränkung der Konsumvereine, die Errichtung überseeischer Strafkolonieen, Beförderung der inneren Kolonisation gefordert. Wer

am ersten zur Verschickung in die Strafkolonieen verwendet werden soll, brauche ich wohl auch nicht auszuführen. (Heiterkeit) Endlich wird gefordert Aufhebung der Judenemanzipation und Stellung der Juden unter ein Fremdenrecht. Damit wird man nach den im Mittelalter gemachten Erfahrungen nicht weit kommen; denn in dem Punkte der Mahnung: Seid fruchtbar und mehret Euch wie Sand am Meer! haben die Juden das Gebot ihrer Väter streng befolgt und befolgen es noch (Heiterkeit).[1]

Kurz, dieses mixtum compositum von einem Programm entspricht ganz der widerspruchsvollen Natur des Antisemitismus. Was ich Ihnen über die Wahrscheinlichkeit seiner weitern Ausbreitung, ja über die Nothwendigkeit derselben gesagt habe, führt dazu, daß er schließlich wider Willen revolutionär werden muß, hier haben alsdann wir, die Sozialdemokratie, einzusetzen. Dieser Gedankengang ist in der Resolution, wie ich glaube, genügend zum Ausdruck gekommen. Ich kann nur bitten, daß Sie möglichst einstimmig derselben ihre Zustimmung geben. (Andauernder lebhafter Beifall.)

---

[1] Das ist übrigens statistisch eindeutig falsch; der prozentuale Anteil von Juden an der Bevölkerung des deutschen Reiches ging infolge von »Mischehen«, niedriger Kinderzahl und Konversionen ständig zurück. (I. F.) In Preußen zählte man 1891–1895 pro Familie bei Juden 3,3, bei Protestanten 4,2 und bei Katholiken 5,2 Kinder; für 1912 lauteten die Zahlen 2,2, 2,9 und 4,7!

3. Karl Kautsky

Das Massaker von Kischeneff und die Judenfrage*

Die Redaktion des ›Przeglad Socyaldemocraticzny‹ (Organ der Sozialdemokratie Russisch-Polens und Litauens) fordert mich auf, meine Meinung über das Blutbad von Kischeneff auszusprechen. Es ist nicht leicht, auf diese Frage eine Antwort zu geben, die über das Selbstverständliche hinausgeht, über den selbstverständlichen Abscheu vor den furchtbaren Brutalitäten. Es fällt schwer, ruhig und nüchtern nachzudenken über Ereignisse, deren bloße Mitteilung uns das Blut in den Adern erstarren läßt und gleichzeitig unseren grimmigsten Haß gegen die daran Schuldigen anfacht. Es fällt aber auch einem Nichtrussen schwer, die Eigenart des Judentums wie des Antisemitismus Rußlands zu erfassen.

Schon der westeuropäische Antisemitismus ist eine recht komplizierte Erscheinung. Die Antisemiten selbst, soweit sie überhaupt über ihr Tun nachdenken, was bei ihnen selten genug vorkommt, stehen auf dem Boden der Rassentheorie; sie sehen in ihrem Hasse gegen das Judentum ein Naturgesetz; die jüdische Rasse ist ihrer Ansicht nach von Natur aus mit Eigenschaften begabt, die jeden Nichtjuden zwingen, sie zu hassen und zu verfolgen. Noch mystischer aber ist die Auffassung des liberalen Philosemitismus, die im Judenhaß nur das Produkt eines Volkswahnsinns sieht.

Immer mehr breitet sich diesen Anschauungen gegenüber die sozialistische aus, die in der jetzigen antisemitischen Bewegung ein Stück Klassenkampf sieht, ein Produkt des Verzweiflungskampfes niedergehender Volksschichten. Das untergehende Handwerk

* Aus: Die Neue Zeit, 1902/03, 2. Bd., S. 303–309.

kämpft gegen Großindustrie und Zwischenhandel; der kleine Händler gegen die großen Warenhäuser; der in Schuldknechtschaft versinkende Bauer gegen den Wucherer und Händler, namentlich den Vieh- und Kornhändler. Der Niedergang dieser Schichten treibt aber ihren Nachwuchs immer mehr dazu, statt dem väterlichen Beruf einem der Intelligenzberufe sich zuzuwenden, so daß nun die liberalen Berufe immer mehr überfüllt werden. Alle diese Schichten wenden sich gegen das Judentum, das ihnen als der Repräsentant des Geld- und Handelskapitals gilt, das aber auch der Intelligenz zahlreiche und rührige Elemente zuführt. Die Niederschlagung des Judentums erscheint diesen Schichten als der beste Weg, ihrer Bedrängnis ein Ende zu machen.

Diese Erklärung des westeuropäischen Antisemitismus unserer Zeit dürfte die richtige sein; aber sie reicht nicht aus, denn nun erhebt sich die Frage, woher es kommt, daß gerade die Juden als die auserwählten Vertreter des Geld- und Handelskapitals und der Intelligenz erscheinen. Haben wir es da wirklich mit einer Eigenart des Judentums zu tun und entspringt sie seinem Rassencharakter?

Diese Eigenart ist kein Schein, sondern Wirklichkeit, ob sie aber dem Charakter der jüdischen Rasse entspringt, könnte man erst dann entscheiden, wenn man sicher wüßte, was eine Rasse eigentlich ist. Wir brauchen aber gar nicht diesen Begriff, der keine wirkliche Antwort gibt, sondern nur neue Fragen aufrollt. Es genügt, die Geschichte des Judentums zu verfolgen, um über die Ursachen seines Charakters klar zu werden.

Wir finden die Juden in Palästina, als Besitzer eines Berglandes, das von einem gegebenen Moment an nicht mehr ausreiche, seinen Bewohnern eine ebenso behagliche Existenz zu gewähren, wie sie ihre Nachbarn hatten.

Ein solches Volk greift entweder zum Raub oder zur Auswanderung. Die Schotten z. B. wählten anfänglich den ersten, dann den zweiten Ausweg. Nach mannigfachen Kämpfen gegen ihre Nachbarn betraten auch die Juden den letzteren. Aber ein Bergland mit seinen abgeschlossenen Tälern erzeugt eine Bevölkerung, die sich einem fremden Milieu nicht leicht anpaßt, die in der Fremde an den ererbten Sitten und Gebräuchen hängt, die sich dort aber auch nicht wohl fühlt, sondern wieder nach Hause strebt. Ihre Auswanderer gehen in die Fremde nicht, um dort zu bleiben, sondern um möglichst rasch möglichst viel Reichtum zusammenzuraffen und dann damit in die Heimat zurückzukehren. Nicht als seßhafte Ackerbauer oder Städtegründer gehen sie ins Ausland, sondern als abenteuernde Söldner, wie im Altertum die Arkadier, im Mittelalter die Schweizer, heute in der Türkei die Albanesen – oder als Händler, wie die Juden, später die Schotten, heute die Armenier. Wir sehen, das gleiche Milieu entwickelt unter Völkern der verschiedensten Rassen die gleiche Eigenart.

Aber zu dieser Eigenart, welche die Juden mit anderen Gebirgsvölkern teilten, gesellte sich im Laufe der historischen Entwicklung ein Schicksal, das kein anderer Volksstamm mit ihnen gemein hatte: die Austilgung auf ihrem Mutterboden. In seinem Stammland wurde das Judentum ausgerottet, es lebte nur noch in seinen zahlreichen Kolonien Ausgewanderter in der Fremde fort.

Damit hörten die Juden auf, eine Nation zu sein, denn eine solche ohne ein Territorium ist undenkbar. Sie wurden ein Volksstamm, einzig in seiner Art, nämlich der einzige (wenn man absieht von kleinen Völkerstämmen ohne historische Bedeutung wie die Zigeuner), der nur als Fremder unter Fremden lebte, mit starkem Heimatsgefühl, aber ohne Heimat; überall als Fremder schutzlos, oft nur geduldet, oft geächtet, ohne eine Zufluchtsstätte mit eigenem Rechte, in der er Sicherheit und Ruhe hätte finden können. Endlich aber wurden sie auch der einzige Volksstamm, der keinerlei Landleute in seinen Reihen zählte, der seit bald zwei Jahrtausenden fast ausschließlich in Städten lebt – und dort, wo er sich vereinzelt auf das Land hinausgewagt hat, von städtischen Erwerbszweigen lebt. Handel mit Geld und Waren und intellektuelle Berufe, das heißt jene Tätigkeiten, welche früher die aus ihrem Lande ausgewanderten Juden betrieben, das wurden nun die einzigen Erwerbszweige der gesamten Judenschaft. Im Laufe des Mittelalters, das die ständische Trennung der Klassen und Berufe liebte, wurden die tatsächlichen Beschränkungen der Juden auf bestimmte Berufe und Lokalitäten zu juristischen Beschränkungen. Abgeschlossen von der Masse der Bevölkerung, erhielt das Judentum seine Eigenart noch mehr, als seinem Wesen ohnehin entsprach; ja diese Abgeschlossenheit verschärfte und vertiefte sie und fügte ihr eine Reihe neuer Züge hinzu. Die Vermischung mit frischem Bauernblut vom Lande, die die andere städtische Bevölkerung immer wieder physisch auffrischte, aber auch immer wieder mit neuen Elementen geistiger Schwerfälligkeit und Rückständigkeit erfüllte, blieb den Juden versagt. Die Entwicklung ihrer körperlichen Kraft wurde dadurch gehemmt, aber umsomehr die ihrer Intelligenz und ihrer Rührigkeit gefördert. Kein Wunder, daß sie auch heute noch, wo in Westeuropa alle juristischen Schranken zwischen ihnen und der übrigen Bevölkerung gefallen sind, besonders zahlreich und erfolgreich unter den Kapitalisten und in der Intelligenz zu finden sind.

Aber ebensowenig ist es zu verwundern, wenn geistig beschränkte Volksschichten – und dazu gehört auch ein gut Teil der Intelligenz, der studiert, nur der Not gehorchend, nicht dem eigenen Triebe –, die vom Kapital oder der Überfüllung im eigenen Berufe bedrängt werden, im Juden nicht bloß eine Personifikation der sie bedrängenden Ursache, sondern diese selbst in voller Ausschließlichkeit sehen.

Aber für Rußland scheint mir diese Erklärung des Antisemitismus nicht auszureichen. So gibt es dort zum Beispiel keine Überproduktion an Intelligenz, sondern eine Unterproduktion. Dem dürfte es auch zuzuschreiben sein, daß in Rußland die studierende Frau nicht, wie in Deutschland, von den Herren der Intelligenz als Konkurrentin angefeindet, sondern als Helferin freudig begrüßt wird. In Westeuropa sind dieselben Kreise der Intelligenz, die dem Judentum am feindseligsten gegenüberstehen, auch die borniertesten Gegner des Frauenstudiums.

Dann aber umfaßt in Rußland das Judentum nicht bloß, wie in Westeuropa, vorwiegend Kapitalisten und Intellektuelle, sondern vielmehr alle städtischen Klassen, auch Handwerker und Proletariar, darunter die Ärmsten der Armen. Was konnte die Volkswut gegen diese entfesseln?

Es ist wohl notwendig, um den russischen Antisemitismus zu erklären, nicht bloß die Eigentümlichkeiten des *Judentums*, sondern auch die eigenartige Lage des *russischen Volkes* ins Auge zu fassen.

Menschen, die in primitiven traditionellen Verhältnissen, von der übrigen Welt abgeschlossen leben, sehen in sich selbst das Maß alles Menschlichen. Ihr Milieu, ihr Denken, ja selbst ihr Verständigungsmittel, ihre Sprache erscheint ihnen als natürlich, alles davon Abweichende als widernatürlich, abscheulich. Derartige Menschen stehen daher leicht dem Fremden auch dort mißtrauisch, ja feindselig gegenüber, wo kein Interessengegensatz vorhanden. Man hält die Fremden auch bar alles menschlichen Empfindens und schreckt nicht vor Grausamkeiten ihnen gegenüber zurück, die man entsetzlich fände, würden sie an Genossen der eigenen Rasse verübt.

Am wenigsten gilt das vom Fremden, mit dem man zufällig zusammentrifft, und der ebenso rasch verschwindet wie er auftaucht. Als abnormes Kuriosum mag er sogar mehr Neugierde als Abneigung erwecken. Wo dagegen der Fremde nur insofern fremd ist, daß er in Sitte, Glauben, Sprache, Körpergestalt von der Masse der Bevölkerung abweicht, wo er aber nicht ein vorüberziehender Ausländer ist, sondern ein Nachbar, der einem immer wieder begegnet, mit dem man im engsten ökonomischen Verkehr lebt, einem Verkehr, der in einer auf ökonomischen Gegensätzen beruhenden Gesellschaft in der Regel ein feindseliger ist, wo Mißtrauen und Abneigung durch den erzwungenen täglichen Verkehr mit seinen mannigfaltigen Reibungen immer wieder von neuem angestachelt werden, da nimmt die Feindseligkeit gegen den Fremden leicht die bösartigsten Formen an.

Das gilt in Osteuropa von den Juden, aber anderswo können wir das Gleiche beobachten, wo verschiedene Volksstämme denselben Boden bewohnen. So ist zum Beispiel ein gut Teil der nationalen Gegensätze in Österreich und der Türkei der instinktiven Abneigung des primitiven Menschen gegen den andersgearteten Nachbar zuzuschreiben. Ebenso die Abneigung gegen den Neger in den Vereinigten Staaten, welche in den südlichen Teilen der Union oft Formen annimmt, die sich mit den Judenverfolgungen in Rußland sehr wohl messen können.

Wodurch kann diese Feindseligkeit überwunden werden? Am radikalsten dadurch, daß die den fremdartigen Charakter tragenden Bevölkerungsteile aufhören, Fremde zu sein, daß sie sich mit der Masse der Bevölkerung vermischen. Das ist schließlich die einzig mögliche Lösung der Judenfrage, und alles, was das Aufhören der jüdischen Abschließung fördern kann, ist zu unterstützen.

Aber die Eigenart des Judentums ist ein Produkt jahrtausendelanger Entwicklung, es läßt sich nicht mit einemmale der Masse der übrigen Bevölkerung assimilieren. Solange dies aber nicht geschehen, gibt es nur *ein* Mittel, der Abneigung gegen die jüdische Eigenart entgegenzuwirken: die *Aufklärung* der Volksmasse. Diese Aufklärung ist jedoch nicht in dem Sinne zu verstehen, daß man die Volksmasse mit Ergüssen moralischer Entrüstung über den Antisemitismus überschüttet, worin dieser als Schmach des Jahrhunderts gebrandmarkt wird und dergleichen. Das Empfindungsleben der Menschen bleibt von Sprüchlein und Ermahnungen völlig unberührt. Soweit es sich überhaupt veränderlich zeigt, nicht von angeborenen Eigenschaften in stets gleichen Bahnen erhalten wird, ist es der Inhalt seines Lebens, der es beherrscht. Wer das Empfindungsleben der Menschen ändern will, muß ihrem Leben einen neuen Inhalt geben. Auch die Abneigung gegen das Judentum kann dort, wo sie im Volksempfinden tief eingewurzelt ist, nur dann durch Aufklärung überwunden werden, wenn diese dem Volksleben einen neuen Inhalt gibt. Wenn den primitiven Menschen von dem fremdartigen Nachbarn keine tiefgehenden Klassengegensätze trennen, dann schwindet seine Unduldsamkeit gegen diesen leicht, sobald sein Horizont sich erweitert, sobald in seiner eigenen Brust Bedürfnisse und Anschauungen auftauchen, die ihm fremd waren, sobald er aufhört, das Überkommene als das Natürliche zu betrachten, sobald er anfängt, es als ein Hindernis seines Aufsteigens von sich zu weisen. Mit einem Worte, sobald aus dem primitiven, gedankenlos in den überkommenen Formen fühlenden Menschen ein denkender Revolutionär wird. Das revolutionäre Denken macht tolerant gegenüber dem Fremden, der kein Feind ist, und nur eine Aufklärung, die imstande ist, ein revolutionäres

Denken in der Volksmasse zu entzünden, ist imstande, in dieser den Antisemitismus zu überwinden, soweit er bloß der instinktiven Abneigung, der primitiven Beschränktheit gegen den fremdartigen Nachbar entspricht.

Neben der Auflösung des Judentums ist das revolutionäre Denken der Volksmasse das beste Gegengift gegen den Antisemitismus. Seit langem ist jede Klasse in Europa dem Judentum unbefangen, ja sympathisch gegenübergetreten, die revolutionär empfand, die über das Überkommene hinausstrebte.

Dementsprechend haben aber auch die tiefsten und kühnsten Denker des Judentums stets das revolutionäre Denken ihrer Zeit zu dem ihren gemacht, was sie aber wieder nicht konnten, ohne sich über das traditionelle Judentum zu erheben und sich auf den Boden der allgemeinen europäischen Kulturentwicklung zu stellen.

Dieser enge Zusammenhang zwischen dem revolutionären Empfinden und den Bedürfnissen des jüdischen Emanzipationsstrebens ist aber, wie so mancher anderen Regierung, auch der russischen nicht entgangen. Sie haßt und verfolgt daher das Judentum ebenso sehr wie die revolutionären Strömungen, und sie tut alles, was in ihren Kräften steht, um den Judenhaß in der Bevölkerung zu schüren und zu stärken. Sie erhält ihn nicht bloß dadurch lebendig, daß sie von der Volksmasse jede Aufklärung fernhält, die ihr Leben mit einem neuen Inhalt füllen könnte. Sie hindert auch jede Annäherung zwischen der jüdischen und nichtjüdischen Bevölkerung, verhindert ihre Vermischung und bringt den Volksmassen durch ihre Praxis die Überzeugung bei, der Jude stehe außerhalb der menschlichen Gemeinschaft, sei rechtlos und vogelfrei.

Leidet die Volksmasse, verzweifelt sie, macht sie ihrer Verzweiflung in wilden Ausbrüchen Luft, dann werden diese Ausbrüche von den Dienern des Zaren auf das Judentum abgelenkt. Die Juden werden als Blitzableiter benützt für die Gewitter, die sich über dem Haupte der Autokratie zusammenballen. Das Mißhandeln, Plündern und Erschlagen der Juden ist die einzige Volksbewegung, die im russischen Reiche gestattet wird.

Als vor einem Jahre der Graf Schuwaloff, der Stadtvorsteher

von Odessa, erfuhr, daß eine Demonstration für den ersten Mai geplant werde, ließ er jüdische Arbeiter vor sich kommen und drohte, er werde die Demonstration mit Volksunruhen gegen die Juden beantworten.

In diesen Jahren brachen die Judengemetzel in Kischeneff rechtzeitig genug aus, um die Maifeier zu stören. In Kieff haben auch unsere Genossen in einem Manifest ausdrücklich erklärt, daß sie bei der augenblicklichen Volksstimmung von einer Demonstration am 1. Mai absehen und bei etwaigen Erhebungen gegen die Juden die Arbeiter auffordern, diese zu schützen.

Auch in Kischeneff versuchten Arbeiter die Juden zu verteidigen. Sie wurden mit bewaffneter Macht auseinandergetrieben, von derselben bewaffneten Macht, die dem Morden und Plündern ruhig zusah. Und Polizisten waren es, die die Plündernden anführten.

Die Juden in Rußland haben heute nur *einen* wahren Freund: die *revolutionäre Bewegung*. Sie allein arbeitet dem Antisemitismus wirksam entgegen, indem sie die Volksmassen über ihre wahren Interessen aufklärt und ihnen zeigt, daß sie sie ihrer Beschränktheit entreißt, sie mit neuen Anschauungen und neuen Bedürfnissen erfüllt, Anschauungen und Bedürfnissen, die allen aufstrebenden Kulturmenschen gemeinsam sind, mögen es Juden oder Nichtjuden sein; endlich dadurch, daß sie in gemeinsamem Klassenkampf jüdische und nichtjüdische Arbeiter zu vereintem Wirken zusammenführt.

Die zionistische Bewegung dagegen kann nur das antisemitische Empfinden der Volksmassen verstärken, indem sie die Abschließung des Judentums von der übrigen Bevölkerung vermehrt und es noch mehr als bisher zu einem fremden Volksstamm stempelt, der seinen eigenen Anschauungen nach auf dem russischen Boden nichts zu suchen hat. Wider Willen besorgt sie dadurch die Geschäfte des Zarentums, von dem sie denn auch bisher geduldet wurde. Von den Hoffnungen freilich, die sie auf den Zaren setzten, dürften die meisten Zionisten jetzt kuriert sein.

Es kann keinem Zweifel unterliegen, daß die russische Autokratie der Hauptschuldige an den Mordtaten von Kischeneff ist; sie ist indirekt daran schuldig, durch die Unwissenheit, durch die

Abschließung von der übrigen Welt und von allen neuen Ideen, in der sie die Volksmassen künstlich erhält; direkt durch ihre Werkzeuge, die als Anstachler dieser Massen tätig waren. Aber es gibt noch andere Schuldige an diesen Greueln. Der Zarismus wäre längst zusammengebrochen unter der Last seiner Sünden, hätte er nicht immer erneute moralische und finanzielle Hilfe gefunden in Westeuropa. Die Regierungen der vornehmsten Kulturländer Europas haben das System unterstützt, das solche Schandtaten zeitigt – die französische Republik hat sich mit ihm alliiert; »Genosse« Millerand hat ihm die Hand geküßt; nicht minder hat sich die große Presse Europas dem Zarentum willfährig erwiesen, und mit Hilfe der Regierungen und der Presse hat die große Finanz Europas dafür gesorgt, daß der Zar bei jeder Anleihe so viel Geld erhielt, als er brauchte, um sein bankerottes Regime weiterzufristen.

Diese Presse und diese Finanz, über deren Verjudung der Antisimitismus so lebhaft zetert, wußten ganz wohl, wen sie unterstützten. Der Zarismus hat aus seinem Judenhaß nie ein Hehl gemacht, er hat ihn oft genug in gesetzlichen und ungesetzlichen Judenverfolgungen betätigt. Wenn sie trotzdem immer wieder dem Zarentum mit neuen Milliarden unter die Arme griffen, so haben sie damit deutlich bewiesen, daß das Kapital und seine Helfershelfer auf alle Humanität pfeifen, wo ein Profit winkt; sie haben aber auch gezeigt, wie wenig die Rassengemeinschaft bedeutet, wie wenig die Juden Rußlands von dem jüdischen Kapital des Westens zu erwarten haben. Sie mögen sich nicht irreführen lassen durch das Wehgeschrei, das jetzt die kapitalistische Presse anstimmt; das europäische Kapital wird fortfahren, den Zarismus zu stützen, wie es das rumänische Regiment stützt. An der Infamie von Kischeneff ist mitschuldig die Skrupellosigkeit des internationalen jüdischen und christlichen Kapitals und seiner Werkzeuge. Die jüdische Solidarität, die Solidarität der Juden aller Klassen, ist eine leere Redensart geworden, sobald es sich um mehr handelt, als um ein paar Bettelpfennige; sobald es gilt, gemeinsam einem mächtigen Gegner entgegenzutreten. Wahrheit und Wirklichkeit aber ist die Solidarität der Proletarier aller Zungen, aller Rassen. Im Klassenkampf des sozialistischen Proletariats verschwindet der so tiefgewurzelte Gegensatz zwischen dem Neger und dem Weißen in Amerika, verschwindet in Europa der zwischen dem Juden und dem »Arier«.

Nur in dieser Solidarität findet der jüdische Proletarier die Kraft, sich seiner Dränger zu erwehren. Je stärker aber die sozialistische Bewegung, desto sicherer ist auch das gesamte Judentum davor, daß die irregeleitete Wut verzweifelnder Volksmassen sich auf das Ghetto ergießt, statt gegen den Zarismus sich zu wenden, den Hort aller Barbarei.

Möge die Solidarität zwischen jüdischen und nichtjüdischen Proletariern in Rußland noch enger werden, als sie bisher gewesen: wäre das die Frucht des Blutbads von Kischeneff, dann sind seine armen Opfer wenigstens nicht umsonst gefallen.

4. Karl Kautsky

Rasse und Judentum*

Die Assimilierung der Juden

Die geistigen Rassenmerkmale der Juden sollen derart sein, daß sie eine tiefe und unüberbrückbare Kluft zwischen ihnen und allen anderen Rassen bilden. Diese Behauptung löst sich bei näherer Betrachtung in die Tatsache auf, daß die Masse der Juden zwei Jahrtausende lang eine abgeschlossene erbliche Kaste städtischer Kaufleute, Geldhändler, Intellektueller, mitunter auch Handwerker bildet, die alle diesen Schichten eigentümlichen Eigenschaften durch Übung und Häufung von Generation zu Generation immer mehr entwickelte im Gegensatz zu der bäuerlichen Masse der übrigen Bevölkerung.

Die Juden haben sich von dieser immer unterschieden, seitdem es kein jüdisches Staatswesen mehr gibt, sie sind ihr immer fremdartig erschienen, was gefördert wurde dadurch, daß im Mittelalter sich innerhalb einer Stadt jeder Beruf in einem bestimmten Stadtteil konzentrierte. Wurde sie von verschiedenen Nationen bewohnt, dann nahm auch von diesen jede ihr besonderes Gebiet ein. Dazu kam bei den Juden noch die Eigenart ihrer Religion und ihres Ritus – alles Dinge, die mit Rassenmerkmalen nichts zu tun haben.

Aber erschienen die Juden auch immer fremdartig, so wurden sie doch nicht immer als Feinde behandelt. Es hing ganz von den ökonomischen Bedingungen und Bedürfnissen des Landes ab, in dem sie wohnten, ob man sie gern oder ungern sah. Der Gegensatz, der ein natürlicher Rassengegensatz sein soll, wurde bestimmt von sehr wandelbaren ökonomischen Verhältnissen. Wo man Kaufleute oder Geldleute oder intelligentere Leute über-

* Ergänzungshefte zu: Die Neue Zeit (Auszug), Berlin 1914, S. 61–94.

haupt brauchen konnte und solche selten waren, wurde der Jude gern gesehen. Das war der Fall in den christlichen Reichen des westlichen und nördlichen Europa in den Jahrhunderten nach der Völkerwanderung, gerade damals, wo ihr »Germanentum« am ungetrübtesten zur Geltung gekommen sein muß. Nur mühsam entwickelte sich damals das Städtewesen. Da waren die Juden willkommen, um das ökonomische Leben der Städte zu beleben.

[...]

In Köln gelangten Juden sogar so weit, nicht nur Autonomie innerhalb der eigenen, der Judengemeinde zu erlangen, sondern sogar volles Bürgerrecht und Zutritt zu den Gemeindeämtern. So zitiert G. L. v. Maurer eine Urkunde aus der Zeit »gegen das Jahr 1200«, in der ein Jude Egeberth zum Gemeindevorsteher des Kirchspiels Lorenz ernannt wurde. (Geschichte der Städteverfassung, II, S. 232)

Aber freilich muß er bemerken, daß die Juden eine so günstige Stellung nur »eine Zeitlang« einnahmen. »*Meistenteils hatten sie in früheren Zeiten größere Rechte als in späteren.*« (S. 230)

Es ging den Juden in der Christenheit ähnlich wie den Deutschen in Böhmen. Solange man sie brauchte, um städtisches Wesen zu fördern und zu entwickeln, den Handel zu beleben, waren sie willkommen. Als sich in den Städten eine Klasse einheimischer Geld- und Handelsleute und Handwerker entwickelte, da begannen die herbeigerufenen Fremden, die sich einmal seßhaft gemacht, nicht mehr als willkommene Helfer, sondern als unerwünschte Konkurrenten, als »lästige Ausländer« zu erscheinen. Man besann sich plötzlich darauf, daß irgendein Unterschied religiöser oder nationaler Art – der Unterschied der Rassen war in jenen »finsteren« Zeiten noch nicht erfunden –, ein Gegensatz sei, der zur Verfolgung der Fremden zwinge. Hatte man bis ins dreizehnte Jahrhundert im westlichen Europa die Juden gesucht, so trachtete man von da an immer mehr, ihnen das Leben zu verleiden, ihnen ihre Rechte zu verkürzen; man mißhandelte sie, plünderte, vertrieb sie, wenn man sie nicht einfach totschlug. Wo ihnen noch eine armselige Existenz gewährt wird, engt man ihre Tätigkeit in jeder Weise ein. Der große Handel wird ihnen genommen, die Möglichkeit, Grundbesitz zu erwerben, ein Handwerk auszuüben. Nichts bleibt ihnen übrig als Wucher und zwerghafter Trödel- und Hausierhandel. Der Schacherjude als Typus der jüdischen »Rasse« wird durch christliche Milde geboren.

Nur als Kuriosum sei hier bemerkt, daß in diese Zeit der schlimmsten Verfolgungen auch das Verbot für die Juden fällt, Freudenhäuser zu besuchen. So erließ Königin Johanna I. ein solches Verbot 1347 für Avignon. Die fromme und tugendhafte Monarchin behielt das Privilegium des Bordellbesuches den guten Christen vor. Dauerte dies Privileg bis ins sechzehnte Jahrhundert, dann verwandelte es sich in vergrößerte Anwartschaft der Christen auf Syphilis (vgl. Lecky, Geschichte des Geistes der Aufklärung, S. 399). Dafür wurde den Christen verboten, sich von jüdischen Ärzten heilen zu lassen.

Man sieht, die christliche Gesundheit wurde durch die Judenverfolgung nicht gehoben.

Das Aufkommen des modernen Staates brachte den Juden zunächst keine Erleichterung. Wohl dämmte seine starke Polizeigewalt die ungeregelten Plünderungen erheblich ein – die Plünderung der Untertanen wurde jetzt ein Staatsmonopol, ausgeübt in der Form von Steuern.

Dafür zeigte sich aber auch dieselbe Staatsgewalt sehr argwöhnisch gegenüber allen autonomen Körperschaften. Jede Selbständigkeit, jedes Abweichen von der durch die Staatsgewalt festgesetzten Denkweise wurde verpönt und oft grausam bestraft. So sollte auch die Religion des Landesherrn bestimmend sein für das religiöse Empfinden aller seiner Untertanen. Wo die Juden noch schwach und gering an Zahl waren, mochte ihre religiöse Eigenart noch hingehen. Wo sie eine Macht darstellten, wurden sie nun auch von der Staatsgewalt aufs brutalste mißhandelt, oft vertrieben. Das war namentlich der Fall in Spanien und Portugal. Aus dem ersteren Lande wurden 1492 Hunderttausende verjagt und andere Hunderttausende in Zwangschristen verwandelt. Kurz darauf geschah das gleiche in Portugal.

Erst das Erstarken des industriellen Kapitals erzeugte eine dem Judentum günstigere Stimmung.

Das industrielle Kapital kommt auf nicht bloß im Gegensatz zum feudalen Grundbesitz und dem zünftigen Handwerk, sondern auch im Gegensatz zu Handelskapital und Finanzkapital. Diese streben nach staatlicher Privilegierung, das Industriekapital nach freier Konkurrenz in ihren Reihen. Je größer die Konkurrenz unter den Kaufleuten und den Kreditgebern, um so besser gedeiht die Industrie. Es lag in ihrem Interesse, daß jüdische Händler und jüdische Geldleute in Wettbewerb mit christlichen traten, daß die Schranken fielen, die jene fernhielten. Das paßte sehr gut zu dem allgemeinen Streben nach Aufhebung der mittelalterlichen Korporationen. Das Getto gehörte auch zu ihnen. Sie alle mußten fallen im Interesse der raschesten Entwicklung des Kapitalismus.

Der industrielle Kapitalismus unterscheidet sich vom Handwerk der Feudalzeit aber nicht nur dadurch, daß er alle zünftigen Schranken durchbrechen muß, sondern auch dadurch, daß er an Stelle der herkömmlichen Routine die Anwendung der Wissenschaft setzt. Gleichzeitig entwickelt sich die Notwendigkeit des Zeitungswesens. Aus diesen und anderen Gründen, die auseinanderzusetzen zu weit führen würde, stieg der Bedarf an Intellektuellen aller Art. Das Angebot an solchen, das der feudale Staat erzeugte, war gering. Es wurde noch eingeschränkt durch die Kirche. Befreiung der jüdischen Intelligenz und Einstellung des ununterbrochenen Aderlasses, den die Kirche, namentlich die katholische mit ihrem Zölibat, an der nichtjüdischen Intelligenz übte, wurde ein Bedürfnis für die neuaufkommende Produktionsweise.

Bei allen diesen Bestrebungen sah sich der industrielle Kapitalismus immer mehr gehemmt nicht nur durch den feudalen Grundbesitz, das zünftige Handwerk, die Kirche, die privilegierten Schichten unter den Intellektuellen, die Handelskorporationen, die hohe Finanz, sondern auch durch die Staatsgewalt selbst, die von jenen Klassen beherrscht wurde und ihre Machtmittel in deren Interesse anwandte.

Nur durch den Umsturz dieser Gewalt vermochte der Weg für die rascheste Entfaltung der neuen Produktionsweise geebnet zu werden. Dabei fand der industrielle Kapitalismus Alliierte

nur in den unteren Klassen, dem Proletariat und der Bauernschaft sowie in jenen Schichten des Kleinbürgertums und der Intelligenz, die nicht zu den privilegierten gehörten und die nur durch die Beseitigung aller Privilegien vorwärtskommen konnten. So erstand die moderne Demokratie mit ihrer Proklamierung der Gleichheit aller Wesen, die ein menschliches Antlitz tragen. Die natürliche Konsequenz war das Streben nach Emanzipation des Judentums, aber auch die Allianz zwischen den energischen, kampffähigen Elementen des Judentums und der Revolution. Nur durch die Revolution war es zu befreien.
Jener negierende, zersetzende, kritische Geist, der ein natürliches Merkmal der jüdischen Rasse sein soll, er ist das naturnotwendige Ergebnis der sozialen und politischen Lage des Judentums, die ausschloß von allen Vorteilen der bestehenden Gesellschaft, die es ihre Nachteile aufs schärfste fühlen ließ. Ist dieser Geist ein Rassenmerkmal, dann gehört er zu den Rassenmerkmalen jeder unterdrückten und ausgebeuteten Klasse.
Die Befreiung des Judentums kam in der großen französischen Revolution und ihren Ausläufern. Sie wurde eingeleitet durch wachsende Duldung der Juden in den fortgeschrittensten kapitalistischen Staaten, zuerst Holland, dann England, seit dem siebzehnten Jahrhundert, was viele spanische und portugiesische jüdische oder scheinchristliche Kapitalisten hinzog. Der Jude wurde schließlich gleichberechtigt mit seinen Mitbürgern. Damit setzte sofort sein rascher Aufstieg in der kapitalistischen Gesellschaft ein, deren Bedürfnissen er so vollkommen angepaßt war, im Handel, im Bankwesen, in der Journalistik, der Medizin, der Rechtsanwaltschaft. Aber zugleich auch seine Anpassung an die nichtjüdische Gesellschaft, seine *Assimilierung*. Sie erfolgte in der Sprache; der moderne Jude hört auf zu jüdeln. Dann im Ritus. Die Speisegebote und Festtagsgebote, die ehedem den Juden vom Nichtjuden trennten, eine so tiefe Kluft zwischen ihnen bildeten, hören auf, für den Juden bestimmend zu sein. Immer mehr Juden treten aus ihrer religiösen Gemeinschaft aus. Zollschan weist auf eine Schätzung des Lizentiaten de la Roy hin, wonach im neunzehnten Jahrhundert mehr als 200 000 Juden getauft wurden, wobei die Übertritte zu Dissidenten und

die Taufen von Kindern aus Mischehen nicht gerechnet wurden. Und die Neigung, aus dem Judentum auszutreten, wächst!
[...]
Noch weit größer als die Zahl der Juden, die aus ihrer religiösen Gemeinschaft austreten, ist jedoch die Zahl jener, die zwar in ihr verbleiben, doch ihre religiöse Praxis und ihr religiöses Denken gänzlich aufgeben. Dasselbe ist gleichzeitig der Fall mit der großen Mehrheit der nichtjüdischen städtischen Bevölkerung, die auch innerhalb der überlieferten Religionsgemeinschaften gewohnheitsmäßig verbleibt, ohne an deren religiösem Leben noch den geringsten Anteil zu nehmen. Die religiöse Assimilierung der Juden in Westeuropa macht rasche Fortschritte nicht dadurch, daß die Juden christlichen oder die Christen jüdischen Glauben annehmen, sondern dadurch, daß beide Teile dem gleichen Unglauben und der gleichen religiösen Gleichgültigkeit anheimfallen.

Das tritt auch zutage bei den *Mischehen*. Ihre Zahl nimmt rasch zu.
[...]
In den Großstädten mit zahlreichen Juden ist die Zahl der Mischehen besonders groß oder in raschem Wachstum begriffen.
[...]
Das Beispiel Italiens und Dänemarks zeigt uns, wie richtig jene Vorkämpfer der Judenemanzipation gerechnet hatten, die von ihr das völlige Aufgehen des Judentums in den Völkern, unter denen es lebt, erwarteten. Zollschan [Das Rassenproblem – die Hrsg.] hat recht: Nur im Getto, in erzwungener Abgeschlossenheit von ihrer Umgebung und unter politischem Druck, unter Rechtlosigkeit und Feindseligkeit erhält sich das Judentum inmitten anderer Völker. Es löst sich auf, verbindet sich mit seiner Umgebung, verschwindet, wo der Jude als Freier und Gleicher betrachtet und behandelt wird.
Es gibt nur noch eine einzige Lebensquelle des Judentums, damit aber auch der »jüdischen Gefahr«, das heißt der Gefahr, daß die Nichtjuden von den Juden im kapitalistischen Konkurrenzkampf zurückgedrängt werden. Diese Lebensquelle der jüdischen Gefahr ist der Antisemitismus.

Der Antisemitismus

Der industrielle Kapitalismus hatte die ihm entgegenstehenden Elemente niedergeworfen durch seine Verbindung mit den revolutionären Teilen der Intelligenz, des Kleinbürgertums und des Proletariats. Das Ergebnis war eine Gestaltung des Staatswesens, die das industrielle Kapital aufs rascheste entwickelte, aber auch seine Nachteile für Kleinbürgertum und Proletariat aufs stärkste zutage treten ließ. Früher oder später wurde daher jede dieser beiden Klassen der bürgerlichen Demokratie oder dem Liberalismus untreu – um so früher, je weniger revolutionäre Kraft dieser in der Zeit seines Aufstiegs entwickelt hatte, je weniger tief dadurch seine geistige Beherrschung der Volksmassen gedrungen war, was wieder vom Höhegrad der allgemeinen ökonomischen Entwicklung und damit der proletarischen Bewegung abhing.

Je später die bürgerlich-demokratische Opposition und Revolution auftritt, desto mehr fühlt sie sich innerlich gehemmt durch die Furcht vor dem Proletariat. Je mehr wir von West nach Ost, von England nach Rußland voranschreiten, desto später tritt der Liberalismus auf die politische Bühne, desto schwächlicher ist er, desto weniger imstande, Proletarier und Kleinbürger geistig von sich abhängig zu erhalten, desto früher findet die Loslösung der beiden vom Liberalismus statt, bis wir schließlich in Rußland ein Stadium erreichen, wo das Proletariat schon im Anfang seines Eintrittes in den politischen Kampf vom Liberalismus getrennt ist und ebenso das Kleinbürgertum.

Der Gegensatz gegen den Liberalismus gestaltet sich jedoch bekanntlich anders beim Proletariat als beim Kleinbürgertum. Für beide ist ihre soziale Lage in der kapitalistischen Gesellschaft unerträglich. Aber für das Proletariat sind die Errungenschaften der Demokratie und der kapitalistischen Ökonomie die Vorbedingungen seiner eigenen Befreiung. Es sucht sie nicht ungeschehen zu machen, sondern sich ihrer zu bemächtigen.

Das Kleinbürgertum hätte durch den Sozialismus ebensoviel zu gewinnen wie das Proletariat. Aber nur ein Teil seiner Mitglieder vermag sich durch die proletarische Führung zu dieser Erkenntnis durchzuringen. Seine Existenzbedingungen in der Gegenwart beruhen auf dem Privateigentum an den Produktionsmitteln und auf der Ausbeutung von Lohnarbeitern, und zwar vorwiegend der schwächsten von allen, Frauen und Kindern. Dabei stößt es auf den Widerstand des Proletariats und gerät in schroffen Gegensatz zu ihm und seinen sozialistischen Tendenzen.

Ein erheblicher Teil des Kleinbürgertums, der sich vom Liberalismus abwendet, sucht die Rettung nicht darin, daß er über ihn hinaus weiter vorwärtsschreitet. Er fühlt sich gedrängt, wieder den Weg zurückzusuchen, politisch und ökonomisch reaktionär zu werden, und er findet dabei Verbündete in den Mächten, die der Liberalismus überwand.

Freilich, das Rad der Geschichte kann er nicht zurückdrehen. Wohl wandelt sich der Kapitalismus. Durch Aktien und Banken verschmilzt das industrielle Kapital immer mehr mit dem Finanzkapital. Die vorrevolutionären Tendenzen des letzteren nach Ausschluß der Konkurrenz durch private Monopole werden wieder lebendig. Die politische Reaktion wird dadurch zeitweise gefördert, ökonomisch dagegen der Kapitalismus auf die Spitze getrieben. Das Kleinbürgertum gewinnt dabei nichts.

Ohnmächtig, den ganzen Kapitalismus zu bekämpfen, weiß es nichts anderes zu tun, als sich gegen einzelne Teilerscheinungen zu wenden und die politische Reaktion mitzumachen, von der es, freilich vergebens, auch eine ökonomische Reaktion erwartet.

In dieser Situation bildet es einen fruchtbaren Boden für das Wiedererwachen antisemitischer Tendenzen. Der Kampf gegen das Gesamtkapital erscheint aussichtslos. Bessere Aussichten scheint der Kampf gegen das Judentum zu bieten, gegen das jüdische Kapital, das so rasch emporkommt und dessen Konkurrenz von manchem nichtjüdischen Kapitalisten unangenehm empfunden wird.

Es sind jedoch nicht allein Handwerker und Kleinhändler, die dem Liberalismus untreu werden, der ihre Erwartungen nicht erfüllt hat, und die sich vom aufkommenden Judentum bedroht fühlen. Die Vorhut des Liberalismus hatte die Intelligenz gebildet. Sie nahm eine günstige Position ein, solange sie einen Seltensheitswert besaß. Das hörte im Laufe des neunzehnten Jahrhunderts immer mehr auf. Eine Überproduktion an Intelligenz machte sich bemerkbar aus den verschiedensten Gründen, nicht zum wenigsten infolge des Niederganges des Kleinbürgertums, das seine Söhne und schließlich auch seine Töchter auf Hochschulen oder, wenn die Mittel nicht reichen, auf Handels- und Gewerbeschulen schickt, um ihnen als Angestellten oder selbständigen Kopfarbeitern die Existenz zu schaffen, die Handwerk und Kleinhandel nicht mehr bieten. Dabei sind es wieder auf den verschiedensten Gebieten die Juden, die am raschesten vorwärtskommen. Daher werden auch unter nichtjüdischen Intellektuellen und Angestellten diejenigen für antisemitische Tendenzen zugänglich, die sich nicht zum Sozialismus durchzuringen vermögen, der allen Schäden der Konkurrenzwirtschaft ein Ende macht.

So erstehen seit den siebziger Jahren in Deutschland, Österreich, Frankreich wieder Bestrebungen weiterer Volkskreise nach politischer Zurückdrängung und gesetzlicher Einengung oder wenigstens nach gesellschaftlicher Boykottierung des Judentums, Bestrebungen, die sich mit dem Judenhaß kirchlicher borniertet Kreise und der Judenverachtung feudaler Überhebung begegnen und ihnen erneute Kraft verleihen.

Sombart bringt es fertig, die Zurücksetzung der Juden in der Armee und den Universitäten zu verteidigen:

»Die Gepflogenheit bei der Besetzung der Lehrstühle an den Universitäten ebenso wie bei der Zulassung zur Privatdozentur ist heute in ganz Deutschland wohl die, daß man zwar Juden nicht grundsätzlich ausschließt, aber bei ihrer Zulassung oder Wahl sich gewisse Reserven auferlegt. *Das kann man im Interesse der amtlich approbierten Wissenschaft bedauern,* denn es ist immer eine Schädigung des wissenschaftlichen Betriebs an einer Lehranstalt, wenn zwischen zwei Bewerbern um eine Stelle der dümmere gewählt wird. *Kann nun aber bei der Besetzung der Lehrstühle an einer Universität das wissenschaftliche Interesse allein oder auch nur vorwiegend den Ausschlag geben?* Auf unsere Frage zugeschnitten: Ist es ein denkbarer und erträglicher Zustand, daß im Deutschen Reiche sämtliche Dozenturen und Professuren an den Hochschulen mit Juden – getauften oder ungetauften, das bleibt sich natürlich gleich – besetzt wären? Da die Juden im Durchschnitt so sehr viel gescheiter und betriebsamer als wir sind, so könnte dieses leicht die

Wirkung einer vollständig freien Zulassung der Juden zu den Lehrstellen an den Universitäten sein. ... Vielleicht leiden die Universitäten weit mehr unter einer solchen Beschränkung als die Juden. ... Aber es ist nun einmal wirklich besser so.« (Zukunft der Juden, S. 82)

Also: die Wissenschaft leidet unter dem bestehenden Zustand der Fernhaltung von Juden, aber trotzdem ist es »nun einmal wirklich besser so«, denn es sind »nun einmal wirklich« die Universitäten nicht Einrichtungen, bei denen das »wissenschaftliche Interesse allein oder auch nur vorwiegend den Ausschlag gibt«. Sie sind nicht der Sitz der hohen Göttin Wissenschaft, sondern bloße Stallungen für die bekannte milchende Kuh, Einrichtungen, die soundso viele Posten für soundso viele Streber aus guten Familien zu liefern haben. Da darf nicht alles von den Juden mit Beschlag belegt werden. »Es ist nun einmal wirklich besser so.«

Und die Armee? Ei, da wollen nun einmal wirklich die Herren Offiziere keine Juden unter sich haben, und das ist Grund genug für einen so »klugen Mann« wie Sombart:

»Hier werden nun einmal die antisemitischen Traditionen gepflegt. ... Das ist eine Tatsache, die man bedauern mag, die aber mit diesem Bedauern nicht aus der Welt geschafft wird, *mit der jeder kluge Mensch rechnen muß*.« (Zukunft der Juden, S. 85 f.)

Als klug erscheinen Sombart offenbar jene Menschen, die vor jedem Hindernis haltmachen, dessen Überwindung einen größeren Kraftaufwand erheischen würde als bloßes »Bedauern«.

So ist es denn kein Wunder, daß er sein »Programm« in der Judenfrage »kurz« so formuliert:

»Die Staaten geben ihren (der Staaten?) jüdischen Mitbürgern die volle Gleichberechtigung, und die Juden werden die *Klugheit* und den *Takt* besitzen, diese Gleichberechtigung nicht überall und in vollem Umfang auszunutzen.« (S. 87)

Diese »Klugheit«, die gleichzeitig den Juden und ihren Gegnern alles bietet, was sie verlangen, den einen allerdings nur im Vordersatz, den anderen im Nachsatz, der den Vordersatz aufhebt, ist nicht zu überbieten.

Trotz allem Antisemitismus, allen Einschränkungen und Benachteiligungen der Juden geht das Aufsteigen des Judentums, aber auch seine Auflösung durch Abkehr von der Religion und durch Mischehen weiter.

Wenn trotzdem das Wirken der Assimilation anscheinend zum Stillstand gekommen ist und das Judentum als gesonderte Volksschicht an Boden nicht verliert, ist dies der Bewegung zuzuschreiben, die die Juden Osteuropas ergriffen hat.

Wir haben gesehen, wie die Judenverfolgung gerade zu der Zeit des Humanismus und gerade in den aufgeklärtesten Teilen Europas den Juden die Existenz unmöglich machte. Sie flüchteten nach dem Osten, nach Polen und der Türkei. In diesen barbarischen Ländern wurden sie geduldet, gerade weil es barbarische Länder waren, in denen man eine städtische Bevölkerung wohl brauchen konnte. Und weil sie Fremde, weil sie bloß geduldet waren, werden sie den Machthabern besonders willkommen gewesen sein, die ein starkes städtisches Bürgertum nicht brauchen konnten, das ihre Macht beschränkt hätte.

In den Gebieten, die damals zu Polen und der Türkei gehörten, in Ungarn, Rumänien, Galizien, Posen und dem westlichen Teil des heutigen Rußland, sammelten sich die Juden in großen Massen aus ganz Europa, namentlich aus Deutschland. Die spanischen Juden gingen vielfach nach den südlichen Teilen der europäischen Türkei (Saloniki).

[...]

Die große Mehrheit der Juden hat sich in jenen Gebieten konzentriert. Nach einer Aufstellung Nawratzkis beträgt die Zahl der Juden der Welt zurzeit 12½ bis 13 Millionen. Davon leben:

In Rußland	6 000 000
– Galizien und Bukowina	1 000 000
– Ungarn	900 000
– Rumänien	270 000
– der europäischen Türkei	200 000
	8 370 000

---

* Die jüdische Kolonisation Palästinas, München 1914.

Also rund 8½ Millionen leben in den Gebieten des ehemaligen Polen und der Türkei. Daneben in Großbritannien 250 000. Diese sind in der Mehrzahl ebenso wie die 2 300 000, die Nawratzki für Amerika angibt, aus jenen Gebieten erst kürzlich eingewandert. Das gäbe also 10½ Millionen auf die ehemals polnisch-türkischen Gebiete und nur 2½ bis 3 Millionen auf die ganze übrige Welt.

Am dichtesten leben sie zusammen in den Gebieten des ehemaligen Polen. Sie kamen dahin meist aus oder doch über Deutschland, und so haben sie bis heute eine eigenartige Sprache bewahrt, die sie von ihrer slawischen Umgebung scheidet, das sogenannte Jiddisch, ein verdorbenes Deutsch – die einzige jüdische Bevölkerung der Welt, die sich nicht der Sprache ihrer Umgebung assimiliert hat. In ihr hat sich auch das religiöse Bewußtsein, die Orthodoxie, am strengsten und lebendigsten erhalten.

Weil sie in solchen Massen zusammenwohnten, konnten sie nicht ein bloßes Volk von Kaufleuten, Wucherern und Intellektuellen bleiben. Sie konnten das um so weniger, als das Land, in dem sie wohnten, nicht bloß ökonomisch rückständig war, sondern auch so blieb. Die Verlegung des Handels nach Indien vom Landweg nach dem Seeweg um Afrika herum, die Entdeckung Amerikas, die Verlegung des ökonomischen Schwerpunktes Europas an die Küsten des Atlantischen Ozeans hemmte die Entwicklung nicht bloß Italiens, sondern noch viel mehr die Polens und der Türkei und bereitete auch ihren politischen Niedergang und Zerfall vor. Unter diesen Bedingungen konnte sich keine starke kapitalistische Industrie entwickeln, wurde aber auch die Intelligenz von dem Zusammenhang mit dem geistigen Leben Westeuropas abgeschnitten und gänzlich den Dienern des religiösen Kultus untergeordnet. Die ganze glänzende Entwicklung seit der Renaissance existierte für sie nicht. Sie blieb im Zeitalter der Scholastik, in der jüdischen Scholastik des Talmud stecken. Eine Nachfrage nach dieser Art Intelligenz bestand nur innerhalb des Judentums, und eine Nachfrage nach anderer Art von Intelligenz durch die nichtjüdische Bevölkerung war höchst gering. So wendete sich ein großer Teil der polnischen Juden dem Handwerk zu, namentlich dem Schneiderhandwerk.

Im Ansiedlungsrayon, jenem Gebiet des russischen Reiches, in dem die Masse der Juden allein wohnen darf und das im wesentlichen mit jenen Gebietsteilen zusammenfällt, die ehedem dem polnischen Reiche zugehörten, zählte man nach dem Zensus von 1897, der ersten und bisher letzten Volkszählung Rußlands:

	Erwerbstätige				Auf 100 Nichtjuden der gleichen Kategorie entfielen
	Absolute Zahl		Prozent		
	Juden	Nichtjuden	Juden	Nichtjuden	Juden
Insgesamt					
In der Industrie beschäftigt . . .	1 428 835	9 854 054	100	100	14,5
In der Kleiderindustrie beschäftigt	518 075	1 132 264	36	11,5	46
Im Handel beschäftigt	235 993	222 764	16,5	2	106
Im Korn- u. Viehhandel beschäftigt .	450 427	108 499	31,5	1,7	268
	202 016	57 485	14	0,6	351

Die Zahlen entnehme ich dem Buche von L. Hersch, Le juif errant d'aujourd'hui, étude sur l'émigration des istraélites de l'Europe orientale aux Etats Unis de l'Amérique, Paris 1913, S. 191.

Das sind Zahlen aus unserer Zeit. Vordem bildeten die Juden in noch weit höherem Grade in jenen Gebieten die Masse der städtischen, kommerziellen und vielfach auch der industriellen Bevölkerung.

In diese ökonomisch rückständigen Länder brach nach dem Krimkrieg, während der liberalen Ära, die ihm folgte, plötzlich mit voller Macht der hochentwickelte westeuropäische Kapitalismus herein. Seine erste Wirkung war die, das Geldbedürfnis des Staates, seine Verschuldung, aber auch seine Steuerlast enorm zu steigern. Mit einem Schlage wurde die Naturalwirtschaft des Bauern in Warenproduktion verwandelt, wodurch unter den gegebenen Verhältnissen sein Betrieb nicht verbessert, sondern durch immer mehr gesteigerten Raubbau ruiniert wurde. Ein stets wachsender Teil der Landbevölkerung wurde in die Städte gedrängt. Schon nach dem Zensus von 1897 gehörten von den 14 300 000 nichtjüdischen Einwohnern der Städte 7 300 000, mehr als die Hälfte, zur Bauernschaft (Hersch, Le juif, S. 229). Seitdem hat der Zustrom vom Lande in die Städte noch gewaltig zugenommen. Aber dort fand er keine rasch emporwachsende Industrie, die ihn hätte aufnehmen können. Die verkommenden Bauern boten keinen ausreichenden Markt für eine solche Industrie. Die Konkurrenz unter den Handwerkern und den Krämern wuchs. Die Juden wurden so immer mehr bedrängt, ihre nie sehr glänzende Lage gestaltete sich nun immer trostloser. Aber auch die nichtjüdische Bevölkerung litt. Für sie alle wurde der Rahmen der Produktion zu enge. Die Volksmasse war aber zu unwissend, um die Lösung der Schwierigkeiten in der entsprechenden Erweiterung dieses Rahmens zu suchen und herauszufinden, wie die ökonomische Rückständigkeit mit der politischen zusammenhing. Und das Streben nach einer Änderung der Staatsgewalt war auch zu gefährlich. Viel gefahrloser, bequemer und näherliegend war es, sich gegen die Konkurrenz zu wenden, die schutzlosen Juden.

Die Staatsgewalt selbst in ihren verschiedenen Organen kam diesen Tendenzen entgegen. Fühlte sie sich doch durch die Ergebnisse der ökonomischen Umwälzung bedroht, wenn diese auch zunächst nicht in den Volksmassen, sondern nur in der studierenden Jugend eine politische Opposition erzeugte. Die wachsende Unzufriedenheit war unverkennbar, sie mußte von den Spitzen des Staates abgelenkt werden – auch dazu waren die unglückseligen Juden vortrefflich geeignet.

Die antisemitischen Tendenzen von oben und unten wurden noch begünstigt dadurch, daß in Rußland mehr als anderswo die Juden durch ihr massenhaftes Zusammenwohnen jeder Assimilation entgangen waren. Sie unterschieden sich scharf von der übrigen Bevölkerung nicht nur, wie wir schon bemerkt, durch ihre strenge Einhaltung des Ritus, der Speisegebote, der Festtage, durch die Besonderheit ihrer Sprache,* sondern vielfach auch

---

* Noch 1897 gaben bei der Volkszählung 5 054 300 Bekenner des jüdischen Glaubens »Jiddisch« als ihre Muttersprache an, nur 161 505 eine andere. Daneben finden wir 8856 Personen nichtjüdischen Glaubens, die Jiddisch als ihre Muttersprache angeben, offenbar getaufte Juden – aber schlecht getaufte. Vgl. Rubinow, Economic condition of the Jews in Russia, S. 488.

noch durch Kleidung und Haartracht. Mehr als anderswo ist in Rußland und den Nachbargebieten der Jude ein Fremder im Volke geblieben. Die Fremdartigkeit wirkt leicht komisch, wo sie nur einen Unterschied anzeigt, nicht mit einem Gegensatz verbunden ist. Wo ein solcher vorhanden, macht sie ihn auffallender und fühlbarer, wirkt sie aufreizend und erbitternd.

So erstand nach einer kurzen liberalen Zeit seit den achtziger Jahren eine Periode des wüstesten und stets wachsenden Antisemitismus, zunehmender Mißhandlungen der Juden durch ihre Umgebung und vermehrter Rechtlosigkeit. Sie sind auf einen Ansiedlungsrayon beschränkt, der nur 4 Prozent der Oberfläche des russischen Reiches umfaßt. Bloß reiche Kaufleute, manche Intellektuelle und manche Handwerksmeister dürfen sich außerhalb seiner Grenzen niederlassen. Innerhalb derselben aber dürfen sie wieder nur in den Städten wohnen. Alle Juden, die sich auf dem Lande niedergelassen hatten, wurden 1882 in die Städte gedrängt, und dabei viele, die sich in der liberalen Ära außerhalb des Rayons gewagt hatten, wieder in ihn zurückgetrieben.

Unter den dort Zusammengedrängten brach eine entsetzliche Notlage aus. Schlimm waren die Pogrome, noch schlimmer die teuflischen Quälereien und Erpressungen der russischen Gewalthaber, aber am verzweifeltsten gestaltete sich die materielle Not.

In dieser grauenhaften Situation finden nur die Tapfersten den Mut, um ein besseres Schicksal zu kämpfen. Von den anderen flieht, wer irgendwie fliehen kann, wer die Mittel zur Auswanderung findet und Aussicht auf Beschäftigung auswärts zu haben glaubt. Die industriellen Arbeiter also eher als die Kleinhändler. Namentlich stark ist die Auswanderung aus den überfüllten Berufen. Nach dem Zensus von 1897 zählte man im Ansiedlungsrayon unter den Schneidern 147 435 erwerbstätige Juden. Von 1899 bis 1910 wanderten im Durchschnitt jährlich 15 396 dieser Branche in die Vereinigten Staaten, also 10,5 Prozent. Dagegen von den 71 856 jüdischen Schustern nur 1960, nur 2,7 Prozent. Die Schneiderei ist noch vorwiegend Hausindustrie für den lokalen Bedarf, in der Schuhmacherei entwickelt sich rasch die Fabrikindustrie, die in ganz Rußland ihren Markt findet (Hersch, S. 240). Am massenhaftesten ist die jüdische Auswanderung nach Amerika. Von 1881 bis 1912 betrug die jüdische Einwanderung in die Vereinigten Staaten 2 258 146 Köpfe, seit 1899 1 246 260. In der Zeit von 1881 bis 1898 wanderten im ganzen 1 011 86 Juden ein, davon 526 122, die Hälfte, aus Rußland. Von 1899 bis 1911 betrug die Gesamtzahl der jüdischen Einwanderer 1 165 665, davon 831 001, also drei Viertel, aus Rußland.

Wichtiger wird für Deutschland und Österreich die Binnenwanderung ihrer eigenen östlichen Juden nach dem Westen. Es ist dies ein Teil der allgemeinen Wanderung, die den Kapitalismus kennzeichnet, aus dem Lande in die Stadt, aus agrarischen Distrikten in industrielle, verschärft durch die ökonomischen Verhältnisse der polnischen Landesteile, die auch in Österreich und Deutschland ähnlich, wenn auch nicht in so hohem Maße und unter so brutalen Formen wie in Rußland, einen stets wachsenden Teil der agrarischen Bevölkerung überschüssig machen, die zum Teil in die Städte zieht und die Juden verdrängt, zum Teil ebenso wie diese auswandert.

In der Provinz Posen wurden 1849 noch 76 757 Juden gezählt, 1910 nur noch 26 512! Die Provinzen Ostpreußen, Westpreußen, Pommern und Posen zusammen zählten im Jahre 1871 noch 116 075 Juden, 1910 nur noch 62 355.

Die Richtung der Wanderung geht nach Berlin. Im Stadtkreis Berlin und der Provinz Brandenburg wuchs die jüdische Bevölkerung von 1871 bis 1910 von 47 489 Köpfen auf 151 356.

In gleicher Weise nahm die Zahl der Juden in Wien von 1880 bis 1910 von 73 222 auf 175 318 zu, um 139 Prozent, während die gesamte jüdische Bevölkerung Österreichs im gleichen Zeitraum nur um 30 Prozent wuchs. In Russisch-Polen umfaßte Warschau 1893 13,8 Prozent der jüdischen Bevölkerung Polens (168 677 von 1 224 652 Köpfen), 1909 16,1 Prozent (281 754 von 1 747 655), sie zählte 1910 308 488 Personen. Die jüdische Einwohnerschaft von Lodz hat sich im gleichen Zeitraum verdreifacht, sie wuchs von 37 106 auf 92 558. (Hersch, Le juif, S. 172, 309.) Fast alle jüdischen Auswanderer nach Frankreich sammeln sich in Paris, die nach England in London, die Mehrzahl der Wanderer nach den Vereinigten Staaten bleibt in New York, das eine Million Juden zählt.

Schon diese Konzentration in einigen wenigen Großstädten muß das Judentum immer auffallender hervortreten lassen. Dies wird noch gesteigert dadurch, daß das einwandernde Judentum von seiner neuen Umgebung viel stärker absticht, in ihr viel fremdartiger, als eigenartige Rasse erscheint, als die dort von alters her angesessenen Juden.

Die neue große Wanderbewegung der Juden ist ganz anderer Art als die früheren. Ehedem zogen die Juden in Länder niederer oder doch nicht überlegener Kultur. Jetzt sind es rückständige Judenmassen, die nach höher entwickelten Gegenden abströmen – ebenso wie Irländer, Süditaliener, Polen und Ruthenen oder Chinesen. Wohl sind die polnischen Juden in der Heimat ihrer Umgebung an Bildung überlegen – und das ist auch einer der Gründe, die ihre Assimilierung mit der nichtjüdischen Bevölkerung hinderten. Aber den Westeuropäern und Amerikanern gegenüber erscheinen sie doch auf einer tiefen Stufe.

Die russische Zählung von 1897 verzeichnete unter den männlichen Juden im Alter von mehr als 10 Jahren 33,4 Prozent Analphabeten (des Lesens und Schreibens Unkundige), unter den jüdischen Frauen in diesem Alter sogar 63,4 Prozent! Aber freilich, unter der russischen Gesamtbevölkerung fand man damals unter den mehr als 19 Jahre alten Männern nicht weniger als 61,3 Prozent Analphabeten, und unter den Frauen sogar 83 Prozent!

Die Einwanderer in den Vereinigten Staaten werden auf ihre Fähigkeit, zu lesen und zu schreiben, geprüft. Hierbei ergaben sich für die Juden bessere Prozentzahlen als bei der russischen Aufnahme von 1897. Das mag zum Teil daher rühren, daß die amerikanischen Zahlen aus späterer Zeit stammen als die russischen (1899 bis 1910), dann daher, daß nur die Erwachsenen gezählt wurden, vielleicht auch daher, daß die Unwissendsten am ehesten zu Hause bleiben. Dafür wurden bei dieser Aufnahme alle Juden gezählt, auch die nichtrussischen. Trotzdem ergab sie eine große Rückständigkeit der Juden gegenüber anderen Völkern.

[...]

Nur Ost- und Südslawen, Süditaliener und Portugiesen weisen ein höheres Analphabetentum auf als die Masse der auswandernden Juden. Das ist natürlich eine Schande nicht für diese Völker, sondern für ihre Regierungen. Es sind die rückständigsten, orthodoxesten Elemente des Judentums, die jetzt von Osten nach dem hochentwickelten Westen strömen. Die nächste Wirkung davon ist die, daß der Prozeß der Assimilierung der Juden des Westens ins Stocken gerät. Die zweite die, daß der Antisemismus belebt wird. In doppelter Weise, einmal durch Vermehrung der Konkurrenz für Intellektuelle und Händler, dann aber auch durch Verstärkung des fremdartigen Auftretens des Judentums. Gleichzeitig ändert er jedoch seinen Charakter. Ehedem wendete er sich in erster Linie gegen die kapitalistische Ausbeutung, als deren vornehmster Repräsentant in den Ländern des Antisemitismus der Jude galt. Jetzt ist es immer mehr der proletarische Jude, der arme Student, der arme Hausierer, der Heimarbeiter, der die Gegnerschaft des Antisemiten auf sich zieht. Die Zeiten sind vorbei, wo der Antisemitismus als eine Abart des Sozialismus erschien, als der »Sozialismus des dummen Kerls von Wien«. Heute ist er eine Abart des Kampfes gegen das Proletariat, die feigste und brutalste seiner Abarten, er ist die Sozialistenfresserei des dummen Kerls von Wien geworden.

Gleichzeitig hat sich aber eine Kluft innerhalb der Judenschaft selbst aufgetan: die wohlhabenden und gebildeten, nahezu assimilierten Juden des Westens empfinden den Zustrom ihrer armen, unwissenden »jiddischen« Brüder aus dem Osten vielfach nicht gerade angenehm. Sie tragen ihm nicht selten Gefühle entgegen, die man als Antisemitismus innerhalb des Judentums bezeichnen könnte.

Eines der hervorragendsten Merkmale der Juden war die innige Solidarität gewesen, die in ihren Reihen herrschte; die ewigen Verfolgungen hatten ihren Zusammenhalt gewaltig gestärkt, und seine Stärke war eines der wichtigsten Mittel geworden, sich in den Verfolgungen zu behaupten. Er soll auch ein Rassenmerkmal der Juden darstellen, ist aber, wie die anderen ihrer angeblichen geistigen Rassenmerkmale, nur ein Produkt ihrer Lebensbedingungen.

Sobald diese sich ändern, wechselt auch das »Rassenmerkmal«. Das Solidaritätsgefühl der westlichen Juden hat bereits eine bedeutende Schwächung erfahren, trotzdem oder vielleicht gerade deshalb, weil der gesellschaftliche Antisemitismus im Westen, in Berlin, in Paris, in London, in New York und namentlich in Wien wächst. Bei den kapitalistischen Juden, die zu einer herrschenden Position in der bestehenden Gesellschaft aufgestiegen sind, macht sich das jüdische Solidaritätsgefühl nur noch selten geltend, und immer mehr nur noch in der Form der Wohltätigkeit. Diese kann bei ihrem wachsenden Reichtum große Dimensionen annehmen. Aber sie gilt nur dem *bettelnden*, nicht dem *kämpfenden* jüdischen Proletarier.

Dem kampffähigen Teile des osteuropäischen Judentums gegenüber versagt vollständig die jüdische Solidarität. Und der tükkischste Gegner dieser jüdischen Schicht wird der Bundesgenosse der reichen Juden Westeuropas, den sie mit allen Mitteln zu unterstützen suchen.

Die alten Juden sahen in Haman, dem Reichskanzler des Königs Ahasveros, dem Urbild der Pogromerreger, den Feind, der an einem fünfzig Fuß hohen Galgen zu henken sei. Der heutige Zarismus mißhandelt das jüdische Volk weit grausamer, als es jemals irgendein Haman getan, aber die kapitalistischen Juden wünschen ihm nicht den Untergang, sondern sie unterstützen ihn tatkräftig durch die Anleihen, die sie ihm gewähren und die ihm sein Leben immer wieder verlängern. Denn Mordechai ist ein armer Schneider geworden, und Esther wird nicht zur Königin erhoben, sondern in ein argentinisches Bordell verschleppt. Gerade in der Zeit, in der die Theorie der reinen Rassen aufkommt und das Judentum zum Muster einer reinen, geschlossenen Rasse erhoben wird, fängt es an, durch den Klassengegensatz, der hier zusammenfällt mit einem kulturellen Gegensatz, aufs tiefste gespalten zu werden. Der Gegensatz zwischen kapitalistischem und proletarischem Judentum verleiht den Wanderungen der Juden heute einen ganz anderen Charakter und ganz andere Wirkungen als ehedem. Kaplun-Kogan hat den Unter-

schied im Charakter dieser Wanderungen sehr gut dargelegt, aber ihre Wirkungen hat er nicht ganz glücklich dahin unterschieden, daß sie ehedem Träger des wirtschaftlichen Fortschritts waren und heute Träger des wirtschaftlichen Rückschritts sind. [Die Wanderbewegungen der Juden, Bonn 1913 – der Hrsg. – S. 58, 147.]
Der »wirtschaftliche Fortschritt«, das heißt der Fortschritt des Kapitalismus, bedarf nicht nur der Produktionsmittel, sondern auch der Proletarier. Erst ihre Anwendung durch diese verwandelt jene in Kapital. Ohne den gewaltigen Zustrom von Proletariermassen aus Europa hätte der amerikanische Kapitalismus in den letzten Jahrzehnten nicht seinen erstaunlichen Aufschwung nehmen können. Alle die Proletarier, die aus einem Milieu ökonomischer Hemmung in ein Milieu zogen, das dem Fortschritt günstig war, und sich ihm dort zur Verfügung stellten, sind dadurch Träger des wirtschaftlichen Fortschritts geworden. Das sind sie zunächst unbewußt, sie werden es aber bald bewußt, indem die Wanderung sie kampffähiger macht. Und trotz ihres, bei der zaristischen Barbarei unvermeidlichen starken Analphabetentums sind sie als städtische Bevölkerung den anderen Einwanderern in die Vereinigten Staaten, die aus den rückständigsten agrarischen Gebieten stammen, an rascher Auffassung und theoretischem Sinne weit überlegen.
Die jüdische Arbeiterbewegung in den Vereinigten Staaten zählt mit zu den energischsten Pionieren des sozialen Fortschritts.

Der Zionismus

Die gewaltige Umwälzung in den Verhältnissen Rußlands hat auch das jüdische Denken nicht unberührt gelassen und die verschiedensten Bestrebungen der russischen Juden wachgerufen, sich ihrer Feinde zu erwehren und aus ihrer verzweifelten Lage herauszukommen.
Soweit sie nicht auf bloßes Davonlaufen, auf die Auswanderung hinzielen, bestehen sie in dem Bestreben, die Kräfte des Judentums zu vermehren durch Solidarität: entweder durch *proletari-*

sche Solidarität, durch die Vereinigung der jüdischen mit den nichtjüdischen Proletariern, oder durch die *jüdische* Solidarität, durch die Vereinigung der Kräfte der Juden aller Länder mit denen der russischen Juden.

Die Bestrebungen nach Einfügung des jüdischen Proletariats in den Klassenkampf des gesamten russischen Proletariats haben ihren sichtbaren Ausdruck gefunden im *jüdischen Arbeiterbund*. Über dessen kraftvolles Wirken wurde schon mehrfach in der ›Neuen Zeit‹ gehandelt, ich habe dem dort Ausgeführten nichts hinzuzufügen.

Die andere Tendenz gipfelt im *Zionismus*.

Seit der russischen Revolution ist eine Richtung aufgekommen, die Zionismus und Sozialismus miteinander verbinden will. Diese brauchen wir hier ebenfalls nicht zu erörtern. Mit unserer allgemeinen Betrachtung des Zionismus wird auch seine sozialistische Seite ihre Erledigung finden.

Literarisch ist der Zionismus in Westeuropa entsprungen, aber einem *Bedürfnis* entspricht er bloß bei den Juden Rußlands und daneben noch Rumäniens, für die das oben von den russischen Juden Gesagte mit geringen Abweichungen ebenfalls gilt.

Dem proletarischen Klassenkampf mit sozialistischer Zuspitzung sind am ehesten zugänglich die Lohnarbeiter der modernen, der großen Industrie. Gerade sie sind unter den jüdischen Proletariern nicht stark vertreten. Vielmehr die Arbeiter rückständiger Betriebsformen, Alleinmeister, Heimarbeiter – die jüdischen Emigranten in England und Amerika wenden sich vorwiegend der Hausindustrie zu. Daneben gibt es zahllose Kleinhändler und Existenzen, die von der Hand in den Mund von dem leben, was gerade kommt, Luftmenschen, wie sie Nordau nennt, Existenzen an der Grenze des Lumpenproletariats. Alle diese Elemente sind unter sonst gleichen Umständen schwerer zu organisieren und schwerer zum Kämpfen zu bringen als die Arbeiter der Großindustrie, die durch deren Mechanismus schon vereinigt und zu gemeinsamem Wirken geschult werden.

Dazu kommt bei vielen Juden in Rußland ein Mißtrauen gegen sein nichtjüdisches Proletariat: Mißtrauen zum Teil in seine Kraft, zum Teil in seine Ziele. Die einen zweifeln, daß es ihm gelingen wird, den Zarismus niederzuwerfen. Andere fürchten, ein siegreiches Proletariat werde die Juden nicht weniger mißhandeln wie die heutigen »echtrussischen« Leute.

Zu alledem kam, daß die revolutionäre Bewegung zunächst die Verfolgungen der Juden durch die Reaktion steigerte. In der russischen revolutionären Intelligenz hat die jüdische eine hervorragende Rolle gespielt – sie fiel der antisemitischen Reaktion besonders in die Augen, für sie wurde das gesamte Judentum verantwortlich gemacht als eine von Natur aus rebellische Rasse. So gesellten sich zu den ökonomischen Motiven noch politische der Gegenrevolution, um die Qualen der Juden zu steigern.

Alle diese Umstände bewirkten, daß die Parole der Solidarität der Proletarier aller Nationen und Bekenntnisse nur für einen Teil der jüdischen Proletarier zum leitenden Grundsatz wurde. Für die anderen erstand an der Stelle der Parole der *proletarischen* Solidarität die der *nationalen* Solidarität des Judentums.

Wer kampfesmüde wurde oder sich kampfunfähig fühlte und doch noch zuviel Energie in sich hatte, um willenlos unterzugehen, der flüchtete ins Ausland. Aber erwartete ihn dort eine gründliche Besserung seiner Lage? Wo immer der Jude hinkommt, das heißt der russische, von Assimilierung noch weit entfernte Jude hinkommt, überall ist er Fremder unter Fremden. Und nirgends auch nur der Duldung sicher. Die amerikanischen Arbeiter, die Chinesen und Japaner verjagen, farbige Arbeiter von ihren Organisationen fernhalten, ihnen ist es zuzutrauen, daß sie sich eines schönen Tages auch gegen die jüdische Einwanderung wenden. Ansätze dazu sind schon gemacht worden. Sicher vor Bedrückung ist der Jude nur in einem Staatswesen, in dem er nicht als Fremder existiert, in einem Staatswesen seiner Nationalität. Nur in einem eigenen jüdischen Staate ist die Emanzipation des Judentums möglich.

Dies der leitende Gedanke des Zionismus. Er verdrängt in den letzten Jahren auch in Kreisen des westeuropäischen Judentums den Gedanken der Assimilation durch Gleichberechtigung innerhalb der bestehenden Staaten, der bisher das Judentum be-

herrschte. Er gerät in einen steigenden Gegensatz zu diesem Gedanken, denn je mehr die Assimilierung fortschreitet, desto mehr verliert das nationale Judentum an Kraft. Also möglichste Absonderung der Juden von den Nichtjuden.
In diesem Streben begegnet sich der Zionismus mit dem Antisemitismus wie nicht minder darin, daß sein Ziel dahin geht, die gesamte Judenschaft aus den heutigen Staaten zu entfernen.
So sehr fühlt sich der Zionismus darin einig mit dem Antisemitismus, daß es Zionisten gab, die vom Chef der echtrussischen Leute, vom Brennpunkt des Antisemitismus der Welt, vom russischen Zaren, eine gnädige Förderung ihrer Ziele erhofften.
Das Bedürfnis für diese Ziele der zionistischen Bestrebungen liegt klar zutage. Darin liegt ihre Kraft. Aber das Bedürfnis erklärt bloß die Bestrebungen, es sagt nichts über ihre Aussichten. Ihre Erfolge hängen von anderen Faktoren ab.
In der zivilisierten Welt sind alle Gebiete besetzt, findet sich kein Raum mehr für ein jüdisches Staatswesen. Nur außerhalb ihres Bereiches und auch da nur unter der Oberherrschaft und Obervormundschaft einer nichtjüdischen Staatsgewalt ist noch ein jüdisches Gemeinwesen denkbar. Eine Zeitlang dachte man an eine Kolonisierung in Ostafrika unter englischer Oberhoheit, schließlich ist man aber immer wieder auf Palästina zurückgekommen, wo das jüdische Gemeinwesen unter dem Patronat des Sultans erstehen soll.
Aber merkwürdigerweise: Es gab dort schon einmal einen jüdischen Staat, der von Juden, die im Exil lebten, unter nichtjüdischem Schutze begründet wurde. Aber auch damals schon, vor mehr als 2000 Jahren, bildete er keinen großen Anziehungspunkt für die Juden in der Diaspora (der Zerstreuung). Sie blieben in der Mehrzahl in Babylon, in Damaskus, in Alexandrien, in Rom und wo sie sonst sein mochten. Nur ein Teil siedelte sich in Jerusalem an. Die meisten begnügten sich damit, gelegentlich eine Wallfahrt nach der heiligen Stadt zu unternehmen. Sie kamen als Fremde unter Fremden besser fort als im nationalen Staat.
Daran hat sich seither nichts geändert. Gewiß, die Lage der russischen und rumänischen Juden ist eine verzweifelte, sie ist unerträglich. Aber die Frage ist nicht, ob sie in Palästina besser

leben würden als heute in Rußland, sondern ob die Gründung eines jüdischen Gemeinwesens dort ihnen bessere Aussichten bietet, als die russische Revolution oder auch nur die Auswanderung nach England oder Amerika. Ja, man kann die Frage sogar dahin stellen, ob alle die Juden, die heute in Rußland, wenn auch in qualvollster Weise leben, in Palästina überhaupt eine Existenz finden könnten.

Eine der Bedingungen eines Staatswesens, das auf eigenen Füßen stehen soll, besteht darin, daß es über alle die Klassen verfügt, die unter der heutigen Arbeitsteilung für seinen Produktionsprozeß erforderlich sind. Dieser Prozeß beruht auf ständigem Austausch zwischen Stadt und Land. Ohne Landwirtschaft ist ein Staat nicht möglich. Woher soll sie im neuen Zion kommen?

Sicher ist es ein Unsinn, wenn man behauptet, die jüdische Rasse sei von Natur aus unfähig zur Landwirtschaft. Zu jener Zeit, wo man eher noch als heute hätte von einer jüdischen Rasse reden können, in der Zeit vor dem babylonischen Exil, waren die Israeliten wie jedes andere Volk des Altertums überwiegend Landwirte. Auch heute sind hin und wieder Versuche gelungen, aus Juden Bauern zu machen. Wenn solche Versuche nie ausgedehnt und fortgesetzt wurden, liegt das nicht daran, weil die Juden Juden, sondern weil sie *Städter* sind. So leicht aber der Weg vom Land in die Stadt, so schwer der umgekehrte Weg, wenn er nicht zu bloßer Naturschwärmerei und Sport, sondern zu schwerer Erwerbsarbeit führen soll. Man zeige die »indogermanischen Städter«, die auf das Land hinausziehen, um als Bauern oder Landarbeiter ihr Brot zu verdienen! Man wird keine finden. In der heutigen Gesellschaft geht die ländliche Erwerbsarbeit unter Bedingungen vor sich, die für den Städter unerträglich sind. Wir bedürfen dringend, aus hygienischen wie aus ökonomischen Gründen, einer Umkehrung der heutigen Landflucht. Aber ihre Bedingungen können nur in einer sozialistischen Gesellschaft geschaffen werden.

Selbst Herzl erkannte das. Er meinte:

»Wer die Juden zu Ackerbauern machen will, der ist in einem wunderlichen Irrtum begriffen.« (Der Judenstaat, Leipzig 1896, S. 23)

Wohl erkannte er die Notwendigkeit der Landwirtschaft für

den Judenstaat an, aber um eine jüdische Landwirtschaft möglich zu machen, schlug er eine ganze Utopie vor.

Wir aber wissen, daß die Überwindung der heutigen Produktionsweise durch eine höhere nur von dort ausgehen kann, wo der Kapitalismus aufs höchste entwickelt ist. Die Zeiten sind vorbei, wo wir in der Wildnis sozialistische Kolonien zu gründen suchten.

Der industrielle Kapitalismus ist die Vorbedingung des Sozialismus. Mag man den Judenstaat in kapitalistischer oder in sozialistischer Weise einrichten wollen, ein kapitalistischer Ausgangspunkt ist unerläßlich. Und hier kommen wir zur zweiten Schwierigkeit.

Wie soll sich in Palästina eine starke Industrie entwickeln? Ein großer innerer Markt fehlt. Die neue Industrie müßte von vornherein für den Export arbeiten. Aber auch im Konkurrenzkampf auf dem Weltmarkt behauptet sich eine Industrie unter sonst gleichen Umständen um so besser, je ausgedehnter und aufnahmefähiger ihr innerer Markt, der ihre sicherste Basis bildet. Es müssen schon sehr günstige Verhältnisse zusammentreffen, soll eine Industrie ohne inneren Markt zur Konkurrenzfähigkeit auf dem Weltmarkt gelangen. In Palästina sind im Gegenteil die Bedingungen für die Industrie so ungünstig wie möglich: keine Kohle, keine Rohstoffe, weder Erze, noch Textilstoffe, noch Holz; wenig Lebensmittel, deren Preise bei wachsender Einwanderung sofort steigen; keine Transportwege, kein schiffbarer Fluß, kein guter Hafen, keine Straßen, keine Eisenbahn von Belang – die kleine Linie Jaffa–Jerusalem wie die Hedschasbahn, die mit Jerusalem verbunden werden soll, sind bloße Touristen- und Pilgerbahnen ohne erheblichen Frachtverkehr.

Die Bedingungen der Türkei haben sich bisher einem industriellen Aufschwung nicht sehr günstig erwiesen. Nirgends aber sind sie trostloser als in Palästina.

Auf biblische Erinnerungen kann man eine Industrie nicht begründen. Anderes ist aber dort nicht zu holen. Das profitsuchende Kapital, jüdisches wie anderes, weicht denn auch dem »Heiligen Lande« scheu aus, so gierig es sonst in alle Lande dringt, in denen irgendeine Aussicht auf Gewinn lockt.

Dem zionistischen Zukunftsstaat in Palästina ist es daher bisher nicht gelungen, irgendeinen nennenswerten Schritt vorwärts zu machen. Nach Ruppin wanderten in der Zeit von 1881 bis 1908 2 Millionen Juden aus Rußland, Österreich, Rumänien aus, davon 1 600 000 nach Amerika, fast 300 000 nach Westeuropa und 26 000 nach Palästina!

Wir haben bereits die Arbeit Nawratzkis über die Kolonisation Palästinas erwähnt, eine fleißige und ausführliche Arbeit, die den Stoff mit großer Liebe behandelt. Aber ein kritischer Leser wird ihm nicht jene optimistischen Erwartungen abgewinnen, denen sich der Verfasser hingibt.

Ungeheure Summen sind von jüdischen Wohltätern zur Kolonisation Palästinas aufgewendet worden.

»Durch die Gründung der Rothschildschen Kolonien wurden sehr große Summen, man schätzt sie auf zirka 50 Millionen Franken, allein von diesem Philanthropen im Lande investiert.« (Nawratzki, S. 495)

Der Jüdischen Kolonisationsgesellschaft *(Jewish colonisation association)* wurde vom Baron Hirsch ein Kapital von 160 Millionen Mark gestiftet (S. 100), das zum größten Teil der Förderung der Kolonisierung Palästinas zugewendet wird. Daneben gehen noch ununterbrochen aus zahlreichen anderen Sammlungen und Stiftungen Gelder nach Palästina:

»Jedenfalls dürfte eine ungefähre Schätzung aller für die genannten Zwecke jährlich nach Palästina fließenden Summen wohl auf *mindestens 10 Millionen Franken* zu veranschlagen sein.« (S. 109)

Und was ist in den drei Jahrzehnten kolonisatorischer Bestrebungen in Palästina mit den enormen Geldmitteln geleistet worden? Man versuchte eine jüdische Landwirtschaft zu begründen. Am Ende des Jahres 1912 war inklusive der neu angesiedelten Jemeniten und der Landarbeiter in den Kolonien und Siedlungen eine ländliche Bevölkerung von ca. 10 000 Seelen vorhanden. (S. 349)

Das ist gegenüber der jüdischen Gesamtauswanderung ein Tropfen auf einen heißen Stein.

Die Erfahrungen, die man bei der Kolonisation machte, führten zu folgendem Ergebnis:

»Die Kosten für Bauernstellen ›sind verhältnismäßig hoch und dürften im Durchschnitt zwischen 12 000 und 18 000 Franken pro Familie schwanken. Die Erfordernisse, die man an eine Kolonistenfamilie stellen muß, sind: *genügend landwirtschaftliche Kenntnisse* und *Geldmittel*, um ein Achtel bis ein Viertel der Anzahlung zu leisten und außerdem für die ersten Jahre Betriebskapital übrigzubehalten‹.« (S. 360)

Wo derartige vermögende und erfahrene jüdische Bauern herkommen sollen, wird uns nicht verraten. Ein Weg zur Emanzipation der jüdischen Proletarier Rußlands ist das nicht.
Aber daneben gibt es auch jüdische landwirtschaftliche Großbetriebe, die ganz gut gedeihen. Die jüdischen kapitalistischen Landwirte haben jedoch ein Haar in der Anwendung jüdischer Proletarier aus Rußland als Landarbeiter gefunden: diese sind anspruchsvoller und unbequemer als die Araber. Und so haben die jüdischen Patrioten ihre jüdischen Arbeiter durch arabische ersetzt, wie deutsche Patrioten deutsche Arbeiter durch Italiener und Polen ersetzen. Da aber dies den Zwecken der jüdischen Kolonisation widerstreitet und doch Juden als Landarbeiter ausgebeutet werden sollen, hat man sich dadurch geholfen, daß man Juden aus Jemen (Arabien) importiert. Diese stehen auf einer ebenso tiefen Kulturstufe wie die Araber, unter denen sie leben, sind außerhalb jedes Zusammenhanges mit ihren europäischen Glaubensgenossen und haben an den Problemen des europäischen Judentums nicht den geringsten Anteil. Aber sie sind willig und billig. Und so lösen sie die Frage der jüdischen Kolonisation Palästinas.
Das ist sicher sehr erfreulich für den Geldbeutel der kapitalistischen jüdischen Kolonisten, besiegelt jedoch den Bankrott der Politik, die jüdischen Proletarier Rußlands zum Landbau in Palästina zurückzuführen.
Und die jüdische nichtlandwirtschaftliche Bevölkerung Palästinas? Sie ist in der Mehrzahl in trauriger Lage. Sie lebt vielfach von irgendeiner Form des Bettels. Nicht Straßenbettel, sondern Beziehung von Unterstützung durch wohltätige Anstalten, die von Juden aller Länder gespeist werden.
Kein Wunder, daß die Einwanderung nach Palästina gering ist und einen großen Prozentsatz alte Leute bilden, die nicht kom-

men, um zu arbeiten, sondern um von der Wohltätigkeit oder von ihren Renten zu leben und ihren Lebensabend im Lande der Väter zu beschließen. Von den jungen Einwanderern sucht dagegen ein großer Teil wieder das Weite.

Von den 1979 jüdischen Auswanderern, die 1910 über Odessa nach Palästina zogen, waren 606, also 30 Prozent, über 50 Jahre alt.

Nach Angaben aus Jaffa landeten dort 1912, abgesehen von 350 Jemeniten und 190 Bucharer Juden, 2280 osteuropäische Juden (Aschkenasier), davon nur 30 Prozent unter 30 Jahre alt. Gleichzeitig wanderten 1316 aus, davon 60 Prozent im Alter von unter 30 Jahren. (Nawratzki, S. 444) Berechnen wir aus den Prozentzahlen die absoluten Zahlen, die Nawratzki nicht gibt, dann wanderten dort im selben Jahre 684 junge Juden ein und 790 aus.

Von den *jungen* Juden wanderten also mehr aus als ein. Trotz Sombarts Wüstentheorie zieht es den Juden wie jeden modernen Menschen in die Großstadt und nicht in die Wüste, wenn er seinen Lebensunterhalt sucht.

[...]

Da aber die vielen einzelnen Gettos die Juden nicht schützen können, müssen diese konzentriert werden in einem großen zentralen Getto. Palästina als Weltgetto zur Absonderung der jüdischen Rasse von den anderen Rassen, ist das Ziel des Zionismus geworden.

Zollschan weist mit Recht darauf hin, daß die Zusammendrängung der Juden eine Ursache ihrer wirtschaftlichen Notlage ist:

»Solange die Juden, wie heute fast durchaus, nur *einem* Beruf und nicht der Urproduktion angehören, da sind sie bei großen Anhäufungen auch in kultivierten Gegenden einander im Wege, da müssen sie in schlechtsituierten Gegenden in Not verkommen. Die Zerstreuung und Zerbrökkelung des jüdischen Volkes scheint das einzige Hilfsmittel gegen seine wirtschaftliche Not. ... *In der Tat geht es den Juden dort, wo sie nur in kleinen Gruppen zerstreut sind, wirtschaftlich überall besser.*« (S. 464 f.)

Aber, aber: dadurch wird ihre Assimilierung befördert, und die muß um jeden Preis verhindert werden. Deshalb Konzentration aller Juden auf einen Punkt. Ob es möglich ist, ob nicht dadurch

die Not der Juden aufs höchste gesteigert wird, das kümmert Zollschan nicht. Er weiß einen zwingenden Grund für die Errichtung seines Weltgettos: die Rasse muß rein erhalten werden, denn »die reine Rasse hat den höheren Kulturwert«.
[...]
Das lustigste dabei ist, daß Zollschan im Anfang seines Buches selbst das »Edelrassentum der modernen Germanen wie Gobineau, Richard Wagner und Chamberlain« ablehnt (S. 32), und zwar mit gutem Grund, denn:

»Chamberlain stellte fest, daß die Juden der Kreuzung dreier, einander ganz heterogener Rassen ihre Entstehung verdanken: der Semiten, der Hethiter, der Amoriter. ... Die Kreuzung zwischen Semiten, Hethitern und Amoritern bezeichnet Chamberlain geradezu als »Blutschande« und sieht in den Schicksalen und in der geistigen Unfruchtbarkeit der durch diese Kreuzung entstandenen jüdischen Nation ein *Verhängnis,* das mit naturnotwendiger Sicherheit eintreten mußte und dem die Rasse auch nie mehr werde entrinnen können.« (Zollschan, S. 152 f.)

[...]
Die Juden haben daher nicht den mindesten Grund, aus Furcht vor ihrer Assimilierung den einzigen Rettungsweg zu verschmähen, der ihnen offensteht: *die energische Anteilnahme am Klassenkampf des Proletariats.*
Der Zionismus ist eine undurchführbare Utopie. Andererseits ist der Liberalismus nicht mehr imstande und kaum noch gewillt, durchzusetzen, was er bisher versäumt hat. Dazu schwindet ihm immer mehr die Kraft und der Rückhalt in der Bevölkerung. Wo er noch nicht die volle Emanzipation der Juden, nicht bloß die gesetzliche, sondern auch ihre gesellschaftliche Gleichberechtigung durchgesetzt hat, wird er sie nicht mehr erreichen.
Die kapitalistischen Juden selbst geben sich überall mit dem Erreichten zufrieden. Ist es auch nicht immer das, was sie wünschen, so besitzen sie doch durch ihren Besitz Macht genug, kleine Unbequemlichkeiten zu überwinden, selbst in Rußland. Und auch, wo dies nicht der Fall, erscheinen ihnen diese Unbequemlichkeiten nicht groß genug, ihretwillen eine Revolution zu riskieren. Das kapitalistische Judentum selbst wird konservativ und findet sich mit dem Bestehenden ab.

Als einzige Kraft, die das Bestehende gründlich umwälzen und jegliche Unterdrückung, jegliche gesetzliche und soziale Ungleichheit beseitigen muß, wenn sie sich befreien will, bleibt das Proletariat übrig. Nur noch das siegreiche Proletariat kann dem Judentum volle Emanzipation bringen, an seinem Siege ist das gesamte Judentum interessiert, soweit es nicht am Kapitalismus hängt.

Sicher bedeutet die Befreiung des Judentums um so eher seine Auflösung, je gründlicher sie vollzogen wird.

Der Schwerpunkt der Judenfrage liegt heute in Rußland. Siegt dort die Revolution, bringt sie den Juden volle staatsbürgerliche Gleichheit und ökonomisches Gedeihen in einer aufblühenden Industrie, so hört die jüdische Emigration nach dem Westen auf. Damit wird der Prozeß der jüdischen Assimilierung, der schon so weit vorgeschritten war, jedoch in den letzten Jahrzehnten ins Stocken kam, von neuem in Fluß kommen. Selbst in England und in Amerika wird sich die Assimilierung der neu zugezogenen russischen Juden rasch vollziehen. Hört der Zuzug aus Rußland auf, dann wird wahrscheinlich schon die zweite, sicher die dritte Generation der Juden des Londoner Eastend und New Yorks nicht mehr Jiddisch verstehen, sondern Englisch sprechen, nicht mehr in einem Stadtteil in einigen Schwitzgewerben eng zusammengedrängt ein dürftiges Leben fristen, sondern über das ganze Land verbreitet in den verschiedensten Beschäftigungen in gleicher Weise ein Fortkommen finden wie die übrige Bevölkerung. Und die Religion wird ihr sehr gleichgültig geworden sein. Damit wird ihr Judentum ausgelöscht.

Langsamer wird sich der Prozeß in Rußland selbst vollziehen. Er kann aber auch dort nicht ausbleiben, trotzdem der Emanzipationskampf der Juden dort zur Zeit zu einer stärkeren Hervorhebung ihrer Eigenart führt.

Wie bei anderen Völkern, die unter einer Herrenklasse standen, durch sie von der modernen Kultur abgeschlossen wurden, haben auch die Juden Rußlands, sobald sie ein Streben nach Unabhängigkeit entwickeln, auch eine Literatur in ihrer bisher literaturlosen Sprache geschaffen. Eine jiddische Literatur ist erstanden, ein jiddisches Theater, eine jiddische Presse, die in Amerika

über zwei tägliche Zeitungen und zwei Zeitschriften verfügt und auch in Rußland einen großen Aufschwung genommen hat. Die »jiddische« Tagespresse übertrifft nach zehn Jahren des Bestandes in der Größe ihrer Auflagen die polnische und steht heute in dieser Beziehung in Rußland an erster Stelle nach der eigentlichen russischen. (Hersch, Le juif usw., S. 9.)
Die Produkte und Mittel eines regen nationalen Lebens der russischen Juden werden noch wachsen und sich kräftigen, solange der Kampf um die jüdische Freiheit vorwärtsgeht. Aber das, was man die jüdische Nation nennt, kann nur siegen, um unterzugehen.
Sie vermöchte sich nur zu erhalten durch engstes Zusammenwohnen der Juden. Die Berufe, auf die sich die Masse der Juden Rußlands konzentriert, vertragen aber zum großen Teil eine derartige Zusammendrängung nicht. Sie können nur gedeihen, wenn sie gemischt sind mit größeren Massen anderer Berufe, in denen die nichtjüdische Bevölkerung überwiegt. Gerade die erzwungene Zusammendrängung auf einen kleinen Raum, die heute den Schein einer jüdischen Nationalität schafft, schafft auch das jüdische Elend. Mit diesem werden auch die Bedingungen der jüdischen Nationalität schwinden. Das Judentum muß nach dem Siege der Revolution die Freizügigkeit in Rußland dazu benutzen, um sich über den ganzen Staat zu verbreiten. Das wird für beide Teile von großem ökonomischen und geistigen Nutzen sein, aber die Juden drängen, die Sprache ihrer Umgebung zu sprechen, womit ihre Assimilierung eingeleitet wird. Diese wird noch gefördert werden dadurch, daß in einem freien Rußland die intellektuelle Hebung der Gesamtbevölkerung eine der wichtigsten Aufgaben des Gemeinwesens sein wird. Nur aus dem Antisemitismus, aus der Verfolgung zieht das Judentum als besondere, von seiner Umgebung abgesonderte Korporation seine Existenz. Ohne die Verfolgung wäre es längst aufgesogen worden. Es muß mit ihr verschwinden.
Haben wir das zu bedauern?
Das hängt natürlich ganz von dem Standpunkt ab, den man einnimmt. Es scheint mir jedoch, daß für den Juden selbst das Getto, die Lebensform des Judentums, keine Erscheinung ist, die

sehnsüchtige Erinnerungen wachruft. Noch weniger als der konservative Jude haben aber die Freunde des menschlichen Fortschritts irgendeine Ursache, dem Judentum eine Träne nachzuweinen.

Wir haben gesehen, wie das Judentum die Eigenschaften des Städters in höchster Potenz entwickelt. Es sind gerade jene geistigen Eigenschaften, deren der Fortschritt der Menschheit unter den gegebenen Verhältnissen am meisten bedarf. So hat denn auch die winzige Zahl von Juden Westeuropas eine erstaunlich hohe Zahl bahnbrechender Geister geliefert, eine stolze Reihe von Spinoza bis Heine, Lasalle und Marx.

Aber dasselbe Judentum, in dem sich jene gewaltigen geistigen Fähigkeiten entwickelten, es wurde immer ungeeigneter, sie zu betätigen. War das Judentum bis tief ins Mittelalter hinein neben der katholischen Kirche ein Element des Fortschritts gewesen, so verschloß es sich seitdem, ebenso wie diese, jedem weiteren Fortschritt; ja noch mehr als diese wegen seiner Enge und seiner strengen Absonderung von der nichtjüdischen Welt, die ihren Gesichtskreis seit dem fünfzehnten Jahrhundert ungeheuer erweiterte und eine Ära ständiger geistiger Revolutionen einleitete. Das Judentum, zusammengehalten im Getto durch seine Orthodoxie, blieb von dieser Umwälzung der Geister gänzlich unberührt, es stellte sich feindlich dem neuen Denken gegenüber. Die Geistesriesen, die das neuere Judentum hervorgebracht hat, sie konnten ihre Kräfte erst entfalten, nachdem sie die Schranken des Judentums gesprengt hatten. Sie wirkten ohne Ausnahme außerhalb dieser Schranken im Bereich der modernen, ebenso nichtjüdischen wie unchristlichen Kultur und oft in vollem und bewußtem Gegensatz zum Judentum – worunter hier immer, um es nochmals zu bemerken, nicht etwa die Gesamtzahl der Juden, sondern die in einer besonderen Korporation zusammengefaßten und als solche von der übrigen Menschheit abgesonderten Juden zu verstehen sind. Selbst die Vorkämpfer des Zionismus, die Herzl, Nordau, Zwangwill, bedienen sich der Weltsprachen und nicht des »Jiddischen«. Die Juden sind ein eminent revolutionärer Faktor geworden, das Judentum aber ein reaktionärer. Es ist ein Bleigewicht am Fuße der vorwärtsdrängenden Juden selbst; einer der letzten Überreste aus dem feudalen Mittelalter heraus, solange das Judentum noch unter uns existiert. Je eher es verschwindet, desto besser für die Gesellschaft und die Juden selbst.

Dies Verschwinden bedeutet keineswegs einen tragischen Prozeß, wie etwa das Aussterben der Indianer oder der Tasmanier. Es bedeutet nicht einen Untergang in Stumpfsinn und Verkommenheit, sondern ein Aufsteigen zu höherer Kraft, zu Wohlstand und Gedeihen, die Erschließung eines ungeheuren Feldes der Betätigung. Es bedeutet nicht den Umzug aus einer mittelalterlichen Ruine in eine andere, nicht den Übergang aus dem orthodoxen Judentum in das kirchliche Christentum, sondern die Schaffung neuer, höherer Menschen.

Ahasver wird dabei endlich zur Ruhe kommen. Er wird fortleben in der Erinnerung als der größte Dulder der Menschheit, der am meisten von ihr gelitten, der ihr am meisten geschenkt.

5. Wladimir Medem

Der moderne Antisemitismus in Rußland*

Der Antisemitismus gedeiht im »modernen« Rußland so üppig wie kaum je zuvor. Bis vor kurzer Zeit trat er vorwiegend als Regierungsantisemitismus auf; jetzt ist er fast zur Massenbewegung geworden. Es soll damit nicht gesagt werden, es hätte nicht auch früher schon antisemitische Gesinnung in Rußland gegeben; aber es war keine antisemitische *Bewegung* vorhanden. Allein die Regierung mitsamt gewissen Beamtenkreisen trieb zielbewußt und hartnäckig antisemitische Politik.

Erst die Ära der eigenartigen russischen »Verfassung« brachte eine antisemitische *Massen*bewegung ans Licht. Stand doch an der Wiege dieser neuen Ära das grausame Gespenst der Judenmetzeleien! Die Pogrome bezeichneten die Sturm- und Drangperiode des Antisemitismus. Seit dem Siege der Reaktion beginnt die »organische« Epoche.

Selbstverständlich ist der Regierungsantisemitismus weit davon entfernt, zugunsten seiner Privathelfer abzudanken; im Gegenteil, er wütet wie kaum je. Aber Hand in Hand mit ihm entfaltet sich auch die ihm freundliche Massenbewegung, und zwar in verschiedenen Formen und auf verschiedenen Gebieten.

Zuerst der *ökonomische Antisemitismus*. Diese Bewegung des »kleinen Mannes«, die unter der Parole »Kauft nicht bei Juden« steht, bildet gewissermaßen das Wesen des westeuropäischen Antisemitismus. In Rußland war sie bisher wenig bekannt, jetzt aber wird gerade auf diesem Gebiet am eifrigsten gearbeitet. Der jüdische Handel soll unmöglich gemacht werden, obwohl im Ansiedlungsrayon die überwältigende Mehrheit der Kaufleute Juden sind.

* Aus: Die Neue Zeit, 1910/11, Bd. 1, S. 259–263.

Besonders häufig werden die Konsumgenossenschaften zu antisemitischen Zwecken ausgenutzt. Unter der Führung der »echt russischen« und »echt polnischen« Klerikalen und Reaktionäre werden Konsumvereine gegründet, die keinen anderen Zweck als den Kampf gegen die Juden haben. Es ist also eine speziell antisemitische, rein »christliche« Genossenschaftsbewegung entstanden.

Noch schroffer tritt der Antisemitismus als »Kulturbewegung« auf. Es war bis vor kurzem eine bekannte Tatsache, daß – von vereinzelten Entgleisungen abgesehen – die gesamte *liberale*, geschweige denn die radikale Presse keine Berührungspunkte mit dem Antisemitismus hatte. Es war geradezu Ehrensache eines jeden anständigen Schriftstellers, zwischen sich und den judenhetzerischen Elementen eine hohe Scheidewand bestehen zu lassen – Ehrensache und zugleich Prüfstein seines Liberalismus. Jene Zeiten sind vorbei.

Es haben wohl auch die Westeuropäer von dem großen Rummel gehört, mit dem gewisse liberale Schriftsteller unter Führung des Erzmarxisten *Peter Struve* ihr »nationales Gesicht« entdeckten. Die ganze Bewegung zielte darauf hin, den russischen Liberalismus mit der »nationalen Idee« zu vereinigen, ihn gewissermaßen mit Nationalismus zu durchtränken. Struve selbst ging ursprünglich von rein imperialistischen Gedanken aus; dann aber wurden die nationalen Beziehungen im inneren Leben Rußlands in den Vordergrund geschoben. Herr Struve prägte das vielzitierte Wort von den »nationalen Anziehungen und Abstoßungen« – ein nichtssagender Ausdruck, der doch einen recht verhängnisvollen Sinn bekommen hat. Es war vor allem die Abneigung gegen die *Juden*, die dadurch erklärt und *gerechtfertigt* werden sollte.

Sein Antisemitismus – hieß es –, wohl aber *»Asemitismus«*. Das neue Schlagwort »Asemitismus« bedeutete aber nichts anderes als das Bestreben, die russische Gesellschaft »judenrein« zu machen, ist also eigentlich nur ein beschönigender Ausdruck für Antisemitismus.

Nun ging ein starker nationalistischer Zug durch die liberale Presse. Es war, als ob man nur auf das Erlösungswort gewartet hätte, um die alte Tradition der russischen Fortschrittler über den Haufen zu werfen: zur liberalen Parole ward nun der Nationalismus. Die gesamte Kulturarbeit, wurde verkündet, die im russischen gesellschaftlichen Leben geleistet wird, muß von russischem Nationalbewußtsein durchdrungen werden. Die höchsten Kulturgüter der russischen Nation sind von den jüdischen Schriftstellern und Journalisten bedroht, eine jüdische Invasion verseucht die russische Literatur, das russische Kulturmilieu überhaupt, und es muß eine gründliche Reinigung vorgenommen werden, um die russische geistige Kultur zu sichern.

Selbstverständlich bildete den wahren Grund des ganzen Lärms nicht die angebliche Bedrohung der russischen Kultur, sondern die sehr prosaischen und sehr materiellen Konkurrenzerwägungen und Konkurrenzbefürchtungen der echt russischen Journalisten. Und so sind jetzt die antisemitischen Stimmungen, die bisher nur in den Kreisen der Reaktionäre Platz gefunden hatten, tief hinein in die Reihen der fortschrittlichen Presse gedrungen und drohen die ganze Atmosphäre der russischen Journalistik zu vergiften.

Wie die Journalisten, so auch das »intelligente« Publikum: macht sich doch die jüdische Konkurrenz in den weitesten Kreisen der »freien Berufe« fühlbar, muß doch also auch hier die russische »Kultur« vor der jüdischen Invasion gerettet werden! Ja bis in die Kreise der radikalen Studentenschaft, die noch vor kurzem Hand in Hand mit den Arbeitern an der Spitze der Revolution marschierte, drang der neue Geist. Interessante Ziffern liefert hierzu eine *Umfrage*, die vor einiger Zeit in der *Petersburger Technologischen Hochschule* vorgenommen worden ist. Von den 1020 Studenten, die die Fragebogen ausgefüllt haben, hat eine sehr beträchtliche Zahl derer, die liberalen und sogar revolutionären Parteien angehören, auf die Frage, ob den Juden in Rußland Gleichberechtigung gewährt werden soll, mit einem »Nein« geantwortet, und zwar erwiesen sich von den Anhängern der »Kadettischen« Partei ganze 35 Prozent als Gegner der Gleichberechtigung; von den Sozialisten-Revolutionären haben 12 Prozent mit »Nein« gestimmt, und sogar unter den Sozialdemokraten haben sich 4 Prozent gefunden, die mit einem »Nein« die Frage beantworteten.* Die Ziffern genügen, um von der geradezu unheimlichen Größe der neuen Plage eine Vorstellung zu geben!

Soviel über den Umfang und die Träger des neuen Antisemitismus. Damit erschöpft sich aber keineswegs das Neue an ihm. Ein zweites kommt noch dazu: die antisemitische Bewegung hat einen *neuen Inhalt* erhalten.

Betrachtet man den traditionellen russischen Antisemitismus, so erscheint er vor allem als eine »Los von Juden«-Bewegung, eine Politik des Hinauswerfens oder »Hinausschiebens«, wie sie neulich ein russischer Nationalist bezeichnet hat. Und dies war das Charakteristische, was die Judenverfolgungen von allen anderen nationalen Verfolgungen unterschied, ja sie nicht einmal als *nationale* Verfolgungen gelten ließ, wenigstens nicht im gewöhnlichen Sinne des Wortes. Denn sonst zielt ja die nationale Unterdrückung stets darauf ab, den betreffenden Volksstamm zu entnationalisieren, der herrschenden Nation *einzuverleiben*, seiner Eigenart ein Ende zu machen. Mit den Juden war es aber anders. Nicht nur daß der Antisemitismus die *Assimilation* der Juden *nicht erstrebt*, er wendet sich direkt *gegen die Assimilation*. Er will sie nicht, er fürchtet sich vor ihr, er schließt vor ihr die Tore. Daher die berüchtigten Prozentnormen für die Juden in den russischen Schulen, daher die ganze Absperrungs- und Absonderungspolitik.

Zwar fehlte es auch an entgegengesetzten Tendenzen nicht. Man sprach viel davon, wie sehr die Juden rückständig seien und wie sehr ihnen russische Kultur not täte. Doch war dies im großen und ganzen nicht ernst gemeint. Das Gerede von der Rückständigkeit sollte nur den Vorwand liefern, um den Juden die Vollberechtigung zu verweigern, auf die sie als »kulturfeindliches

---

* Selbstverständlich sind die Angaben wegen der Parteizugehörigkeit unkontrollierbar. Daß die 4 Prozent antisemitische Sozialdemokraten wirkliche Parteigenossen sind, ist gewiß zweifelhaft. Die Tatsache aber, daß eine nicht unbeträchtliche Zahl von Leuten, die sich für Sozialdemokraten halten, antisemitisch gesinnt sind, kann leider nicht bestritten werden.

Element« kein Anrecht hätten. In der Verweigerung der Rechte lag eben der Schwerpunkt der ganzen Politik. Jedenfalls war in den letzten Jahrzehnten die Politik des nationalen Proselytentums, die Politik der Russifizierung den Juden gegenüber eine große Seltenheit. Die Regierung kümmerte sich herzlich wenig darum, was innerhalb des Getto vorging; nur an der Schwelle desselben stand ihre Wache.

Nun ist auch das anders geworden. Nicht daß die Regierung gewillt wäre, die traditionelle Absperrungspolitik aufzugeben; nichts liegt ihr ferner als das. Aber es gesellt sich dazu (wie unlogisch es auch scheinen mag) auch noch die *Entnationalisierungspolitik*. Nicht genug, daß man den Juden den Zutritt zu der *russischen* Kultur verwehrt – und ob solch ein Kulturübertritt für eine Sechsmillionenmasse auch bei offenem Tore mölich wäre, ist mit Recht zu bezweifeln –, man läßt die Juden auch nicht ihre *eigene* Kultur entwickeln. Also man versperrt ihnen *beide* Wege.

Die Ursache davon ist nicht schwer zu erraten. Solange die jüdische Masse sich in einem Zustand geistiger und (was besonders wichtig) politischer Stagnation bestand, brauchte sich die Regierung keine Sorgen zu machen. Das änderte sich mit einem Schlage, als die moderne Kulturbewegung des russischen Judentums entstand, das geistige Kind der großen sozialen und politischen Bewegung, die die jüdischen Volksmassen in den letzten anderthalb Jahrzehnten ergriffen hat. Wohl sind die Ansätze geistigen Erwachens, die sich schon früher bemerkbar machten, nicht zu unterschätzen; aber zur Massenbewegung wurden sie erst unter dem mächtigen Ansporn der modernen Arbeiterbewegung. Durch sie wurden neue Kulturbedürfnisse zutage gefördert. Eine Literatur entstand, eine periodische Presse – alles in der Muttersprache des russischen Judentums, die sich immer mehr aus dem verachteten »Jargon« zu einer *nationalen* Sprache emporarbeitet. Die Gettobewohner werden zu einer modernen Kulturnation. Es ist eine echt demokratische Kultur, unter dem Ansporn der Arbeiterbewegung entstanden, von der Bourgeoisie verhöhnt, von den Volksmassen getragen.

Dies kann aber der russische Polizeistaat nicht dulden. Und in

der Tat, an Repressionsmitteln ließ er es nicht fehlen. Jeder nationale Anspruch wird schroff zurückgewiesen. Der Gebrauch der Muttersprache wird untersagt. Die Kunst- und Bildungsvereine werden als staatsgefährlich von der Polizei schikaniert, bei dem geringsten Anlaß geschlossen. Die jüdischen Versammlungen, der jüdische Unterricht – das alles gilt als gemeingefährlicher Separatismus, den man ausrotten will.
So darf also der Jude weder ein Russe werden noch ein Jude bleiben. Außerhalb jedes Rechtes und jeder Kultur stehend, muß er bloß als willkommenes Erpressungsobjekt für die Polizei dienen und darin seine Existenzberechtigung finden.
Diese »Ergänzung« des Antisemitismus ist aber nicht bloß ein Monopol der Regierung, nein, in gewissen Schichten der Gesellschaft, namentlich in den Kreisen der Großindustrie, und zwar in Russisch-Polen, findet sie lebhaften Widerhall. Der polnische Bourgeois ist ausgesprochen judenfeindlich. Die paar Millionen Juden, die in Polen wohnen, will er zwar gütigst in »seinem Lande« dulden, eine jüdische Kultur aber auf keinen Fall. Selbst die angesehensten Vertreter der *Fortschrittlichen* (!) Partei fordern die unbedingte Entnationalisierung der jüdischen Massen. Sie erklären feierlich: Nur diejenigen Juden können als vollwertige und vollberechtigte Bürger angesehen werden, die sich von ihrer Nationalität lossagen und Polen werden, Polen mit Leib und Seele. Polen gehört uns – sagen die Herren Progressisten – und wir wollen nicht den Juden die Hälfte unseres Hauses abtreten. Derjenige Jude – sagt ausdrücklich der bekannte Herr Niemojewsky –, der sich unsere Kultur nicht aneignen will, hat nichts in unserem Lande zu schaffen.
Eine regelrechte Hetze wird gegen die jüdische Kulturbewegung getrieben, und mit dem alten, kleinbürgerlichen Antisemitismus der »Nationaldemokraten«, die überhaupt die Juden loswerden wollen oder wenigstens so tun, als ob sie es wollten, wetteifert der neue polnisch-nationalistische Antisemitismus der liberalen Großbourgeoisie.
Und das Ekelhafteste daran ist: an der neuen antisemitischen Hetze beteiligt sich reichlich auch die *jüdische* Bourgeoisie. Nichts kann so abstoßend wirken wie gerade dieser Typus des

jüdischen Bankiers, der sich als fanatischen Polen aufspielt und gegen die jüdischen Massen mit einem Eifer losgeht, der von tiefem Hasse gegen Volkskultur und Demokratie getragen wird.

So ist die jüdische Kulturbewegung vor allem auf die *Arbeiter* angewiesen. Wohl sind die breitesten Schichten des jüdischen Kleinbürgertums sowie der demokratischen Intelligenz national und demokratisch gesinnt, aber nicht nur national, sondern auch nationalistisch. Und gerade der jüdische Nationalismus hat sich als total unfruchtbar erwiesen. Bald weinerlich-pessimistisch, bald träumerisch-territorialistisch pendeln seine Anhänger hin und her, ohne die Kraft zu haben, um auf eigenen Füßen zu stehen. Das *organisierte* jüdische Proletariat ist das Rückgrat der Kulturbewegung, wie es das Rückgrat der politischen Bewegung ist. Zusammen mit dem allgemeinen politischen Kampfe führt es den Kampf für die Entwicklungsmöglichkeiten *seiner* demokratischen Kultur. Frei von jeder nationalistischen Demagogie verteidigt es seine Klasseninteressen, und vom Klassenstandpunkt ausgehend erstrebt es die nationale Befreiung.

6. Rosa Luxemburg

Nach dem Pogrom*

Das Lager des polnischen »Fortschritts« liegt in Trümmern. Nicht zu beschreiben ist die Verheerung, die dort durch den Bubenstreich des Narren von der ›Myśl Niepodległa‹[1] verursacht wurde. Das erbarmungswürdige Jammern und Stammeln des Herrn Kempner im zertrümmerten Kramladen ›Nowa Gazeta‹[2]; der Priester Godlewski[3], der im ›Pracownik Polski‹[4] mit dem »entarteten Sohn der Kirche«, Herrn Niemojewski[5], mit beidhändig hochgezogener Soutane leicht im fröhlichen Kontertanz hüpft; der Versöhnungspolitiker Straszewicz[6], der im realistischen ›Słowo‹[7] christlich Tränen über das Unglück des Herrn Kempner vergießt und mit dem eigenen, von seinen Mitfortschrittlern mit Blut besudelten Mantel die Nacktheit des Herausgebers der ›Nowa Gazeta‹ bedeckt – dieses ganze Chaos, diese Verwirrung und diese zerbrochene Ordnung lassen sich zu einem typischen Bild zusammenfügen: ›Nach dem Pogrom‹. Nur, daß diesmal das Bild keines aus Balta oder einem anderen elenden bessarabischen Nest ist, sondern eines aus der »Sphäre des polnischen Intellekts« in Warschau. Die Überlegenheit der Zivilisation unserer Gesellschaft über das barbarische Rußland wurde wieder einmal in unwiderlegbarer Weise bewiesen.

Nachdem sie sich von der Arbeit verschnauft und die aufgekrempelten Ärmel heruntergezogen haben, versuchen die Rowdys des »Fortschritts« – etwas verwirrt durch die Öffentlichkeit der Reaktionäre vom reinsten Wasser, die um sie herum lacht und Beifall klatscht – ein Täuschungsmanöver: Sie

---

* Po pogromie, in: Młot (Der Hammer), Nr. 10, S. 1 f., Warschau, 8. 10. 1910 – Übersetzung von Valentina-Maria Stefanski.

reden sich darauf hinaus, daß ein Mißverständnis vorläge; ihr Antisemitismus sei nur eine bösartige Verleumdung, es gehe um »Asemitismus«; und eigentlich gehe es überhaupt nicht um Juden, sondern um Sozialisten. Als sie riefen »schlage den Juden«, wollten ›Myśl Niepodległa‹, ›Prawda‹[8], ›Kurjer Poranny‹[9] eigentlich rufen: »Schlage den Sozialisten!« Solche Erklärungen geben die neuesten Nummern der ehrenwerten Organe des Rowdy-Fortschritts ab. Und in diesem Sinne erhob sich die Stimme der ›Kultura‹[10] des Herrn Świętochowski[11], der lange im Schatten verborgen geblieben war, wie es sich für einen großen Propheten geziemt, bis er schließlich unter einem Pseudonym Herrn Niemojewski mannhaft in Schutz nahm.

Wenn dieser Umschwung die Rettung des gefallenen »Fortschritts« aus den Umarmungen der christlich-versöhnlichen Endecka[12]-Reaktion zum Ziel hat, ist diese Anstrengung auffallend ungeschickt. Der antisemitische Ausbruch war allzu heftig, allzu ehrlich, sprudelte mit allzu reichlich kulturellem Schlamm hervor, als daß irgendwelche Entschuldigungen und Bemäntelungen diese Schande des polnischen »Fortschritts« wegwischen könnten. Das Pasquill in Nalewkowscher[13] Mundart auf Herrn Kempner, der doch wohl in demselben Maße Sozialist ist wie selbst Puryszkiewicz[14]-Niemojewski oder Herr Straszewicz oder auch der Priester Godlewski, und weiter die Theorie des »Antigoïsmus«, die der »jüdischen Rasse« zugeschrieben wird, die Auseinandersetzungen über die »jüdische Inquisition«, die Parole der »Entjudung« des antisemitischen Pogroms in den Sphären unseres »Intellekts«, nicht weniger klassisch und der Geschichte überliefert wie die Dokumente des berühmten Prozesses in Białystok.

Schließlich sind unsere »Fortschrittler«, wenn sie sich auf diese Weise herausreden, auch in ihrem Ablenkungsmanöver keineswegs originell, denn sie entleihen es den gleichen Rowdy-Sphären, deren Waffen und Parolen sie sich angeeignet haben.

Bereits vor dem beredten Herrn Świętochowski verkündete selbst Puryszkiewicz, wenn auch mit dem ihm entsprechenden aufgeblasenen Stil, daß auch er und seine Mitbrüder vom Bund »der wahrhaft russischen Menschen« durchaus nicht einen Krieg mit dem jüdischen Volk als solchem führen, daß sie gegen die »ruhigen Juden«, d. h. die Juden-Bankiers, die Juden-Millionäre nichts hätten, sondern sich vorgenommen hätten, »die dreisten Juden«, »die Jüdlein-Revolutionäre« auszurotten. So lautet schließlich die Theorie des Antisemitismus auf der ganzen Welt. Daß jedoch die Praxis mit dieser Theorie in Mißklang gerät, das ist schon ein fatales Los. Es ist unmöglich, in Pogrombanden jemals strenge Ordnung zu halten; die Sphären des rowdyhaften »Intellekts« halten sich leider nicht an die »Instruktionen« und schlagen nach rechts und nach links, wenn sie ihren zoologischen Instinkten einmal freien Lauf lassen. So wurden in Rußland durch die »Ungenauigkeit« unschuldiger, bescheidener Kadetten Jołłos und Prof. Hercenstein aus dem Wege geräumt, während man eigentlich auf die Umstürzler zielen wollte. Was eine gewisse Linderung für den übel zugerichteten Herrn Kempner sein soll, dem seine politischen Mitbekenner wenigstens das Leben gelassen haben, damit er mit seinen Klageliedern à la Jeremias bezeuge, daß vom fortschrittlichen Jerusalem außer den übelriechenden Trümmern nichts übriggeblieben sei.

Tatsächlich, was war denn in der letzten Zeit der bourgeoise »Fortschritt« in unserem Lande? Etwa eine Kampfflagge der politischen Freiheit? Diese Flagge hat unser »Fortschritt« schon in der Stunde seiner Geburt verraten. Eine Parole des Kampfes mit der politischen Rückständigkeit der versöhnungswilligen Endecka-Sphären? Diese Parole trat er in der Orgie des Neoslawismus mit Füßen, und dort in Prag, wo im Jahre 1848 die »panslawischen« Bajonette des Windischgrätz die Volksrevolution erstickten, erstand vor zwei Jahren ein Denkmal der »panslawischen« Schande – des polnischen Fortschritts.[15] Was ist von dieser grotesken Mißgeburt übriggeblieben? Es blieb ein Stück »geistiger Kultur« übrig, das sich Herr Świętochowski 40 Jahre lang wie eine römische Toga mit einer vornehmen Bewegung über die linke Schulter warf. Heute ist auch dieser »Lappen« im antisemitischen Pogrom zerrissen, und unter ihm schaute in abscheulicher Nacktheit die gewöhnliche Reaktion hervor. Wenn der nationale bourgeoise »Fortschritt« nicht eine so unverschämte Phrase wäre, wenn die »Kultur« dieses Fortschritts nicht ein Bettlerlappen wäre, wenn der »freie Gedanke« nicht eine Narrenkappe mit Glöckchen wäre, wenn ein Teil des bourgeoisen Polen nicht die ausgespielte Karte eines Falschspielers wäre, – hätte der Rowdy-Streich des Possenreiters aus der ›Myśl Niepodległa‹ eine sofortige Auseinandersetzung mit dem Narren durch ein Standgericht in der gesamten fortschrittlichen Presse hervorgerufen.

Ein Beispiel dafür hat es schon gegeben.
Es war im Jahre 1905. Auf den Straßen Warschaus inmitten einer großen Arbeiterschar, inmitten des Getöses des einfachen arbeitenden Volkes bemerkte man einen Unbekannten, der anfing, etwas über »Juden« zu munkeln. Weiß der Teufel, woher er kam und was er bezweckte. Aber er munkelte über »Juden«. Und da wurde es plötzlich um ihn so eng, daß er kaum atmen konnte. Im nächsten Augenblick fühlte er auf seinen Rippen einige grobe, kräftige Arbeiterhände, plötzlich befand er sich in horizontaler Lage, und die Rede über »Juden« blieb ihm zusammen mit dem Atem im Munde stecken, und er wurde so grob, schnell hinweggefegt, daß er nicht dazu kam, sich auf die langen Jahre seiner »öffentlichen Arbeit« zu berufen, noch zu erklären, um welche Juden es ihm eigentlich ginge. In jenem Augenblick wurde auf dem Warschauer Pflaster die polnische Kultur durch Arbeiterfäuste gerettet. Als jetzt innerhalb der »Sphäre des polnischen Intellekts« ein Rowdy ausrief: »Schlage den Juden!« – folgte unverzüglich ein Pogrom. Die polnische Kultur wurde bespuckt, das Lager des Fortschritts zerschlagen, die Barrieren zwischen dem »Fortschritt« und der Reaktion wurden niedergerissen. Und plötzlich befand sich die ganze bourgeoise Gesellschaft in *einem* Lager.
»Die Situation hat sich aufgeklärt«, schreibt der ›Dziennik Powszechny‹.

»Auf diese Art und Weise wurde auch eine gemeinsame Plattform gefunden, auf der alle Polen ohne Unterschied in der Überzeugung stehen können; man fand eine Parole, die für uns alle verständlich ist. Und diese Parole lautet: Juden, das sind die Feinde der polnischen Nation.«
»Doch in der Tat, die doktrinäre Freidenkerei, die Früchte der Agita-

tion und der Anstrengungen einzelner auslassend, *stimmt die ganze polnische entjudete Fortschrittlichkeit beinahe mit den politischen Programmen anderer Parteien überein.* Wenn es Unterschiede gibt, dann sind das keine grundsätzlichen, sondern zufällige, keine wesentlichen, sondern formale.«

Der Antisemitismus wurde zur gemeinsamen Plattform der Realisten der Endecka, der »christlichen« klerikalen Reaktion und der »fortschrittlichen« Freidenkerei, wurde zum gemeinsamen Schild der politischen Rückständigkeit und der kulturellen Verwilderung. Aber was versteckt sich hinter diesem gemeinsamen Schild, was ist die gemeinsame soziale und materielle Grundlage dieser geistigen Verbindung? Es ist der gemeinsame tödliche Haß auf das Lager der Arbeiterselbsterkenntnis und der Arbeiterbefreiung! Die taktische Redewendung »schlage den Juden!« im Flügel des fortschrittlichen Rowdytums sollte ein Manöver zum Verdecken der Gemeinsamkeit mit der Reaktion sein, enthüllte aber gerade am grellsten das reaktionäre Wesen unseres »Fortschritts« und die eigentliche Grundlage des Pogroms in seinem Lager.

Bisher, schreibt die ›Prawda‹, kritisierte man die Marxisten »von ungeeigneter Seite – aus den Sphären der konservativen und rückständigen Rechten. Heute schlägt die freidenkende und fortschrittliche Kritik gemeinsam mit dem Revisionismus auf sie ein, mit legaler Verteidigung auf ihre *legalen Angriffe* antwortend«.

»Und hier hilft nicht, sich ständig auf das zu berufen, was vor fünf Jahren war. Vielmehr umgekehrt: Vor fünf Jahren gab es eine Reihe tödlicher Fehler; es ist an der Zeit, sie aufzudecken, festzustellen, zu sortieren und zur Warnung künftiger Generationen in eine Vitrine zu stellen mit der Aufschrift: *Wie man Revolutionen nicht machen sollte.*

Das Jahr 1905 mit seiner fatalen Nicht-Unterscheidung zwischen politischem Umsturz und sozialer Revolution, mit seinem theoretischen Maximalismus, mit den Streik- und Enteignungsorgien, mit seiner Hegemonie der unterentwickelten und hysterischen Elemente kann nur krankhaft sentimentalen und gänzlich des politischen Sinns entblößten Menschen imponieren.

Kritische und politisch reife Menschen, die der Enormität der dargebrachten Opfer und des erwiesenen Mutes die gebotene Ehrerbietung erweisen, betrachten dieses Jahr als im Keim mißlungene und verfehlte Kampagne, sowie als ein Experiment von großer Wichtigkeit.«

Das also war des Pudels Kern! – wie es Goethes Faust sagt. Da liegt also der Hund begraben: *Abrechnung für das Jahr 1905 mit der Arbeiterklasse.* Das also ist der moralische Sinn des Rowdy-Pogroms im »Fortschritt«!
Monumental sind diese Worte, die man zur Belehrung der Arbeiter in eine Vitrine mit der Aufschrift stellen muß: *Wie sich die polnische Bourgeoisie für die Arbeiterrevolution gerächt hat.* Im heutigen Kampf der Verwilderung unserer »Fortschrittler« machte sich folglich die Erbitterung über die »Streikorgien« aus dem Jahre 1905 bemerkbar. Der vereinigte Überfall der »freidenkenden« Organe auf uns unter der Parole des Antisemitismus ist also die Vergeltung für die »Schwächung der heimatlichen Industrie« im Jahre 1905! Folglich – ihr Herren Verteidiger des »mißhandelten unglücklichen Vaterlandes« und des »freien Gedankens« – sprudelte aus eurem Munde in der Flut der persönlichen Beleidigungen und des kulturellen Schlamms eigentlich ganz einfach Wut des Hasses über die Arbeiterstreiks, Angst um die Kramläden, um die Höchst-Gewinne-bringenden Fabriken und Geschäfte, Schmerz über die um einige Pfennige erhöhten Löhne, wie sie im Jahre 1905 die Arbeiter erzwungen haben, Ärger über die verkürzten Stunden der täglichen Plackerei der weißen Neger, Gift der Rache für die Zeiten, in denen der polnische Arbeiter aufgerichtet stand, weil er eine Schar Entschlossener hinter sich fühlte, und mit seinem »Brötchengeber« »stolz« sprach, wie ein Gleicher mit Gleichem! Aus euch spricht die Wut darüber, daß ein Gefangener im Jahre 1905 es wagte, sich aufzurichten, daß er den Kopf erhob und von seiner Befreiung träumte. Die feuerfesten Kassen Wertheims – das also war eure »Kultur«! Die unbegrenzte Herrschaft unserer Ritter der »heimatlichen Industrie« über die gekrümmten Nacken der polnischen Arbeiter – das war euer »Fortschritt«! Die zügellose Freiheit der kapitalistischen Ausbeutung – das war euer »freier Gedanke«! Folglich, als ihr die Pfaffen fraßet, mit dem Herrgott Krieg führtet und das Evangelium des hl. Matthäus verhöhntet, streutet ihr nur den Arbeitern Sand in die Augen, um sie von dem Kampf mit der irdischen Ausbeutung und vom Evangelium des Sozialismus ab-

zubringen! Die Verteidigung der Heiligkeit der Unberührbarkeit des Kapitals, die Verteidigung des Jochs der proletarischen Knechtschaft – das ist also die »gemeinsame Plattform«, auf der sich plötzlich unsere »Freidenker« mit den Klerikalen und den Versöhnungspolitikern vereinigt haben in dem gemeinsamen Geschrei: »Schlagt den Juden!« Und hier gehen die »Fortschrittler« nur auf den Müllplatz der Endecka über. Denn sie war es, die schon im Jahre 1905 die Parole der Verteidigung »der heimatlichen Industrie« vor den »Streikorgien« verkündet hat, die schon damals Schlägertruppen für die meuchelmörderischen Auseinandersetzungen mit bewußten Arbeitern bewaffnet hat. Und hier schleppt sich mühsam unser »Fortschritt« als letzter hinter den anderen her, wie ein Marodeur und Troßknecht des Lagers der Reaktion.

Aber jetzt verstehen die Arbeiter endlich, weshalb der Ausbruch der »Freidenker« so plötzlich erfolgte. Das scheinbar unerwartete und unverständliche Programm wird ein logisches Ergebnis der Psychologie unserer Wächter der kapitalistischen »Kultur«.

Unterdessen brachte der Frühling dieses Jahres für unsere Ritter der »Kultur« finstere Vorzeichen. Die »Streikorgie« schien langsam von neuem zu beginnen. Die Arbeitermasse begann, sich zu bewegen, aus der Erstarrung aufzuwachen, den Kopf zu erheben und die demütige Passivität abzuschütteln. Und zum Überfluß meldete sich das legale Organ der Interessen dieser Arbeitermassen, das Organ zum Schutz der durch die bourgeoise »Kultur« ausgebeuteten und Getretenen, das Organ des »freien Gedankens« des Proletariats, – fand sich die ›Trybuna‹[16], die Stimme der Parias der polnischen »Kultur«. Die Hoffnungen der Parasiten der Ausbeutung wurden also bitter enttäuscht. Die Angst vor künftigen Zusammenstößen mit dem Arbeiter, der zeigte, daß er lebt, erneuerte den Haß wegen der frischen, kaum vernarbten Wunden des Kapitals. Und da brach die Wut dieses bourgeoisen Hasses aus, die eigenen Banner mit Füßen tretend, die eigenen ideologischen Lappen zerreißend, plötzlich die ganze geistige Verwilderung der Gesellschaft entblößend, deren ekelhaftes historisches Schicksal in unserem Lande die Existenz eines Vampirs an den Hälsen von Millionen war und ist.

Und diese »Sphären des polnischen Intellekts«, die den Namen Polens zuerst in Petersburger Vorzimmern, später in der III. Duma, vor kurzem in dem panslawistischen Prag belasteten, die schließlich über unser Land – das einzige im Staat, das in den Jahren 1905 und 1906 nicht wußte, was eine antisemitische Hetze ist – die Schande des »intellektuellen« jüdischen Pogroms brachten, diese Sphären erlauben sich heute, den Namen Polens in den Mund zu nehmen und die »schmerzhafte unglückliche Nation« vor dem Sozialismus zu verteidigen! Die Arbeiter haben heute die Gelegenheit, den wahren Geist dieses »Fortschritts« und dieses »freien Gedankens« kennenzulernen, und wenn sie sich wieder laut in Massen melden, wird ihre erste patriotische Tat ein donnerndes Wort in Richtung dieser »Sphären des Intellekts« sein:

Fort vom Namen Polens und von der polnischen Kultur, Ihr Kettenhunde des Kapitalismus!

Die »Streikorgie« war seit dem Jahre 1907 verstummt. In den Fabriken und Vorwerken herrschte die alte »Ordnung« und unter dem Arbeitervolk die alte Not und Bedrückung. Die Herren vom »freien Gedanken« und von der »Kultur« meinten, daß die »im Keim mißlungene und verfehlte Kampagne« für immer »verfehlt« bleiben würde. Sie rechneten damit, daß die Wirkung der Repressalien und Aussperrungen die Arbeiter gründlich von ihrem »Stolz« geheilt habe. Sie vermuteten, daß die Arbeitermasse geknebelt, hinter die Szene des gesellschaftlichen Lebens geworfen worden war, zurück in die Unterwelt der Arbeit, der Not und der Demut.

Anmerkungen

1 ›Myśl Niepodległa‹ (Unabhängiger Gedanke), gesellschaftspolitische Zeitschrift, herausgegeben in Warschau 1906–1931.
2 ›Nova Gazeta‹ (Neue Zeitung), herausgegeben in Warschau 1906 bis 1919; Organ der ›Stronnictwo Postępowej Demokracji PD‹ (Fortschrittlich-Demokratischen Partei), die 1905 von Aleksander Świętochowski gegründet und geführt wurde und der u. a. die Brüder S. und W. Kempner, Henryk Konic angehörten.

3 Marcel Godlewski, einer der Organisatoren und Führer der Vereinigung christlicher Arbeiter (›Stowarzyszenie Robotników Chrześcijańskich‹).
4 ›Pracownik Polski‹ (Polnischer Arbeiter – das Wort ›pracownik‹ umfaßt sowohl körperliche wie auch geistige Arbeiter), herausgegeben in Warschau 1906–1939, Organ der ›Stowarzyszenie Robotników Chrześcijańskich‹ (Vereinigung christlicher Arbeiter).
5 Andrzej Niemojewski (Pseud. Lambro), 1864–1921, Schriftsteller, Religionswissenschaftler; Redakteur der ›Myśl Niepodległa‹.
6 S. Ludwik Straszewicz, 1857–1913, Schriftsteller und Publizist; zunächst mit sozialistischen Gruppen verbunden, später Anhänger des Positivismus; ab 1898 Chefredakteur des ›Kurier Polski‹.
7 ›Słowo‹ (Wort), konservative informatorisch-politische Tageszeitung, herausgegeben in Warschau 1882–1919.
8 ›Prawda‹ (Wahrheit), gesellschaftliche, politische und literarische Wochenzeitung, herausgegeben in Warschau 1881–1915; Organ der Positivisten.
9 ›Kurier (Kurjer) Poranny‹, Tageszeitung, herausgegeben in Warschau 1877–1939 (Morgenkurier).
10 ›Kultura Polska‹ (Polnische Kultur), herausgegeben in Warschau 1908–1912.
11 Aleksander Świetochowski, 1848–1938, Schriftsteller, Publizist und Historiker, Theoretiker und führender Repräsentant des polnischen Positivismus, Redakteur u. a. der ›Prawda‹ 1881–1902.
12 Nationaldemokratische Partei, Nationaldemokraten (1897), nach den Anfangsbuchstaben ND ›Endecka‹ genannt.
13 Nalewki, ehemaliger Stadtteil Warschaus mit überwiegend jüdischer Bevölkerung.
14 Władimir M. Puriszkiewicz (Puryszkiewicz), 1870–1920, russischer Politiker, Monarchist; 1905–1907 Mitbegründer der Organisation der antisemitischen Schwarzhundertschaften, 1907–1917 Abgeordneter der Duma; beteiligt an der Ermordung G. Rasputins; 1918–1920 einer der Anführer der Konterrevolution.
15 Gemeint ist der Slawenkongreß vom 12. bis 18. Juli 1908 in Prag.
16 ›Trybuna‹ (Tribüne), ab April 1910 in Warschau herausgegebene gesellschaftliche, politische und literarische Wochenschrift, die jedoch in Berlin von Jan Tyszka redigiert wurde und ihren Titel der Reihe nach, wie folgt, änderte: ›Młot‹, ›Wolna Trybuna‹, ›Nasza Sprawa‹, ›Wolny Głos‹, ›Praca‹, ›Nasze Drogi‹ (bis 25. 11. 1911).

7. Rosa Luxemburg

Rückzug auf der ganzen Linie[*]

Nach dem Kampfposaunen des jüdischen Pogroms in unserem »Fortschritt« ertönt die Trompete zum Rückzug. Wie nach jedem Pogrom trat der unvermeidbare »Katzenjammer« ein – das Gefühl des eigenen moralischen Ruins und der politischen Schande.

Die Fortschrittliche Vereinigung[1] versucht ihr zerschlagenes Lager durch einen eiligen Rückzug zu retten. Im Organ der Vereinigung ›Prawda‹[2] erfahren wir, daß der »fortschrittliche Antisemitismus« eine »Legende« sei und nichts mehr:

»*Einige* fortschrittliche, *selbständige* und *nur für sich selbst verantwortliche Publizisten* haben sich in die vorderste Linie des Kampfes vorgeschoben, der der polnischen Gesellschaft durch die Theorien und Praktiken der Herren Grossers[3], Warski[4] *e tutti quanti* aufgezwungen wurde. Die Attacke, mit der sie hervortraten, hatte gewissermaßen das Merkmal eines *irregulären Partisanenkrieges,* die sich selbst an die Grenze vorschob, sogar *über die Grenze der strategischen Linie hinaus,* die klar, entschieden und deutlich durch die Beschlüsse der Polnischen Fortschrittlichen Vereinigung gezogen wurde.«

Mit anderen Worten: Um sich vor der Schande des antisemitischen Pogroms zu retten, distanziert sich »die Fortschrittliche Vereinigung« mit Gewalt von der ›Myśl Niepodlegla‹[5], wäscht sich die Hände wie Pilatus in Unschuld, indem sie erklärt, daß der Pogrom ein »irregulärer Partisanenkrieg« gewesen sei und die Herrschaften Niemojewski[6], Moszczeńska[7] und Rzymowski[8] »nur für sich selbst verantwortlich sind«.

---

[*] Odwrót na całej linji, in: Młot (Der Hammer), Nr. 11, S. 9 f., Warschau, 15. 10. 1910 – Übersetzung von Valentina-Maria Stefanski.

Im Klartext bedeutet das: *Das Rowdy-Trio Niemojewski, Moszczeńska und Rzymowski erhält von der Fortschrittlichen Vereinigung einen Tritt*, und das in derselben ›Prawda‹, in der sie sich eine Nummer zuvor noch breitgemacht haben. Dagegen wird der zerfetzte Herr Kempner wieder in den Schoß der »fortschrittlichen« Kirche aufgenommen, und sogar Herr Wasercug vom ›Izraelita‹, der sich demütig in dieser Nummer der ›Prawda‹ entschuldigt, daß er den fortschrittlichen Rowdys »jüdisches« Geld vorgehalten hat, wird wieder der Ehre des Verkehrs mit dem polnischen »Fortschritt« zuteil.
Solch eine Schändung hat plötzlich Herr Niemojewski mit seinen Mit-Rowdies in seinem eigenen Lager erlebt! Zuerst hat ihm das ganze Lager mit der ›Prawda‹, dem ›Kurjer Poranny‹[9] u. ä. zugestimmt und sich in den Pogrom gestürzt; als aber die moralische und politische Ruine unübersehbar wird, werfen sie ihn selbst zur Tür hinaus und laden die ganze Schande auf seine und Frau Izas Verantwortung! Zur Freude verbleibt ihm eins, die Überzeugung, daß er im »Fortschritt« nicht umsonst »gewirkt« hat. Wenn sie ihn jetzt »hinter die strategische Linie« der Fortschrittlichen Vereinigung vertreiben, erfolgt dieses verzweifelte Manöver im Geiste der berühmten Strategie des Rożdiestwieński *zu spät*. Das im Lager des »Fortschritts« enthüllte Bild der kulturellen Verwilderung und der politischen Reaktion verwischen jetzt keine Versöhnungen mit Herrn Kempner und Wasercug. Der antisemitische Ausbruch »zerriß die Brust« unseres Fortschritts, die ganze Welt hat in sie geblickt und fand im Herzen einen »Knäuel Würmer« und »spuckte diesem Herzen ins Gesicht«.
›Die Fortschrittliche Vereinigung‹ erwägt in ihrem eiligen Rückzug auch überaus verzweifelte Möglichkeiten. Um doch jemand die Schuld für den Ausbruch des rowdyhaft-fortschrittlichen »Partisanenkrieges« geben zu können, zieht sie die Ausführungen des Herrn Grosser aus der Wilnaer ›Wiedza‹[10] hervor, die in der letzten Diskussion keiner mehr erhoben oder verteidigt hat, und versucht den Standpunkt jener Ausführungen mit dem Standpunkt von Warski und ›Młot‹ zu vermischen. Diese Mystifikation ist ziemlich ungeschickt, da bekannt ist, daß zwischen

unserem Lager und den Freunden des Herrn Grosser in der Judenfrage grundsätzliche Unterschiede auftreten, die bereits in der Presse erörtert wurden. Es genügt, die Nummer 8 der ›Trybuna‹[11] vom 21. Mai d. J. in die Hand zu nehmen, deren Leitartikel deutlich mit Herrn Grosser polemisiert:

»Die jüdischen Arbeiter assimilieren sich vollständig anders und mit anderer Kraft – mit Hilfe der Sprache und der jüdischen Presse, *oft gegen den Willen ihrer Fürsprecher von der Art des Herrn Grosser* – mit dem polnischen Proletariat.«

Und der Schluß des Artikels resümiert den Standpunkt der Zeitschrift in folgender eindrucksvoller, alle Mißverständnisse ausschließender Weise:

»Wir zweifeln nicht, daß das fortschrittliche jüdische Element, vor allem das jüdische Proletariat früher oder später begreifen wird, daß es auf demselben Boden mit der polnischen Bevölkerung lebend und wohnend angesichts der Hoffnungslosigkeit der Entwicklung der jüdischen Kultur sich an die polnische Kultur in polnischer Sprache *gewöhnen muß.* Aber gleichzeitig müssen wir daran denken, daß die *jüdischen Massen zu dieser Überzeugung nicht durch Zwangsmittel kommen dürfen,* sondern unter dem Einfluß der wirtschaftlichen und kulturellen Entwicklung sowie der Entwicklung des eigenen Bewußtseins.«

Im ›Przegląd Socjaldemokratyczny‹[12] von Dezember 1908 lesen wir in der Abhandlung ›Nationalitätenfrage und Autonomie‹ folgende grundsätzliche Kritik des Programmes der nationalen Eigenart der Juden:

»Die jüdische nationale Eigenart stützt sich in Rußland und in Polen hauptsächlich auf das sozial rückständige Kleinbürgertum, auf die Kleinproduktion, den Kleinhandel, das kleinstädtische Leben und – laßt uns in Klammern hinzufügen – auf die enge Verschmelzung der gegebenen Nationalität mit dem Element des Bekenntnisses. Es äußert sich die jüdische nationale Eigenart, die die Grundlage der nichtterritorialen jüdischen Autonomie sein soll, nicht in der Form der bourgeoisen Eigenart der Großstadtkultur, sondern in der Form der kleinstädtischen Unkultur. Selbstverständlich kommen alle Bemühungen in Richtung einer ›Entwicklung der jüdischen Kultur‹ nach der Initiative einer Handvoll Publizisten und Übersetzer des Jargons nicht in Betracht. Die einzige *Erscheinung der wahren modernen Kultur auf jüdischer Grundlage, die sozialdemokratische Bewegung des jüdischen Proletariats* kann aus seiner Natur *am wenigsten den historischen Mangel der bourgeoisen Nationalkultur der Juden ersetzen, da sie selbst eine Erscheinung der Kultur von internationalem* und *proletarischem Kern* ist.«

Somit sind die Märchen der Fortschrittlichen Vereinigung in der ›Prawda‹ – daß seine assimilatorischen Beschlüsse in der »extremen Linken« und besonders im ›Młot‹ »starke Verbitterung« hervorgerufen hätten und daß der ›Młot‹ »brutale Schläge sowohl gegen die polnische Freidenkerpropaganda als auch gegen die Assimilierung im Fortschrittslager« ausgeteilt habe – das Gelalle Schiffbrüchiger, die vom Feld der eigenen Schmach fliehen, das nur Mitleid erwecken kann. Das polnische Arbeiterlager sorgt sich mit Verlaub soviel um »die Assimilierung im Fortschrittslager«, d. h. um die geistigen Akkorde der Herren Świetochowskis[13] und Rzymowskis mit den Herren Kempners und Konics wie ein Hund um das fünfte Bein. *Habeant sibi* oder auf polnisch: Gold, geh zu Gold! Wir schenken dieser gemeinsamen »Assimilierung« von ganzem Herzen auch Herrn Wasercug dazu. Wogegen der ›Młot‹ seine »brutalen Schläge« richtet und weiter richten wird – das ist die »Assimilierung« *dieses* polnisch-jüdischen mit Verlaub »Fortschritts« mit dem reinsten Wasser der Reaktion, das sind die »Akkorde« dieser Ideologen der polnisch-jüdischen Bourgeoisie mit der Repräsentation der versöhnlerischen und national-demokratischen Rückständigkeit.
Die Episode des Rowdy-Pogroms hat gerade diese progressiv-reaktionäre »Assimilation« in monumentaler Weise unterstrichen, und heute löscht kein Manöver – auch nicht das Hinauswerfen des kompromitierendsten Rowdy-Trios aus dem offiziellen Lager des »Fortschritts« – diese Fakten aus dem Bewußtsein der Arbeiterklasse aus.

Anmerkungen

1 Polnische Fortschrittliche Vereinigung, Polskie Zjednoczenie Postępowe PZP, Gruppierung der liberalen Bourgeoisie und Intelligenz in Kongreßpolen (1910).
2 ›Prawda‹ (Wahrheit), gesellschaftliche, politische und literarische Wochenzeitung, herausgegeben 1881–1915 in Warschau; Organ der Positivisten.
3 Bronisław Grosser (Pseud. Sławek), 1883–1912, Aktivist der Arbeiterbewegung, Mitglied des Zentralkomitees des ›Bund‹ und Redakteur von dessen Zeitschriften ›Głos Bundu‹, ›Nasze Hasła‹, ›Lebensfragen‹; Mitarbeiter der ›Wiedza‹.
4 Adolf Warski (eig. Adolf Jerzy Warszawski, Pseud. Michałkowski u. a.), 1868–1937 (?), Publizist, Arbeiterführer, Mitbegründer und führendes Mitglied der Sozialdemokratie Kongreßpolens und Litauens (SKPiL) (1900), dann der Kommunistischen Partei Polens (1918), in der Sowjetunion unter falscher Anklage hingerichtet, nach 1956 rehabilitiert.
5 ›Myśl Niepodlegla‹ (Unabhängiger Gedanke), gesellschaftlich-politische Zeitschrift, herausgegeben in Warschau 1906–1931.
6 Andrzej Niemojewski (Pseud. Lambro), 1864–1921, Schriftsteller, Religionswissenschaftler; Redakteur der ›Myśl Niepodległa‹.
7 Izabela Moszczeńska-Rzepecka, 1864–1941, gesellschaftliche Aktivistin; ab 1902 im Bildungswesen, u. a. im Schulstreik (1905).
8 Wincenty Rzymowski, 1883–1950, Publizist, Politiker.
9 ›Kurier (Kurjer) Poranny‹, Tageszeitung, herausgegeben 1877–1939 in Warschau.
10 ›Wiedza‹ (Wissen), politisch-gesellschaftliche, populärwissenschaftliche und literarische Wochenschrift, herausgegeben 1906–1910 in Wilno; Zeitschrift der PPS-Linken; Redaktion: D. Rymkiewicz, T. Rechniewski, L. Krzywicki, A. Strug, S. Posner, N. Gąsiorowska.
11 ›Trybuna‹ (Tribüne), ab April 1910 in Warschau herausgegebene gesellschaftliche, politische und literarische Wochenschrift, die jedoch in Berlin von Jan Tyszka redigiert wurde und ihren Titel der Reihe nach wie folgt änderte: ›Młot‹, ›Wolna Trybuna‹, ›Nasza Sprawa‹, ›Wolny Głos‹, ›Praca‹, ›Nasze Drogi‹ (bis 25. 11. 1911).
12 ›Przeglad Socjaldemokratyczny‹ (Sozialdemokratische Rundschau), Monatszeitschrift, zentrales theoretisches Organ der Sozialdemokratie Kongreßpolens und Litauens (SKPiL), herausgegeben 1902–1904 in Berlin und 1908–1910 (Nr. 1–19) in Krakau.
13 Aleksander Świetochowski, 1848–1938, Schriftsteller, Publizist und Historiker, Theoretiker und führender Repräsentant des polnischen Positivismus, Redakteur u. a. der ›Prawda‹ 1881–1902.

8. Rosa Luxemburg

›Diskussion‹*

»Ich bitte ums Wort!« rief der Herr Kommissar aus Klecko,
Ein junger gut aussehender Mensch, nach deutscher Mode gekleidet.
Er hieß Buchman, war aber Pole, in Polen geboren.
»Ich bitte ums Wort«, wiederholte er, räusperte sich zweimal,
Verneigte sich und brummte mit sonorer Stimme:
»Meine Vorredner haben in ihren beredsamen Ausführungen
Alle entscheidenden und wichtigen Punkte berührt,
Die Diskussion auf eine höhere Ebene gehoben.
Mir verbleibt nur eins, die im Brennpunkt
Aufgeworfenen treffenden Gedanken und klugen Urteile aufzugreifen:
Ich habe die Hoffnung, auf diese Weise die widersprüchlichen Meinungen zu einigen.«

Wahrlich, es geschehen bei uns Dinge, von denen kein Philosoph je träumte. Als in der Freidenkerpresse ein unzurechnungsfähiges Individuum mit dem Ausruf »drauf auf den Juden!« vorpreschte, trat im Lager des polnischen Fortschritts nicht – wie es die ganze Welt erwartete – ein Standgericht über den Rowdy, sondern ein »intellektueller« Judenpogrom ein, und da es sich nach dem Pogrom erwiesen hat, daß das Lager des polnischen Fortschritts ein Bild des Elends und der Verzweiflung bietet und der linken Presse allein die Liquidierung der freidenkenden »Konkursmasse« verbleibt, beginnt auf der Stelle in einem gewissen Teil der linken Presse »eine sachliche und ernsthafte Diskussion« – über die Judenfrage! Eine Diskussion über »die Judenfrage« unter dem Patronat von Puriszkiewicz,[1] »eine

---

* ›Dyskusja‹, in: Młot (Der Hammer), Nr. 14, S. 5–7, Warschau, 5. 11. 1910 – Übersetzung von Valentina-Maria Stefanski.

Diskussion« im Sitzen auf zerschlagenen Koffern und inmitten zerrissener »fortschrittlicher« jüdischer Federbetten, »eine Diskussion« auf dem Straßenpflaster, bedeckt mit frischem Gerümpel des Pogroms und bei ununterbrochener Katzenmusik des Schwarzhunderters[2] in der ›Myśl Niepodlega‹![3] Man muß schon tatsächlich einen unwiderstehlichen Drang zur Schreibsucht haben, um Vorfälle dieses Ausmaßes und Zuschnitts, wie die letzte Katastrophe im Lager des Fortschritts, lediglich als Anlaß zum Füllen einiger Spalten Papier mit Druckerfarbe und mit der Absicht zur Eröffnung »einer Diskussion« zu nehmen. Wir nehmen es wirklich der ›Społeczeństwo‹[4] nicht allzu übel, wenn sie sich, da sie uns wegen des »üblen Tons« – mit dem »beide Seiten« angeblich gesündigt haben – ungern sieht, mit einem ernsten Gesicht zur Meditation über die »Judenfrage« in gutem Ton anschickt. Heine sagte einmal über die berühmte »Schule« der deutschen »Romantiker«, die sich über die »Amoralität« seiner Poesie und Sitten empörten, daß sie dafür außer der Jungfernschaft nichts anderes besäßen. Manchmal ist der »gute Ton« die einzige Mitgift, und wir werden nicht versuchen, jemandem diesen Schatz zu entreißen. Daß im gegebenen Fall die Antwort Heines richtig ist, beweist schon die erste Stimme in der »objektiven« Diskussion über die Judenfrage im ›Społeczeństwo‹, die über die Unentbehrlichkeit des *Militarismus* und des gegenwärtigen *Nationalismus* belehrt, demgegenüber »die Verbreitung kosmopolitischer Parolen unmöglich und hoch apolitisch erscheint«. In höflicher Übereinstimmung mit Herrn Niemojewski[5] wird hier der »Vorwurf« dieses Herrn, »die Schädlichkeit der Propaganda kosmopolitischer Parolen *besonders in unseren Verhältnissen* betreffend«, als »außerordentlich interessantes« Thema zur »Durchführung einer zweckvollen, sachlichen Diskussion« anerkannt, aber – »*natürlich!*« – »nicht in *dem Ton*, in dem die Diskussion zwischen ›Myśl Niedpodległa‹ und ›Młot‹ geführt wird! Und dies alles unter dem Zeichen »eines aufrichtig linken Standpunkts«, wie die Redaktion ernsthaft versichert.

Daß bei dieser Art von »ernsthaftem« Federschwingen auf geduldigem Papier die Feder sich gleich gut rechts wie auch links tummeln kann, wundert uns nicht. Aber wir müssen die fürwahr kindliche politische Orientierungslosigkeit bewundern, die Leuten von »aufrichtig linkem Standpunkt« erlaubt, sich überhaupt in dieser Situation mit todernstem Gesicht an die Diskussion über »die Judenfrage« heranzuwagen, und wir müssen diesen beredten Herren Buchmans in Erinnerung bringen, wie in dem bekannten Märchen:

Hört auf, Jungen, denn ihr treibt ein übles Spiel,
Für Euch ist das Spielerei – uns geht es um das Leben.

»Um das Leben« geht es natürlich dem Arbeiterlager nicht, dem die antisemitischen Ausbrüche des »Fortschritts« soviel Schaden zufügen können wie das Gesumme einer Mücke, aber es handelt sich um einen ernsten Vorfall innerhalb der polnischen bourgeoisen Gesellschaft. Die Auseinandersetzung mit Herrn Niemojewski und den ihm Beifall spendenden Organen der fortschrittlichen Presse – das ist nicht ein Thema für literarische Übungen, das ist *ein politischer Kampf,* das ist ein Zusammenstoß sozialer Parteien, Interessen und bestimmter Tendenzen. Das ist ein Ausbruch eines so grundsätzlichen Antagonismus zwischen der sozialen Reaktion und der wahren Kultur und des Fortschritts, wie der Antagonismus zwischen Proletariat und dem es ausbeutenden Kapital, bei dem die Hoffnung »gegenseitiger Verständigung« und »Überzeugung« nur geschwätzige Kommissare aus Klecko hegen können.

Das ist schon das neueste Material zur »sachlichen und ernsthaften Diskussion«:

»Vor allem muß man sich darüber klar werden, was Judentum bedeutet. Semitismus, Judentum, sogar das, welches der *Israeli* repräsentiert, ist ein Synonym für Mesquinerie, Korruption, Servilismus, Prostration und Perversion.« (Myśl Niepodległa, Nr. 150, S. 1462)

»Der polnische Demokratismus und der polnische Patriotismus sind gegenüber dem Mosaismus und Semitismus dasselbe wie Kultur und Zivilisation gegenüber Rückständigkeit und Barbarei, wie Freiheit und Gerechtigkeit gegenüber Sklaverei und Despotismus, wie Rationalismus und der freie Gedanke gegenüber Offenbarung und Dogma. *Also heißt polnischer Demokrat sein, ein Feind des Judentums sein – heißt Antisemit sein.«* (S. 1463)

»Wenn wir Protestantismus als Atheismus bezeichneten, Katholizismus als Pantheismus, dann wäre der Mosaismus eine Art Animismus oder

Fetischismus oder religiöse Magie. Also ist der Kampf mit dem Mosaismus (und dem Judentum) nicht nur ein humanitärer Kulturkampf, sondern etwas hundertfach Edleres und hundertfach Vordringlicheres.« (S. 1464)

Dieser ganze Erguß, der ein monumentaler Beweis der »Legende vom fortschrittlichen Antisemitismus« ist, trägt den Titel: »*Antisemitismus als Kampf um die Kultur*«. Es scheint, daß es als einzige Antwort eines tatsächlich ernsthaften und »ehrlich linken« Menschen auf diese Fieberphantasien nur eine Erklärung geben kann:
Wenn wir Protestantismus als Atheismus bezeichneten, Katholizismus als Pantheismus und Mosaismus als Fetischismus oder Animismus oder religiöse Magie, dann müßte man die Freidenkerei des Herrn Niemojewski und der ihm beipflichtenden polnischen »Demokraten« als unverschämtes Trommeln auf Worten ohne Sinn oder als bestialischen Idiotismus oder als geistige Depravation typischer Schwarzhunderter bezeichnen.
Aber es gibt noch andere Herkules-Säulen dieser Verwilderung: Es zeigt sich, daß Herr Niemojewski dieses ganze *Credo* von den Meistern des internationalen Sozialismus geerbt hat, und die Vorfahren der Myśl Niepodległa sind nicht der verstorbene Jan Jeleński mit seinem Cousin Puriszkiewicz, sondern *Marx* und *Lassalle*, wie auch ihre Schüler: Kautsky, Mehring und andere. Was? Ist das nicht ein »außerordentlich interessanter« Gedanke. Wir bitten um »ernsthafte und sachliche Diskussion« bei dieser Zügellosigkeit...
Zwar war es gerade Karl Marx, der in seiner Abhandlung aus dem Jahre 1843 gegen die Hegelianer Bauer und Feuerbach zum ersten Mal die Judenfrage aus der *Religions-* und *Rassen*sphäre auf die *soziale* Grundlage geführt hat, indem er nachwies, daß das, was gewöhnlich als »Judentum« bezeichnet und verfolgt wird, *nichts anderes ist als der Schacher- und Betrügergeist,* der in *jeder* Gesellschaft auftritt, in der *Ausbeutung* herrscht, ein Geist, der aufs beste in den neuzeitlichen »christlichen« Gesellschaften blüht, so daß die Judenemanzipation vor allem eine Emanzipation der Gesellschaft von *diesem* »Judentum«, d. h. die *Abschaffung der Ausbeutung* ist.

Zwar beruht das ganze Wesen der Lehre von Marx und Lassalle und ebenso ihrer hervorragendsten Adepten Kautsky, Mehring und anderer auf der Vernichtung der Begriffe von Rasse und Nation als nicht differenzierten »anthropologischen Gruppen«, auf der Spaltung dieser Begriffe durch den Kaiserschnitt der analytischen Marxschen Methode zu differenzierten *Klassen*, auf dem aus dem Inneren der Mystifikation über »Nation« und »Rasse« als homogene Ganzheiten Zutage-Fördern dieser strengen Antagonismen, die an den Eingeweiden jener »anthropologischen Gruppen« zerren.

Zwar bestehen für die gesamte vom Geiste Marx' und Lassalles durchdrungene internationale Sozialdemokratie, besonders für die deutsche, auf der ganzen heutigen Welt eigentlich »nur *zwei Nationen*« – die der *Ausbeuter* und die der *Ausgebeuteten* – und nur *zwei Religionen* – die *Religion des Kapitals* und das Evangelium der *Befreiung der Arbeit*.

Zwar brandmarken alle deutschen Judenfresser, angefangen beim damaligen kaiserlichen Prediger und Meineidigen Stoecker und endend bei Pückler, dem verrückten Berliner Pflastertreter vom Schlage eines Herrn Niemojewski, ständig die deutsche Sozialdemokratie als »verjudet« und »antinational«, gerade deshalb weil ihre Gründer die »Juden-Kosmopoliten Marx und Lassalle« waren.

Aber in der ›Myśl Niepodległa‹ geht es zu wie in jener »verdrehten Welt« von Gullivers Reisen, in der Pferde auf Menschen reiten. Hier erfährt die Welt, daß Marx und Lassalle Antisemiten waren, daß daher die deutsche Sozialdemokratie mit Bebel, Liebknecht, Singer, Auer an der Spitze, die den Antisemitismus als barbarisches reaktionäres Unkraut bekämpft – wie man sieht – ihren Meistern und Schöpfern untreu geworden ist, ihre Erben aber in gerader Linie Herr Niemojewski in Warschau und Vater Eulogjusz an der Neva sind.

Dieses verantwortungslose, ungereimte Zeug ist ein typisches Bild der geistig-moralischen Verwirrung, das nur auf antisemitischem Morast aufblüht. Wieviel geistige Autorität und politische Erwägung braucht man folglich, um angesichts solch geistiger Verwilderung zu erklären: »Die Zeit ist gekommen, um die von Herrn Niemojewski aufgestellten Vorwürfe *sine ira et studio* zu prüfen; falls sie berechtigt sind, muß man sie zur Kenntnis nehmen und das Verhalten ändern; falls sie aber unbegründet sind, muß man die Fehler im Räsonieren aufzeigen und erklären, worauf diese Fehler beruhen.« Was für eine tiefe Auffassung der Sache kommt zum Ausdruck in diesem Heranwagen an die ernsthafte und objektive Diskussion mit dieser Art Mentalität zwecks »Überzeugung« mit verstandesmäßigen Argumenten dort, wo es sich um einen elementaren Ausbruch blinder zoologischer Instinkte von Individuen handelt, in denen sich die gesellschaftliche Reaktion gewisser Sphären widerspiegelt, wo es sich um den Sturmbock des Kampfes mit dem Sozialismus handelt, um Abrechnungen mit der »Streik-Orgie«, wie die ›Prawda‹[6] offen geschrieben hat.

Und – laßt uns hinzufügen – wieviel persönliche Würde »aufrichtiger Linker« strahlt diese »objektive« Plauderei zwischen den Verfolgern und den Opfern des Pogroms aus: Denn siehe da, auch Herr Kempner eröffnete in der ›Nowa Gazeta‹[7] bereits »Spalten« für Zeugnisse »katholischer« Fortschrittler und für eine »ernsthafte« Diskussion darüber, ob es sich geziemt, den Juden die Peies auszureißen oder nicht – selbstverständlich nur »intellektuell«, wie denn sonst! –, ob es sich geziemt, die »Juden« in Bausch und Bogen für ehrlos zu erklären, ob es sich geziemt, Pasquille in Nalewkowscher Mundart[8] zu schreiben, und ob »Judentum« ein Synonym für Perversion ist. Nun, wie wäre es denn, wenn wir eine »sachliche und ernsthafte Diskussion« beginnen würden: über die polnische Frage mit Herrn Dubrowin, über die Region Chełm[9] mit Herrn Markow II., über das Versammlungs- und Vereinsrecht mit Meller-Zakomelski, über das Verfassungswesen – *mit dem Polizeidepartement?* Ist nicht etwa »die Zeit gekommen«, um die von jener Seite aufgestellten »Vorwürfe« *sine ira et studio* zu prüfen; »falls sie berechtigt sind, muß man sie zur Kenntnis nehmen und das Verhalten ändern; falls sie aber unbegründet sind, muß man die Fehler im Räsonieren aufzeigen und erklären, worauf diese Fehler beruhen«. Würden es die Herren Kommissare aus Klecko nicht gele-

gentlich übernehmen, das Polizeidepartement auf »Fehler im Räsonieren« hinzuweisen?
Hier haben wir den Kernpunkt der Sache berührt. Die Buchmanns, die in jedem gesellschaftlichen Vorfall nur eine Gelegenheit sehen, um »mit sonorer Stimme etwas zu brummen«, begreifen natürlich nicht im geringsten, daß sie, indem sie in ihrer ernsthaften »Diskussion« über die Judenfrage leidenschaftlich nur »den guten Ton« wahren, allein durch das Aufwerfen dieser Frage unbewußt eine politische Rolle mit einem sehr, sehr üblen »Ton« spielen.
In welcher Situation kam es ehemals zur Diskussion über die Judenfrage in Deutschland. Es war zu Beginn des fünften Jahrzehnts des letzten Jahrhunderts, als in Deutschland das undurchdringliche Dunkel der Reaktion des Vormärz herrschte. Die Schläfrigkeit der bourgeoisen Klasse und der eiserne Druck der absolutistischen Zensur trugen das Ihre zur friedhöflichen Erstarrung des politischen Lebens bei. Nur in der Sphäre des »Geistes«, auf dem Gebiet der Philosophie fanden Kämpfe statt, erschallte der Lärm der Ideenkämpfe als fernes Echo des heraufziehenden politischen Sturmes. Die ethisch-philosophische Übung bereitete die Märzbarrikaden vor, und der Kampf um die »Kategorien«: Mensch, Bürger, Staat, Religion, war das Vorgefecht der Kämpfe um politische Rechte. Inmitten dieser Turniere in philosophischen Höhen tauchte die Judenfrage auf, und Marx *beendete* die Diskussion darüber, indem er sie aus diesen Höhen in das gesellschaftliche Tal mit dem Hinweis herunterzog: Die endgültige Judenemanzipation sei die Emanzipation der Menschheit von der Ausbeutung des Kapitals. Das war das *Ergebnis* der Diskussion großer deutscher Geister.
Nach 60 und mehr Jahren, im Jahre 1905 stellte sich die »Judenfrage« erneut – diesmal in Rußland und diesmal unter anderen Umständen.
Marx' Erben haben sie nicht aufgenommen. Im Gegenteil, für sie war die Feststellung, mit der Marx die Diskussion im Jahre 1843 beendete, ein neuer Ausgangspunkt. Für die Marx-Anhänger wie auch für die Arbeiterklasse existiert *die Judenfrage als solche nicht,* so wie für sie die »Negerfrage« oder die Frage der

»gelben Gefahr« seitens der Chinesen nicht existiert. Vom Standpunkt der Arbeiterklasse ist die Judenfrage einerseits eine Frage des *Rassenhasses als Symptom der* gesellschaftlichen *Reaktion,* der in gewissem Grad mit allen Gesellschaften untrennbar verbunden ist, die sich auf den Klassenantagonismus stützen – des Hasses, der am *stärksten in den demokratisch bourgeoisen Staaten ausbricht.* Die Arbeiterklasse weiß, daß nur eine gründliche Umgestaltung des kapitalistischen Systems die radikalen Attacken gegen das »Judentum« beseitigen kann. Andererseits ist die Judenfrage vor allem auch eine *Frage der bürgerlichen Gleichberechtigung der Juden,* also unter unseren Bedingungen *eine von tausend sozialen Aufgaben,* deren einzige gemeinsame Lösung man anderswo suchen muß.

Die *Arbeiter*klasse hat erkannt, daß Mißernten bei uns wie auch in Rußland eine Frage des politischen Systems sind, daß die Förderung der Industrie eine Frage des politischen Systems ist, daß das Schulwesen eine Frage des politischen Systems ist, daß die Nationalitätenfrage eine Frage des politischen Systems ist, daß die Senatorenrevisionen eine Frage des politischen Systems sind, daß die Landesautonomie eine Frage des politischen Systems ist, daß die Judenfrage eine Frage des politischen Systems ist. Für die Arbeiterklasse haben sich alle sozialen Fragen zu *einer* verschmolzen, fanden in *einer* die Lösung, und der Ausdruck dieser Einheit war das Jahr 1905 und die Einheit der bewußten Arbeiter aller Nationalitäten im Staate, deren historische Taufe jenes Jahr ankündigte.

Damals wurde von der Gegenseite die »Judenfrage« als separate, rassische, religiöse aufgeworfen. Das In-den-Vordergrund-Stellen der »Judenfrage« zur Diskussion war ein einfacher Zug auf dem politischen Schachbrett seitens der Konterrevolution zur Eindämmung der Massenbewegung. Um die öffentliche Aufmerksamkeit vom politischen Konflikt, von den Klassen- und politischen Antagonismen abzulenken, schob die Konterrevolution den Rassenhaß und -antagonismus, den Antisemitismus vor. Als Bauer in diesem Spiel der Aufforderung zur »Diskussion« über die »Judenfrage« diente damals der Abschaum der Gesellschaft für den Preis: Wodka und Wurst.

Bei uns erfüllt heutzutage die Funktion dieses Bauern *freiwillig* –
nicht einmal für Wodka und Wurst – der polnische »Fortschritt«! Und deshalb können nur die »aufrichtigen Linken«,
deren einziges Mittel selbstverständlich »der gute Ton« ist, diesem Spiel der dunklen Mächte zur Hand gehen und sich auf der
Parole des antisemitischen Pogroms breitmachen, »ihre Bärte«
zur Diskussion über »die Judenfrage« »hinhaltend«.
Für die bewußte Arbeiterklasse gibt es heute keine »Judenfrage« als Rassen- und Religionsfrage. Es gibt nur eine Frage: die
gesellschafts-politische, und eine Lösung, die für alle sozialen
Nöte am dringlichsten ist. Das bewußte Proletariat weiß, daß
der Ausbruch des Antisemitismus in unserem Land nur ein neues
Glied in der Kette der konterrevolutionären Schande der polnischen Bourgeoisie ist, das sich an die Orgie des Neoslawismus
logisch anschließt, weiß, daß die einzige »sachliche und ernsthafte Diskussion« mit dieser Schande die radikale Entscheidung
der Frage ist, die durch das Jahr 1905 gestellt wurde.

Anmerkungen

1 Władimir M. Puriszkiewicz (Puryszkiewicz), 1870–1920, russischer
Politiker, Monarchist; 1905–1907 Mitbegründer der Organisation der
Schwarzhundert; 1907–1917 Abgeordneter der Duma; an der Ermordung G. Rasputins beteiligt; 1918–1920 einer der Anführer der
Konterrevolution.
2 czarnoseciniec = Mitglied der ›Czarna sotnia‹ (Schwarzhundert);
Czarna sotnia = Schwarzhundertschaft, Name für extrem reaktionäre,
monarchistische Organisationen und Richtungen in Rußland 1905 bis
1907 und zur Zeit der Reaktion 1907–1912.
3 ›Myśl Niepodległa‹ (Unabhängiger Gedanke), gesellschaftlich-politische Zeitschrift, herausgegeben in Warschau 1906–1931.
4 ›Społeczeństwo‹ (Gesellschaft), gesellschaftlich-kulturelle Wochenschrift radikal-demokratischer Richtung, herausgegeben in Warschau
1907–1910; Red.: J. W. Dawid und Ehefrau Jadwiga; Fortsetzung
des ›Przegląd Społeczny‹ (Gesellschaftliche Rundschau).
5 Andrzej Niemojewski (Pseud. Lambro), 1864–1921, Schriftsteller,
Religionswissenschaftler; Redakteur der ›Myśl Niepodległa‹.
6 ›Prawda‹ (Wahrheit), gesellschaftliche, politische und literarische Wochenzeitung, herausgegeben 1881–1915 in Warschau; Organ der Positivisten.

7 ›Nowa Gazeta‹ (Neue Zeitung), herausgegeben 1906–1919 in Warschau; Organ der ›Stronnictwo Postępowej Demokracji PD‹, Fortschrittlich-Demokratische Partei, die 1905 von Aleksander Świetochowski gegründet und geführt wurde und der u. a. die Brüder S. und W. Kempner, Henryk Konic angehörten.
8 Nalewki, früherer Stadtteil Warschaus (auf dem linken Weichselufer) mit überwiegend jüdischer Bevölkerung.
9 Chełmszczyżna, Gebiet, bestehend aus folgenden 11 Kreisen: Biłgoraj, Hrubieszów, Zamość, Lubartów, Chełm, Biała, Włodawa, Konstantynów, Radzyń, Tomaszów und Krasnystaw, über das von November 1909 bis Ende 1910 eine besondere »Unterkommission für die Chełmfrage« der Duma beraten hat. Am 28. Juni (10. Juli) 1912 wurde dieses Gebiet »aus der Verwaltung des Warschauer General-Gouverneurs« herausgenommen und direkt dem russischen Innenministerium unterstellt.

9. Wladimir Iljitsch Lenin

Die Stellung des ›Bund‹ in der Partei[*]

Unter diesem Titel hat der ›Bund‹ die Übersetzung eines Artikels aus Nr. 34 der ›Arbeiterstimme‹ veröffentlicht. Dieser, den Beschlüssen des V. Kongresses des ›Bundes‹ beigefügte Artikel ist gleichsam deren offizieller Kommentar. Es wird hier der Versuch unternommen, systematisch alle Argumente darzulegen, die zwangsläufig zu der Schlußfolgerung führen, daß »der ›Bund‹ ein föderativer Teil der Partei sein muß«. Es dürfte von Interesse sein, diese Argumente zu untersuchen.
Der Verfasser beginnt damit, daß die brennendste Frage, vor der die russische Sozialdemokratie steht, die Frage der Vereinigung ist. Auf welcher Grundlage kann sie erfolgen? Das Manifest von 1898 hat das Prinzip der Autonomie zur Grundlage genommen. Der Verfasser analysiert dieses Prinzip und findet, daß es logisch ungereimt und innerlich widerspruchsvoll ist. Verstehe man unter den Fragen, die das jüdische Proletariat besonders betreffen, nur Fragen der Agitationsmethoden (in Anpassung an die besondere Sprache, die besondere Mentalität, die besondere Kultur der Juden), so sei das eine technische (?) Autonomie. Eine solche Autonomie bedeute aber die Vernichtung jeder Selbständigkeit, denn auch jedes Parteikomitee besitze sie, wolle man aber den ›Bund‹ den Komitees gleichsetzen, so sei das eine Verneinung der Autonomie. Verstehe man dagegen unter Autonomie die Autonomie in einigen Programmfragen, so sei es unsinnig, dem ›Bund‹ jede Selbständigkeit in den übrigen Programmfragen zu nehmen; die Selbständigkeit des ›Bund‹ in Programmfragen setze aber unbedingt eine Vertretung des ›Bund‹

[*] Aus: W. I. Lenin, Werke, Bd. 7, Berlin 1956.

als solchen in den zentralen Parteiinstanzen voraus, d. h. nicht Autonomie, sondern Föderation. Eine feste Grundlage für die Stellung des ›Bund‹ in der Partei lasse sich nur in der Geschichte der jüdischen revolutionären Bewegung in Rußland finden. Diese Geschichte zeige uns die Verschmelzung sämtlicher unter den jüdischen Arbeitern tätigen Organisationen zu einem Verband, dem ›Bund‹, und die Ausdehnung seiner Tätigkeit von Litauen auf Polen und dann auf den Süden Rußlands. Die Geschichte habe folglich alle Gebietsschranken beseitigt und den ›Bund‹ zum einzigen Vertreter des jüdischen Proletariats gemacht. Hier habe man das Prinzip, das nicht die Frucht eines müßigen Geistes (?) sei, sondern das Ergebnis der ganzen Geschichte der jüdischen Arbeiterbewegung: Der ›Bund‹ sei der einzige Vertreter der Interessen des jüdischen Proletariats. Und selbstverständlich könne die Organisation des Proletariats einer ganzen Nationalität nur dann der Partei beitreten, wenn diese föderativ aufgebaut sei: Das jüdische Proletariat sei nicht nur ein Teil der internationalen Familie der Proletarier, sondern auch ein Teil des jüdischen Volkes, das unter den übrigen Völkern eine besondere Stellung einnehme. Schließlich komme der enge Zusammenhalt zwischen den einzelnen Teilen der Partei gerade in der Föderation zum Ausdruck, deren ausschlaggebendes Kennzeichen eben die unmittelbare Beteiligung eines jeden ihrer Bestandteile an den Parteiangelegenheiten sei; alle Teile der Partei würden sich dann gleichberechtigt fühlen. Die Autonomie dagegen setze Rechtlosigkeit der einzelnen Teile der Partei, Gleichgültigkeit gegenüber den allgemeinen Angelegenheiten, gegenseitiges Mißtrauen, Reibungen und Zusammenstöße voraus.

Das ist die Argumentation des Verfassers, die wir fast ausschließlich mit seinen eigenen Worten wiedergegeben haben. Sie läßt sich auf drei Punkte reduzieren: auf allgemeine Betrachtungen über die inneren Widersprüche der Autonomie und ihre Untauglichkeit vom Standpunkt eines engen Zusammenhalts der Teile der Partei; auf die Lehren der Geschichte, die den ›Bund‹ zum einzigen Vertreter des jüdischen Proletariats gemacht habe, und schließlich auf den Hinweis, das jüdische Proletariat sei das Proletariat einer ganzen Nationalität, die eine besondere Stel-

lung einnehme. Demnach will sich der Verfasser sowohl auf allgemeine organisatorische Grundsätze als auch auf die Lehren der Geschichte und auf die Idee der Nationalität stützen. Man muß ihm Gerechtigkeit widerfahren lassen – er bemüht sich, die Frage von allen Seiten zu untersuchen. Und gerade deshalb spiegelt seine Darlegung so deutlich die Stellung wider, die der ›Bund‹ in dieser uns alle bewegenden Frage einnimmt.
Bei der Föderation, sagt man uns, sind alle Teile der Partei gleichberechtigt und nehmen an den gemeinsamen Angelegenheiten unmittelbar teil; bei der Autonomie sind sie rechtlos und nehmen als solche am Gesamtleben der Partei nicht teil. Diese Argumentation gehört ganz und gar in das Gebiet der augenfälligen Ungereimtheiten. Sie gleicht, wie ein Tropfen Wasser dem andern, jenen Betrachtungen, welche die Mathematiker mathematische Sophismen nennen und in denen – auf den ersten Blick streng logisch – nachgewiesen wird, daß zweimal zwei fünf, daß ein Teil mehr als das Ganze ist usw. Es gibt ganze Sammlungen solcher mathematischer Sophismen, und für Schulkinder sind sie gewiß von Nutzen. Peinlich aber ist es, Leuten, die sich die einzigen Vertreter des jüdischen Proletariats dünken, erklären zu müssen, daß es ein elementarer Sophismus ist, wenn man »Teil der Partei« in zwei Hälften ein und derselben Betrachtung in verschiedener Bedeutung gebraucht. Spricht man nämlich von der Föderation, so versteht man unter Teil der Partei die Summe von örtlichen Organisationen; spricht man von der Autonomie, so versteht man unter Teil der Partei jede einzelne örtliche Organisation. Nimmt man diese beiden angeblich identischen Begriffe als Prämissen in einem Syllogismus, so gelangt man unweigerlich zu dem Schluß, daß zweimal zwei fünf ist. Und sollte den Bundisten der Kern ihres Sophismus immer noch nicht klar sein, so können sie einen Blick in ihr eigenes Maximalstatut werfen und dort sehen, daß die örtlichen Organisationen mit der zentralen Parteistelle gerade bei der Föderation mittelbar, bei der Autonomie dagegen unmittelbar in Verbindung stehen. Wirklich, es wäre besser, wenn unsere Föderalisten nicht vom »engen Zusammenhalt« sprechen wollten! Man macht sich nur lächerlich, wenn man den Satz zu widerlegen sucht, daß die Fö-

deration *Absonderung* bedeutet, die Autonomie aber *Verschmelzung* der Teile der Partei.

Nicht viel glücklicher ist der Versuch, die »logische Ungereimtheit« der Autonomie nachweisen zu wollen, indem man sie in eine programmatische und eine technische teilt. Schon allein diese Unterscheidung ist im höchsten Grade unsinnig. Wie kann man die besonderen Methoden der Agitation unter den jüdischen Arbeitern als eine technische Frage bezeichnen? Was hat das mit Technik zu tun, wo es sich doch um die Besonderheiten der Sprache, der Mentalität und der Lebensbedingungen handelt? Wie kann man von Selbständigkeit in Programmfragen sprechen, beispielsweise hinsichtlich der Forderung nach staatsbürgerlicher Gleichberechtigung der Juden? Das Programm der Sozialdemokratie stellt nur die Grundforderungen auf, die für das gesamte Proletariat gelten, unabhängig von den beruflichen, örtlichen, nationalen und rassischen Unterschieden. Diese Unterschiede bedingen, daß ein und dieselbe Forderung nach voller Gleichheit der Staatsbürger vor dem Gesetz an dem einen Ort eine Agitation gegen eine bestimmte Art der Ungleichheit verlangt, an dem anderen Ort oder hinsichtlich anderer Gruppen des Proletariats – gegen eine andere Art der Ungleichheit usw. Ein und derselbe Programmpunkt wird verschieden angewandt – je nach den unterschiedlichen Lebensbedingungen, der unterschiedlichen Kultur, dem unterschiedlichen Verhältnis der gesellschaftlichen Kräfte in verschiedenen Teilen des Landes usw. Die Agitation für ein und dieselbe Programmforderung wird je nach diesen Unterschieden mit verschiedenen Methoden und in verschiedenen Sprachen durchgeführt. Die Autonomie in Fragen, die das Proletariat einer bestimmten Rasse, einer bestimmten Nation, eines bestimmten Gebiets besonders betreffen, bedeutet also, daß die Festlegung der besonderen Forderungen, die zur Durchführung des Gesamtprogramms aufgestellt werden, und die Bestimmung der Agitationsmethoden dem selbständigen Ermessen der entsprechenden Organisation anheimgestellt werden. Die Partei als Ganzes, ihre zentralen Körperschaften legen die allgemeinen Grundprinzipien des Programms und der Taktik fest; die verschiedenen Methoden ihrer Durchführung in der praktischen Arbeit und in der Agitation werden von den verschiedenen der Zentralstelle untergeordneten Parteiorganisationen entsprechend den örtlichen, rassischen, nationalen, kulturellen usw. Besonderheiten bestimmt.

Es fragt sich, ist diese Auffassung der Autonomie wirklich unklar? und ist die Einteilung der Autonomie in programmatische und in technische Fragen nicht die reinste Scholastik?

Man beachte, wie der Begriff Autonomie in der uns vorliegenden Broschüre »logisch untersucht« wird. »Aus der Gesamtmasse der Fragen, mit denen sich die Sozialdemokratie zu befassen hat«, heißt es in dieser Broschüre über das Prinzip der Autonomie, das dem Manifest von 1898 zugrunde liegt, »werden einige Fragen abgesondert (sic!!), von denen anerkannt wird, daß sie das jüdische Proletariat besonders betreffen ... Die Autonomie des ›Bund‹ hört dort auf, wo das Gebiet der allgemeinen Fragen beginnt ... Hieraus ergibt sich die Doppelstellung des ›Bund‹ in der Partei: In besonderen Fragen tritt er als ›Bund‹ auf, ... in allgemeinen Fragen verliert er sein eigenes Antlitz und wird einem einfachen Parteikomitee gleichgesetzt ...« Das sozialdemokratische Programm fordert die volle Gleichheit aller Staatsbürger vor dem Gesetz. Um dieses Programm zu *verwirklichen*, stellt der jüdische Arbeiter in Wilna seine besondere Forderung auf, während der Baschkire, der Arbeiter in Ufa, eine ganz andere besondere Forderung aufstellt. Bedeutet das, daß »aus der Gesamtmasse der Fragen« »einige Fragen *abgesondert* werden«? Wenn die allgemeine Forderung nach Gleichberechtigung dadurch verwirklicht wird, daß man eine Reihe besonderer Forderungen nach Abschaffung besonderer Formen der Ungleichheit aufstellt, werden dann hierbei etwa die besonderen Fragen von den allgemeinen *abgesondert*? Die besonderen Forderungen werden von den allgemeinen nicht abgesondert, sondern aufgestellt, um die allgemeinen Forderungen des Programms zu *verwirklichen*. Was den Juden in Wilna besonders betrifft, wird von dem abgesondert, was den Baschkiren in Ufa besonders betrifft. Die allgemeine Zusammenfassung ihrer Forderungen, die Vertretung ihrer *gemeinsamen Klasseninteressen* (und nicht der besonderen, beruflichen, rassischen, örtlichen, nationalen usw.

Interessen) ist Sache der Gesamtpartei, Sache der zentralen Parteistelle. Man sollte meinen, die Sache wäre hinreichend klar! Die Bundisten aber haben sie verwirrt, weil sie uns statt einer logischen Untersuchung immer wieder Musterbeispiele logischer Ungereimtheiten geboten haben. Sie haben von dem Verhältnis der allgemeinen Forderungen der Sozialdemokratie zu den besonderen Forderungen absolut nichts begriffen. Sie haben sich eingebildet, daß »aus der Gesamtmasse der Fragen, mit denen sich die Sozialdemokratie zu befassen hat, einige Fragen abgesondert werden«, während in Wirklichkeit *jede* Frage, die von unserm Programm berührt wird, die Verallgemeinerung einer ganzen Reihe besonderer Fragen und Forderungen ist; *jeder* Programmpunkt gilt für das *gesamte* Proletariat, zerfällt aber zugleich in besondere Fragen, entsprechend den Unterschieden im Beruf der Proletarier, in ihren Lebensbedingungen, ihrer Sprache usw. usf. Die Bundisten beunruhigt das Widerspruchsvolle und Zwiespältige in der Stellung des ›Bund‹, das darin bestehen soll, daß er in den besonderen Fragen als ›Bund‹ auftritt, während er in den allgemeinen sein besonderes Gesicht verliert. Eine kleine Überlegung hätte ihnen gezeigt, daß es diese »Zwiespältigkeit« in der Lage *ausnahmslos jedes* sozialdemokratischen Arbeiters gibt, der in den besonderen Fragen als Vertreter eines bestimmten Berufs, als Angehöriger einer bestimmten Nation, als Bewohner einer bestimmten Gegend auftritt, während er in den allgemeinen Fragen »sein besonderes Gesicht verliert« und *jedem anderen* Sozialdemokraten gleichgesetzt wird. Die Autonomie des ›Bund‹ gemäß dem Statut von 1898 und die Autonomie des Tulaer Komitees sind völlig gleichartige Erscheinungen; nur sind die Grenzen dieser Autonomie im ersten Fall etwas anders und etwas weiter gezogen als im zweiten Fall. Und es ist nichts als ein haarsträubender logischer Unsinn, wenn der ›Bund‹ diese Schlußfolgerung mit folgender These zu widerlegen sucht: »Räumt man dem ›Bund‹ in einigen *Programmfragen* Selbständigkeit ein, mit welcher Begründung nimmt man ihm dann in den übrigen Programmfragen *jede* Selbständigkeit?« Diese Gegenüberstellung besonderer und allgemeiner Fragen als »einiger« und der *»übrigen«* ist ein unvergleichliches Musterbeispiel dafür, wie der ›Bund‹ »logisch untersucht«! Diese Leute können um nichts in der Welt begreifen, daß das heißt, die verschiedene Farbe, den verschiedenen Geruch und Geschmack einzelner Äpfel der *Zahl* der »übrigen« Äpfel gegenüberzustellen. Ihr könnt uns getrost glauben, meine Herren, daß nicht nur einige Äpfel, sondern jeder Apfel diese oder jene besondere Farbe, diesen oder jenen besonderen Geruch und Geschmack hat. Nicht nur in »einigen«, sondern in *ausnahmslos* allen Programmfragen räumt man euch Selbständigkeit ein, meine Herren, allerdings nur insofern, als es sich um die Anwendung dieser Fragen auf spezifische Besonderheiten des jüdischen Proletariats handelt.

»Mein teurer Freund, ich rat' euch drum zuerst Collegium Logicum!«*

Das zweite Argument der Bundisten besteht in einem Hinweis auf die Geschichte, die den ›Bund‹ angeblich zum einzigen Vertreter des jüdischen Proletariats gemacht hat.

Diese These stimmte erstens nicht. Der Verfasser der Broschüre sagt selber, daß »die Arbeit der anderen Organisationen« (außer dem ›Bund‹) »in dieser Richtung« (d. h. die Arbeit unter dem jüdischen Proletariat) »entweder überhaupt keine oder keine nennenswerten Ergebnisse gezeitigt hat«. Es wurde also nach seinem eigenen Eingeständnis Arbeit geleistet, und folglich *war* der ›Bund‹ *nicht der einzige* Vertreter des jüdischen Proletariats; bei der Bewertung der Ergebnisse dieser Arbeit wird sich natürlich niemand gerade auf das Urteil des ›Bund‹ verlassen; schließlich ist es nicht unbekannt, daß der ›Bund‹ der Arbeit anderer Organisationen unter dem jüdischen Proletariat *entgegengewirkt* hat (es genügt, daran zu erinnern, wie der ›Bund‹ das Jekaterinoslawer Parteikomitee bekämpfte, weil es gewagt hatte, einen Aufruf an die jüdischen Arbeiter herauszugeben) – und folglich trägt der ›Bund‹, selbst wenn die Ergebnisse wirklich nicht nennenswert gewesen wären, daran ein gut Teil Schuld.

Weiter. Jener Teil Wahrheit, den die historische Betrachtung des ›Bund‹ enthält, beweist noch keineswegs die Richtigkeit seiner Argumentation. Die wirklichen Tatsachen, die der ›Bund‹ im

---

* Von Lenin deutsch zitiert. Der Übers.

Auge hat, sprechen nicht für, sondern gegen ihn. Diese Tatsachen bestehen darin, daß der ›Bund‹ – im Laufe der fünf Jahre, die seit dem ersten Parteitag verflossen sind – völlig selbständig und unabhängig von den anderen Parteiorganisationen bestanden und sich entwickelt hat. Überhaupt war in dieser Zeit die tatsächliche Verbindung zwischen allen Parteiorganisationen außerordentlich schwach, aber die Verbindung des ›Bund‹ mit den anderen Teilen der Partei war nicht nur noch erheblich schwächer als die Verbindung der anderen Organisationen untereinander, sondern sie lockerte sich auch immer mehr. Daß der ›Bund‹ diese Verbindung selbst *lockerte*, wird durch die Geschichte der Auslandsorganisationen unserer Partei klar bewiesen. Im Jahre 1898 gehörten die Mitglieder des ›Bund‹ im Ausland einer gemeinsamen Organisation der Partei an; im Jahre 1903 sonderten sie sich in eine völlig selbständige und unabhängige Auslandsorganisation ab. Die Selbständigkeit und Unabhängigkeit des ›Bund‹ wie auch die allmähliche Erweiterung dieser Selbständigkeit und Unabhängigkeit unterliegt keinem Zweifel.

Was ergibt sich aus dieser zweifelsfreien Tatsache? Für die Bundisten ergibt sich daraus die Notwendigkeit, sich vor dieser Tatsache zu verneigen, sich ihr sklavisch zu unterwerfen, sie zum Prinzip zu erheben, zum einzigen Prinzip, das der Stellung des ›Bund‹ als feste Grundlage dient, und dieses Prinzip in einem Statut zu verankern, das den ›Bund‹ als den einzigen Vertreter des jüdischen Proletariats in der Partei anerkennen soll. Unseres Erachtens ist diese Schlußfolgerung reinster Opportunismus, eine »Nachtrabpolitik« schlimmster Sorte. Aus der fünfjährigen Geschichte der Zersplitterung darf nicht der Schluß gezogen werden, daß man diese Zersplitterung zum Gesetz erhebt, es muß vielmehr die Notwendigkeit anerkannt werden, ein für allemal damit Schluß zu machen. Kann denn heute noch jemand bestreiten, daß das wirklich eine Zersplitterung war? Selbständig und unabhängig entwickelten sich im Laufe dieser Zeit *alle* Teile der Partei – sollte man etwa daraus das »Prinzip« der Föderation zwischen Sibirien, dem Kaukasus, dem Ural, dem Süden usw. ableiten? Die Bundisten sagen selber, daß die Partei im

Sinne einer organisatorischen Vereinigung der Teile in Wirklichkeit nicht bestanden hat – wie kann man also aus dem, was sich herausbildete, als keine Partei existierte, einen Schluß hinsichtlich der *Wiederherstellung* der organisatorischen Einheit ziehen? Nein, meine Herren, euer Hinweis auf die Geschichte der Zersplitterung, die zur Absonderung geführt hat, beweist nichts als die Unnatürlichkeit dieses Zustands der Absonderung. Ein *organisatorisches* »Prinzip« aus einigen Jahren der *Desorganisation* der Partei abzuleiten, heißt ebenso handeln wie jene Vertreter der historischen Schule, die, nach der bekannten sarkastischen Bemerkung Marx', bereit waren, die Knute mit der Begründung zu verteidigen, daß es eine historische Knute ist.

Somit liefert weder die »logische Untersuchung« der Autonomie noch die geschichtliche Betrachtung auch nur den Schatten einer »prinzipiellen« Begründung für die Absonderung des ›Bund‹. Dafür ist zweifellos das dritte Argument des ›Bund‹, das an die Idee der jüdischen Nation appelliert, prinzipieller Natur. Nur ist das leider die in ihrem Kern vollkommen falsche und reaktionäre zionistische Idee. »Die Juden hörten auf, eine Nation zu sein, denn eine solche ohne ein Territorium ist undenkbar«, sagt einer der hervorragendsten marxistischen Theoretiker, Karl Kautsky (siehe Nr. 42 ›Iskra‹ und den Sonderdruck daraus ›Das Massaker von Kischinjow und die Judenfrage‹, S. 3). Und vor kurzem hat derselbe Schriftsteller, als er die Nationalitätenfrage in Österreich untersuchte und sich bemühte, dem Begriff der Nationalität eine wissenschaftliche Definition zu geben, zwei grundlegende Merkmale dieses Begriffs festgestellt: Sprache und Territorium (Die Neue Zeit, 1903, Nr. 2). Wort für Wort dasselbe schreibt ein französischer Jude, der Radikale Alfred Naquet, der gegen die Antisemiten und die Zionisten polemisiert: »Wenn es Bernhard Lazare gefällt«, sagt er von diesem bekannten Zionisten,

»sich als Bürger eines besonderen Volkes zu betrachten, so ist das seine Sache; ich aber erkläre, daß ich, wenn ich auch als Jude geboren bin..., eine jüdische Nationalität nicht anerkenne... ich habe keine andere Nationalität als die französische... Sind die Juden ein besonderes Volk? Obzwar sie in sehr ferner Vergangenheit zweifellos ein Volk waren, beantworte ich doch diese Frage mit einem kategorischen *Nein*. Der Begriff des Volkes setzt bestimmte Bedingungen voraus, die in diesem Fall fehlen. Ein Volk muß ein Territorium haben, auf dem es sich entwickeln kann, und ferner muß ein Volk, wenigstens in unserer Zeit, solange eine Weltkonföderation diese Grundlage noch nicht erweitert hat, eine gemeinsame Sprache haben. Die Juden haben kein Territorium und auch keine gemeinsame Sprache mehr... Wahrscheinlich kann Bernhard Lazare, ebenso wie ich, kein Wort hebräisch, und es würde ihm, sollte der Zionismus sein Ziel erreichen, nicht leichtfallen, sich mit seinen Stammesbrüdern (congénères) aus den übrigen Teilen der Welt zu verständigen.« (La Petite République*, 24. Sept. 1903.)

»Die deutschen und die französischen Juden ähneln den polnischen und den russischen Juden nicht im geringsten. Die charakteristischen Züge der Juden weisen nichts auf, was den Stempel (empreinte) einer Nationalität trüge. Wäre es angängig, die Juden als Nation anzuerkennen, wie Drumont es tut, so wäre das eine künstliche Nation. Der moderne Jude ist das Produkt einer widernatürlichen Zuchtwahl, der seine Vorfahren fast achtzehn Jahrhunderte lang ausgesetzt waren.«

Den Bundisten bleibt also nur noch übrig, die Idee einer besonderen Nationalität der russischen Juden auszuarbeiten, deren Sprache das Jiddische und deren Territorium das Ansiedlungsgebiet ist.

Die wissenschaftlich völlig unhaltbare** Idee eines besonderen jüdischen Volkes ist ihrer politischen Bedeutung nach reaktionär. Den unwiderleglichen praktischen Beweis hierfür liefern die allgemein bekannten Tatsachen der jüngsten Geschichte und der

---

* ›Die kleine Republik‹, *Die Red.*
** Nicht nur die nationale, sondern sogar die rassische Eigenart des Judentums wird von der modernen wissenschaftlichen Forschung abgelehnt, welche die eigenartige *Geschichte* des Judentums in den Vordergrund rückt. Entspringt die Eigenart des Judentums dem Charakter der jüdischen Rasse? fragt K. Kautsky und antwortet darauf, daß wir nicht einmal genau wissen, was eine Rasse eigentlich ist. »Wir brauchen aber gar nicht diesen Begriff, der keine wirkliche Antwort gibt, sondern nur neue Fragen aufrollt. Es genügt, die Geschichte des Judentums zu verfolgen, um sich über die Ursachen seines Charakters klar zu werden.« Und ein solcher Kenner dieser Geschichte wie Renan sagt von den Juden: »Ihre besondere Physiognomie und Lebensweise sind viel mehr das Ergebnis der sozialen Bedingungen (nécessités sociales), die jahrhundertelang auf sie eingewirkt haben, als eine Rassenerscheinung (phénomène de race).«

gegenwärtigen politischen Wirklichkeit. In ganz Europa ist der Verfall des Mittelalters und die Entwicklung der politischen Freiheit Hand in Hand gegangen mit der politischen Emanzipation der Juden, mit ihrem Übergang vom Jiddischen zur Sprache desjenigen Volkes, in dessen Mitte sie leben, und überhaupt mit einem zweifellosen Fortschreiten ihrer Assimilierung an die sie umgebende Bevölkerung. Sollen wir etwa zu den hausbackenen Theorien zurückkehren und erklären, daß gerade Rußland eine Ausnahme bildet, obgleich dank dem im jüdischen Proletariat erwachten heroischen Selbstbewußtsein die Befreiungsbewegung der Juden in Rußland viel tiefer und umfassender ist? Kann man etwa die Tatsache, daß gerade die reaktionären Kräfte ganz Europas und namentlich Rußlands *gegen* die Assimilation des Judentums zu Felde ziehen und bestrebt sind, seine Absonderung zu verewigen, als Zufall erklären?

Die jüdische Frage *steht* so und nicht anders: Assimilation oder Absonderung? – und die Idee der jüdischen »Nationalität« trägt offen reaktionären Charakter nicht nur bei ihren konsequenten Anhängern (den Zionisten), sondern auch bei denen, die versuchen, sie mit den Ideen der Sozialdemokratie in Einklang zu bringen (den Bundisten). Die Idee der jüdischen Nationalität widerspricht den Interessen des jüdischen Proletariats, da sie in ihm unmittelbar und mittelbar eine der Assimilation feindliche Stimmung, eine »Getto«-Stimmung, erzeugt. »Als die Nationalversammlung im Jahre 1791 die Emanzipation der Juden dekretierte«, schrieb Renan,

»kümmerte sie sich sehr wenig um die Rasse ... Die Aufgabe des 19. Jahrhunderts ist es, alle ›Gettos‹ niederzureißen, und ich kann denen kein Kopliment machen, die danach trachten, sie anderswo wiederaufzubauen. Die israelitische Rasse hat der Welt die größten Dienste geleistet. Den verschiedenen Nationen assimiliert, mit den verschiedenen nationalen Einheiten in Harmonie, wird diese Rasse fortfahren, auch in der Zukunft das zu tun, was sie in der Vergangenheit getan hat.«

Und noch entschiedener drückt sich Karl Kautsky aus, der dabei besonders die russischen Juden im Auge hat. Die Feindseligkeit gegen die Bevölkerungskreise mit fremdartigem Charakter kann nur dadurch überwunden werden, »daß die den fremdartigen Charakter tragenden Bevölkerungsteile aufhören, Fremde zu sein, daß sie sich mit der Masse der Bevölkerung vermischen. *Das ist schließlich die einzig mögliche Lösung der Judenfrage, und alles, was das Aufhören der jüdischen Abschließung fördern kann, ist zu unterstützen.*« Und eben dieser einzig möglichen Lösung wirkt der ›Bund‹ entgegen, der die Idee einer jüdischen »Nation« und den Plan einer Föderation zwischen jüdischen und nichtjüdischen Proletariern verbreitet, damit aber die jüdische Abschließung nicht überwindet, sondern verstärkt und zum Gesetz erhebt. Das ist der grundlegende Fehler des »Bundismus«, und diesen Fehler müssen und werden die konsequenten Vertreter der jüdischen Sozialdemokratie korrigieren. Denn er verleitet die Bundisten zu etwas in der internationalen Sozialdemokratie noch nie Dagewesenem, nämlich dazu, das Mißtrauen der jüdischen gegen die nichtjüdischen Proletarier zu erregen, letztere zu verdächtigen und die Unwahrheit über sie zu verbreiten. Hier ein Beweis dafür, den wir derselben Broschüre entnehmen: »Solchen Unsinn« (daß die Organisation des Proletariats einer ganzen Nationalität der Vertretung in den zentralen Parteiinstanzen beraubt sein soll) »kann man offen nur« (das beachte man!) »in bezug auf das jüdische Proletariat propagieren, das infolge der besonderen geschichtlichen Schicksale des jüdischen Volkes noch für seine gleichberechtigte Stellung (!!) in der Familie des Weltproletariats kämpfen muß.« Einen ähnlichen Ausfall fanden wir vor kurzem in einem zionistischen Flugblatt, dessen Verfasser gegen die ›Iskra‹ Gift und Galle speien, weil sie in deren Kampf gegen den ›Bund‹ die Weigerung erblikken, die Juden als »gleichberechtigt« mit den Nichtjuden anzuerkennen. Und jetzt wiederholen die Bundisten die zionistischen Ausfälle! Eine offene Unwahrheit wird hier verbreitet, denn wir »propagieren« nicht »nur« in bezug auf die Juden, sondern auch in bezug auf die Armenier, Georgier usw., daß man sie »der Vertretung beraubt«, und in bezug auf die Polen haben wir zur Annäherung, Vereinigung, Verschmelzung des gesamten gegen die zaristische Selbstherrschaft kämpfenden Proletariats aufgerufen. Nicht umsonst ist auch die PPS (Polnische Sozialistische Partei) über uns hergefallen! Seinen Kampf für die zionistische *Idee* einer jüdischen Nation, für das föderative *Prinzip* der Parteiorganisation als »Kampf für die gleichberechtigte Stellung der Juden in der *Familie des Weltproletariats*« zu bezeichnen, das heißt den Kampf aus dem Reich der Ideen und Prinzipien ins Reich der Verdächtigungen, der Verhetzung und der Schürung geschichtlich entstandener Vorurteile hinabzerren. Das heißt das Fehlen wahrhaft ideologischer und prinzipieller Waffen in seinem Kampf offenbar machen.

Wir sind somit zu dem Schluß gelangt, daß weder die logischen noch die geschichtlichen, noch auch die nationalistischen Argumente des ›Bund‹ einer Kritik standhalten. Die Zeit der Zersplitterung, die die Schwankungen unter den russischen Sozialdemokraten und die Absonderung einzelner Organisationen verstärkte, wirkte sich in derselben Richtung und in noch viel höherem Maße auf die Bundisten aus. Anstatt nun den Kampf gegen diese geschichtlich entstandene (und durch die Zersplitterung verstärkte) Absonderung zu ihrer Losung zu machen, haben die Bundisten sie zum Prinzip erhoben und sich zu diesem Zweck an die Sophismen über den inneren Widerspruch der Autonomie, an die zionistische Idee einer jüdischen Nation geklammert. Nur ein entschiedenes und offenes Eingeständnis dieses Fehlers und die Proklamierung einer *Wendung zur Verschmelzung* könnten den »Bund« von dem Irrweg abbringen, auf den er sich begeben hat. Und wir sind überzeugt, daß die besten Vertreter der sozialdemokratischen Ideen im jüdischen Proletariat den ›Bund‹ früher oder später zwingen werden, den Weg der Absonderung aufzugeben und den Weg der Verschmelzung einzuschlagen.

Iskra Nr. 51,
22. Oktober 1903.

10. *Wladimir Iljitsch Lenin*

Gesetzentwurf über die nationale Gleichberechtigung*

Genossen!
Die Sozialdemokratische Arbeiterfraktion Rußlands hat beschlossen, in der IV. Reichsduma den unten beigefügten Gesetzentwurf über die Aufhebung der Beschränkungen der Rechte der Juden und der anderen »Fremdstämmigen« einzubringen.
Der Gesetzentwurf bezweckt die Aufhebung aller nationalen Beschränkungen für alle Nationen: Juden, Polen usw. Besonders ausführlich beschäftigt er sich indessen mit den gegen die Juden gerichteten Beschränkungen. Der Grund ist verständlich: Keine einzige Nationalität wird in Rußland so unterdrückt und verfolgt wie die jüdische. Der Antisemitismus schlägt unter den besitzenden Schichten immer tiefere Wurzeln. Die jüdischen Arbeiter stöhnen unter einem zweifachen Joch: als Arbeiter wie auch als Juden. Die Verfolgung der Juden hat in den letzten Jahren ganz unglaubliche Ausmaße erreicht. Es genügt, an die Judenpogrome und an die Beilis-Affäre zu erinnern.
Unter diesen Verhältnissen müssen die organisierten Marxisten der Judenfrage gebührende Aufmerksamkeit schenken.
Es versteht sich von selbst, daß die Judenfrage nur gemeinsam mit den in Rußland auf der Tagesordnung stehenden Hauptfragen ernsthaft gelöst werden kann. Es leuchtet von selbst ein, daß wir von der nationalistischen IV. Duma der Purischkewitsch nicht erwarten, sie werde die gegen die Juden und die anderen »Fremdstämmigen« gerichteten Beschränkungen aufheben. Aber die Arbeiterklasse ist verpflichtet, ihre Stimme zu erheben. Und besonders laut muß die Stimme des *russischen* Arbeiters gegen die nationale Unterdrückung ertönen.

* Aus: W. I. Lenin, Werke, Bd. 20, Berlin 1962.

Wir veröffentlichen unseren Gesetzentwurf und hoffen, daß die jüdischen, die polnischen und die Arbeiter der anderen unterdrückten Nationalitäten ihre Meinung dazu äußern und ihre Abänderungsvorschläge einbringen, falls sie solche für notwendig erachten.
Und wir hoffen gleichzeitig, daß die russischen Arbeiter unseren Gesetzentwurf durch Erklärungen u. dgl. m. besonders energisch unterstützen.
Dem Gesetzentwurf werden wir, gemäß Artikel 4, ein besonderes Verzeichnis der aufzuhebenden Vorschriften und Bestimmungen beifügen. Diese Beilage wird ungefähr 100 derartige Bestimmungen umfassen, die allein die Juden betreffen.

Gesetzentwurf über die Aufhebung sämtlicher Beschränkungen
der Rechte der Juden und überhaupt aller Beschränkungen,
die mit der Abstammung oder mit der Zugehörigkeit zu irgendeiner
Nationalität verbunden sind

1. Die Bürger aller Rußland bewohnenden Nationalitäten sind vor dem Gesetz gleich.
2. Kein Bürger Rußlands, gleich welchen Geschlechts und Glaubensbekenntnisses, kann in seinen politischen und überhaupt in irgendwelchen Rechten auf Grund seiner Abstammung oder seiner Zugehörigkeit zu einer Nationalität, welche immer es sei, beschränkt werden.
3. Alle und jegliche Gesetze, zeitweilige Verordnungen, Erläuterungen zu Gesetzen u. dgl. m., die die Rechte der Juden auf irgendeinem Gebiet des sozialen und staatlichen Lebens beschränken, werden aufgehoben. Artikel 767, Bd. IX, der lautet, daß »die Juden den allgemeinen Gesetzen in allen jenen Fällen unterliegen, *in denen keine besonderen Bestimmungen für sie festgesetzt sind*«, wird aufgehoben. Aufgehoben werden alle und jegliche Beschränkungen für den Juden hinsichtlich des Rechts des Aufenthalts und der Freizügigkeit, des Rechts auf Bildung, der Rechte auf Anstellung im staatlichen und öffentlichen Dienst, der Wahlrechte, der Militärpflicht, des Rechts der Erwerbung und Pachtung von Immobilien in der Stadt, auf dem Lande usw.; aufgehoben werden sämtliche Einschränkungen der Rechte der Juden auf Ausübung freier Berufe usw. usf.
4. Dem vorliegenden Gesetz ist ein Verzeichnis der aufzuhebenden gesetzlichen Bestimmungen, Verfügungen, zeitweiligen Verordnungen usw. beigefügt, die auf die Beschränkung der Rechte der Juden gerichtet sind.

Put Prawdy Nr. 48,
28. März 1914.

11. *Wladimir Iljitsch Lenin*

Die nationale Gleichberechtigung*

Die Sozialdemokratische Arbeiterfraktion Rußlands hat in Nr. 48 des ›Put Prawdy‹ (vom 28. März) einen Gesetzentwurf über die nationale Gleichberechtigung oder, wie der offizielle Titel lautet, einen »Gesetzentwurf über die Aufhebung sämtlicher Beschränkungen der Rechte der Juden und überhaupt aller Beschränkungen, die mit der Abstammung oder mit der Zugehörigkeit zu irgendeiner Nationalität verbunden sind«, veröffentlicht.

Die russischen Arbeiter können und dürfen über der Unruhe und den Widerwärtigkeiten, die der Kampf ums Dasein und ums tägliche Brot mit sich bringt, nicht die nationale Unterdrückung vergessen, unter deren Joch viele Dutzend Millionen »Fremdstämmiger« in Rußland schmachten. Die herrschende Nationalität – die Großrussen – bildet etwa 45 Prozent der gesamten Bevölkerung des Reiches. Von 100 Einwohnern gehören mehr als 50 zu den »Fremdstämmigen«.

Und diese ganze Bevölkerungsmasse lebt in Verhältnissen, die noch unmenschlicher sind als die der russischen Menschen.

Die Politik der Unterdrückung der Nationalitäten ist die Politik der *Trennung* der Nationen. Sie ist gleichzeitig die Politik der systematischen *Demoralisierung* des Volksbewußtseins. Die Interessen der verschiedenen Nationen in Gegensatz bringen, das Bewußtsein der unaufgeklärten und unterdrückten Massen vergiften, darauf gründen sich alle Pläne der Schwarzhunderter. Nehmt ein beliebiges Schwarzhunderterblättchen, und ihr werdet sehen, daß die Verfolgung der »Fremdstämmigen«, daß die

---

* Aus: W. I. Lenin, Werke, Bd. 20, Berlin 1962.

Entfachung des gegenseitigen Mißtrauens zwischen dem russischen Bauern, dem russischen Kleinbürger, dem russischen Handwerker und dem jüdischen, finnischen, polnischen, georgischen, ukrainischen Bauern, Kleinbürger und Handwerker das tägliche Brot der ganzen Schwarzhunderterbande ist.

Der Arbeiterklasse tut aber *nicht die Trennung, sondern die Einigkeit* not. Es gibt für sie keinen ärgeren Feind als die barbarischen Vorurteile und den Aberglauben, die von den Feinden der Arbeiterklasse in die unaufgeklärte Masse hineingetragen werden. Die Unterdrückung der »Fremdstämmigen« ist ein zweischneidiges Schwert. Einerseits schlägt es die »Fremdstämmigen«, anderseits das russische Volk.

Und deshalb muß sich die Arbeiterklasse aufs entschiedenste gegen jede wie immer geartete Unterdrückung der Nationalitäten aussprechen.

Der Agitation der Schwarzhunderter, die bemüht sind, die Aufmerksamkeit der Arbeiterklasse auf die Hetze gegen die Fremdstämmigen abzulenken, muß sie ihre Überzeugung von der Notwendigkeit der vollen Gleichberechtigung und des vollständigen und endgültigen Verzichts auf jedes Privileg für jedwede Nation entgegenstellen.

Eine besonders gehässige Agitation wird von den Schwarzhundertern gegen die Juden betrieben. Die Purischkewitsch versuchen, das jüdische Volk zum Sündenbock für alle ihre eigenen Sünden zu machen.

Es ist daher ganz richtig, wenn die SDA-Fraktion Rußlands den ersten Platz in ihrem Gesetzentwurf der *jüdischen* Rechtlosigkeit einräumt.

Die Schule, die Presse, die Parlamentstribüne, alles, alles wird ausgenutzt, um einen finsteren, wilden, grimmigen Haß gegen die Juden auszusäen.

Mit diesem schmutzigen, niederträchtigen Werk befaßt sich nicht nur der Auswurf der Schwarzhunderter, sondern auch reaktionäre Professoren, Gelehrte, Journalisten und Abgeordnete befassen sich damit. Millionen und Milliarden Rubel werden verschwendet, um das Bewußtsein des Volkes zu vergiften.

Es ist Ehrensache für die *russischen* Arbeiter, den Gesetzentwurf der SDA-Fraktion Rußlands gegen die nationale Unterdrückung durch viele Tausende proletarische Unterschriften und Erklärungen zu unterstützen ... Das wird mehr als alles andere die *vollkommene* Einheit und den Zusammenschluß aller Arbeiter Rußlands ohne Unterschied der Nationalität festigen.

Put Prawdy Nr. 62,
16. April 1914.

12. Wladimir Iljitsch Lenin

Über die Pogromhetze gegen die Juden*

Antisemitismus nennt man die Verbreitung von Feindschaft gegen die Juden. Als die verfluchte Zarenmonarchie ihre letzten Tage durchmachte, war sie bemüht, unwissende Arbeiter und Bauern gegen die Juden aufzuhetzen. Die Zarenpolizei veranstaltete im Bunde mit den Gutsbesitzern und Kapitalisten Judenpogrome. Den Haß der von Not gepeinigten Arbeiter und Bauern wollten die Gutsbesitzer und Kapitalisten auf die Juden lenken. Auch in anderen Ländern hat man nicht selten Gelegenheit, zu sehen, daß die Kapitalisten Feindschaft gegen die Juden schüren, um den Blick des Arbeiters zu trüben, um seine Aufmerksamkeit von dem wirklichen Feind der Werktätigen – vom Kapital – abzulenken. Feindschaft gegen die Juden hält sich zäh nur dort, wo die Knechtung durch die Gutsbesitzer und Kapitalisten die Arbeiter und Bauern in stockfinsterer Unwissenheit gehalten hat. Nur völlig unwissende, völlig verschüchterte Menschen können den gegen die Juden verbreiteten Lügen und Verleumdungen Glauben schenken. Das sind Überreste aus den alten Zeiten der Leibeigenschaft, als die Popen die Ketzer auf den Scheiterhaufen verbrennen ließen, als der Bauer versklavt, als das Volk unterdrückt und stumm war. Diese alte feudalistische Unwissenheit geht zu Ende. Das Volk wird sehend.
Nicht die Juden sind die Feinde der Werktätigen. Die Feinde der Arbeiter sind die Kapitalisten aller Länder. Unter den Juden gibt es Arbeiter, Werktätige: sie bilden die Mehrheit. Was die Unterdrückung durch das Kapital anbelangt, sind sie unsere

---

* Aus: W. I. Lenin, Werke, Bd. 29, Berlin 1963, S. 239 f. – Text, den Lenin auf eine Schallplatte sprach.

Brüder, im Kampf für den Sozialismus sind sie unsere Genossen. Unter den Juden gibt es Kulaken, Ausbeuter, Kapitalisten; wie es sie unter den Russen, wie es sie unter allen Nationen gibt. Die Kapitalisten sind bemüht, zwischen den Arbeitern verschiedenen Glaubens, verschiedener Nation, verschiedener Rasse Feindschaft zu säen und zu schüren. Die Nichtarbeitenden halten sich durch die Stärke und die Macht des Kapitals. Die reichen Juden, die reichen Russen, die Reichen aller Länder unterdrücken und unterjochen im Bunde miteinander die Arbeiter, plündern sie aus und entzweien sie.

Schande über den verfluchten Zarismus, der die Juden gequält und verfolgt hat. Schmach und Schande über den, der Feindschaft gegen die Juden, Haß gegen andere Nationen sät.

Es lebe das brüderliche Vertrauen und das Kampfbündnis der Arbeiter aller Nationen im Kampf für den Sturz des Kapitals.

13. *Maxim Gorki*

Antwort auf eine Umfrage über das Problem des Antisemitismus*

Nur eine Gesellschaft, die auf die Ideen des Rechtes und der Gerechtigkeit gegründet ist, führt ein kulturgemäßes Dasein und ist wirklich lebensfähig; denn nur diese Ideen sind es, die den Menschen die Überwindung der tierischen Triebe des Egoismus ermöglichen, nur sie sind fähig, das Chaos der dunklen menschlichen Empfindungen durch das Licht des vernünftigen Wollens zu erhellen.

Die Gerechtigkeit: das ist das Hohelied, das unablässig alle vernunftbegabten Menschen der Welt anstimmen müßten, alle jene, die, indem sie einander achten, auch Achtung gegen sich selbst fordern.

Erkenne jedem die Rechte zu, die du selbst begehrst, und alle werden dir das Recht zugestehen, zu sein, was du nach Maßgabe deiner Fähigkeiten zu sein vermagst: das ist der einzige unmittelbare und ehrenhafte Weg, der den Menschen zur Freiheit führt.

Alle Welt weiß, daß vor allem in Rußland die Vorstellungen von politischer und sozialer Gerechtigkeit der Entwicklung und des Schutzes bedürftig sind: was wäre auch außer diesen Ideen imstande, all die lebendigen Kräfte unseres Landes mit seiner Vielheit von Völkern und seinem Mangel an Organisation zu einer Einheit zusammenzufassen?

Die russische Erde ist von mehr als hundert Nationalitäten verschiedener Sprache und verschiedener Konfession bewohnt; dem

* Aus: Maxim Gorki, Die Zerstörung der Persönlichkeit, Aufsätze, Dresden 1922.

herrschenden Volke – dem großrussischen – gehören nur 55 von 170 Millionen Menschen an: Ist es nicht völlig klar, daß unsere Parole für den kulturellen Zusammenschluß die Parole »Freiheit und Einheit« sein muß?

Nicht ein Staat der Welt hat eine so gewaltige Organisationsarbeit vor sich, wie der russische, für keine Gesellschaft in Europa ist die Notwendigkeit, sich mit Energie und Aufmerksamkeit um die freie innere Zusammenfassung aller seiner schöpferischen Bestrebungen und Intelligenzen zu bemühen, so sehr zur Pflicht geworden, wie für die russische.

Und es gibt nicht eine einzige Gesellschaft, die den Interessen und der Kultur anderer Nationalitäten gegenüber sich so passiv und teilnahmslos verhalten würde, wie wir Russen im Hinblick auf die Völker und Nationalitäten unseres Reiches.

Pessimisten werden vielleicht sagen, daß Leute, die nicht fähig sind, für ihre eigenen Rechte zu kämpfen, um so weniger imstande seien, die Rechte eines Volkes anderer Nationalität tatkräftig zu verteidigen: aber so sprechen, hieße zugeben, daß die russische Gesellschaft und das russische Volk geistig tot sind.

Wir glauben unerschütterlich an die noch verborgenen jungen Kräfte des russischen Volkes, wir glauben an seine Vernunft, an seinen Willen zu einem guten und gerechten Leben.

Doch seht: Staat und Gesellschaft nehmen von den Juden alles, was diese ihnen zur Verfügung stellen können – die Intelligenz, die Energie, sogar das Leben –, ohne ihnen andererseits zu gewähren, wessen sie so dringend bedürfen – die Möglichkeit, zu leben, zu studieren, ihre reichen Fähigkeiten frei zu entfalten. Es gibt Leute, die sich beklagen, daß die Juden das russische Volk ausbeuten; ja es gibt sogar Leute, die befürchten, die Juden wären imstande, ganz Rußland aufzufressen.

Aber niemand beutet den Menschen rücksichtsloser und schamloser aus als seine eigene Dummheit. Es ist lächerlich, davon zu reden, daß fünf Millionen Juden die Macht hätten, in irgendeiner Beziehung und auf irgendeine Art den regelmäßigen Gang des Lebens in einem Staat mit einer Bevölkerung von weit über 160 Millionen zu hemmen.

Die Judenfrage in Rußland ist auf Grund ihrer sozialen Bedeu-

tung das allerwichtigste unter den Problemen, die eine bessere Organisation der russischen Gesellschaft zum Gegenstand haben.
Es ist das Problem: Wie befreien wir die Mitbürger israelitischer Konfession vom Joch der Rechtsberaubung. Dieses Joch ist eine Schande für uns und in sozialer Beziehung durchaus schädlich; es tötet die Energie eines Volkes, dessen lebendige, freie Tatkraft für das Wachstum unserer Kultur ebenso notwendig ist wie die schöpferische Energie der geborenen Russen.
Von allen Nationalitäten des russischen Reiches ist die jüdische die uns am nächsten stehende, denn die Juden sind mitten hineingestellt in die Aufgabe einer zweckmäßigen Organisation Rußlands und geben dazu eine beträchtliche Zahl ihrer Kräfte her, die mit aller Energie der schwierigen und großen Sache der Europäisierung unseres halbasiatischen Landes dienten und dienen. Es gibt kein Gebiet, auf dem der Jude nicht Seite an Seite mit dem Russen arbeitet, und mit nicht geringerem Erfolg als dieser. Das ist unbestreitbar.
Es sind gerade die Juden, die am ausdauerndsten jene großen Pflichten auf sich nahmen und noch auf sich nehmen, für die sie, wie die Besseren unter den Russen, mit Verbannung, Gefängnis und Zwangsarbeit bestraft wurden, und diese Ausdauer wirkt vielleicht indirekt fördernd auf den Antisemitismus und die Pogromhetze in Rußland.
Obgleich die arbeitstauglichsten Menschen, sind die Juden doch in ihren Menschenrechten am allerwenigsten gesichert: über diese Ungerechtigkeit kommen wir Russen nicht hinweg; es ist ein Schandfleck auf dem Gewissen jedes Einzelnen von uns.
Bedenken Sie wohl: Es handelt sich nicht um besondere, ausschließliche Rechte für die Juden, sondern nur darum, sie auf dieselbe Stufe der Rechtsberaubung zu stellen, auf der wir Russen stehen.
Der blutige Weltkrieg sah mehr als zweihunderttausend Juden in den Reihen unserer Armee; dutzendweise wurden sie durch Tapferkeitsorden ausgezeichnet, Tausende starben auf den Schlachtfeldern. Und der jüdische Soldat, der Rußland verteidigt, muß mit ansehen, wie die Russen, für deren Besitztum er sein Blut vergießt, Städte und Dörfer seiner Glaubensgenossen in

der Niederlassungszone* zerstören, Frauen und junge Mädchen schänden, Greise und Jünglinge aufhängen, wenn sie der Spionage verdächtig sind.

Überlegen Sie einmal, was in einem jüdischen Soldaten vorgehen muß, der mutig sein Leben für unser Wohl hingibt und unser Land verteidigt, aus dem man ihn vertreibt, in dem man ihm keinen freien Atemzug gönnt, wo die Judenpogroms zu den Alltäglichkeiten gehören und wo Verbrechen gegen den Geist der Gerechtigkeit und der Gesittung möglich sind, wie der Prozeß gegen Beilis und der Versuch in Fastow, einen Prozeß ähnlicher Art zu inszenieren.

Wir wenden uns an das Gewissen und an die Vernunft des russischen Volkes: denken Sie über die Tragödie des Judentums nach! Derlei Vorgänge von heute sind trächtig von ernsten Zukunftsmöglichkeiten, gefährlicher als je für das jüdische Volk, entehrender als je für uns selbst.

Man hat Gerüchte ausgestreut über die Spionagetätigkeit der Juden: sie hätten, sagte man, die polnischen Gouvernements durch Verrat ausgeliefert. Soldatenbriefe, Erzählungen Verwundeter tragen diese Gerüchte bis in die entlegensten Winkel der russischen Erde: so schafft man eine Stimmung, die ganz geeignet ist, neue Pogroms zu erzeugen und einen Vorwand abzugeben, die Juden in ihren Rechten, ihrer Lebensführung und in ihrer Arbeit, die wir so notwendig brauchen, neuerdings einzuschränken.

Bürger! die Welt schwimmt ohnedies bereits im Blut, vergossen von der Brutalität des Hasses.

Es ist möglich, daß die Gerüchte, die das Judentum entehren sollen, gerade von Leuten ausgehen, die ein Interesse haben an der Vertreibung der Juden, an der Stärkung der politischen und sozialen Reaktion. Wir wollen selbstverständlich in keiner Weise die Soldaten und die Armee anklagen; die Soldaten fällen keine Urteile, sie erzeugen die Gerüchte nicht selbst: sie wiederholen sie nur.

---

* Der Wohnbereich der Juden, außerhalb dessen es ihnen vor der Revolution von 1917 verboten war, sich anzusiedeln. (Anm. d. Übers.)

Wir wissen auch, daß es kein Volk gibt, das aus lauter Gerechten und Heiligen besteht, und wir wollen auch nicht leugnen, daß die Juden, durch den Krieg gemartert und ruiniert, sich einzelne Fälle von Verrat und Spionage zuschulden kommen ließen.
In Wahnsinn gehetzt durch das Unglück, wird der Mensch, dem man das Haus anzündete, dem man die Frau oder die Tochter schändete, dem man den Bruder oder den Vater tötete, vielleicht zum Verräter aus Rachsucht werden – aber rächt er sich dann als Jude? In ihm rächt sich der beleidigte Mensch. Ganz auf die gleiche Art könnte sich auch der Pole, der Ruthene, der Elsässer, der Kroate, der Bosniak rächen – es ist die Rache des Mißhandelten, des Zugrundegerichteten. Das Gesetz verdammt den Verräter, obgleich er nur zur Vergeltung Verrat geübt hat; man wird ihn verurteilen, man wird ihn töten – doch wir müssen uns erinnern, daß der Verurteilte ein Opfer der tragischen Verhältnisse ist, die erst der Krieg geschaffen hat.
Ist aber ein ganzes Volk strafbar für die Sünden, die zehn seiner Angehörigen begehen?
Wir bestreiten nicht, daß es unter ihnen Leute gibt, die das Geld mehr lieben als das Vaterland: solche Leute gibt es aber bei allen Nationen, mit Einschluß des russischen Volkes. Viele stellen eben das Geld höher als alles, was sonst auf der Welt existiert: aber diese Art, die Dinge einzuschätzen, datiert nicht erst von heute und wurde auch nicht von den Juden erfunden.
Noch eine Quelle judenfeindlicher Gerüchte wäre zu erwähnen: das ist der polnische Antisemitismus, den die russische Politik der Judenverfolgungen erzeugt hat. Indem wir seinerzeit den Juden in dem beengten polnischen Gebiet eine Siedlungszone zuwiesen, erregten wir dadurch den Haß der Polen gegen die Eingewanderten, gegen den Fremden. Es ist auch möglich, daß ein großer Teil der Polen, die sich als Hüter ihrer alten europäischen Kultur betrachten, den Juden russifizierende Tendenzen unterschieben. Wenn die Menschen sich stark bedrückt fühlen, stoßen sie einander unbarmherzig hin und her.
Wir dürfen nicht vergessen, daß in der tragischen Zeit des Krieges unsere Juden – das Volk, das sich selbst und der Welt das Ge-

bot gab: »Du sollst nicht töten!« – ohne Widerspruch ihr und der anderen Blut vergießen für die Verteidigung Rußlands – desselben Landes, wo sie ihrer Rechte beraubt und verfolgt werden.

Die Welt lebt nicht von den Vergehen der Sünder, sondern von den Guttaten der Gerechten, und es gibt keinen geheiligteren Heroismus als den der Selbstentsagung für das Wohl und die Freiheit des anderen.

Zu diesem Heroismus bekennt sich der Jude mit dem gleichen Mute der Selbstaufopferung wie der Franzose, der Serbe, der Engländer. Aber jeder von diesen verteidigt sein Vaterland, dem er als Bürger mit dem vollen Genuß aller seiner Rechte angehört; er verteidigt *seine* Gemeinschaft, die ihn achtet, die die Hüterin seiner Rechte ist.

Wofür kämpft aber ein russischer Jude, der seiner Rechte beraubt ist?

Er gibt uns sein Leben hin – wir danken ihm dafür, indem wir ihn einen »Verräter« nennen, bloß deshalb, weil es auch bei den Juden schlechte Subjekte gibt.

Aber wir sollen nicht auf das sehen, was den Menschen entehrt, sondern auf das, was ihm in unseren Augen Würde gibt.

Viele von uns haben sich daran gewöhnt, zu glauben, daß das russische Volk mit einer besonders hoch entwickelten Gewissenszartheit begabt sei, daß ihm eine besondere Herzensgüte eigen sei, die es über alle anderen Völker erhebe.

Wir wenden uns an das Herz und an die Vernunft der Russen, um dagegen zu protestieren, daß man ein ganzes Volk grundlos der Verräterei, des Mangels an Ehrgefühl und an Liebe für Rußland bezichtigt, obgleich es diesem Volke nur Stiefmutter ist.

Wir protestieren gegen alle Beeinträchtigung des Judentums in seinem Recht auf freie Arbeit, in seinem Recht auf den Bürgerstand.

Wir brauchen starke, arbeitsfähige Menschen – ist es nicht starken Geistes, dieses Vok des Altertums, das sich so mutvoll belud mit der schweren Last eines Lebens in der Diaspora und das nun schon an die zehn Jahrhunderte diese Last über die Erde trägt,

auf die es unermüdlich die siegreichen Gedanken der Freiheit und Schönheit aussät.
Es ist gedankenlos, schändlich und für uns selbst nachteilig, ein Volk zu unterdrücken, das der Welt die größten Propheten der Wahrheit und Gerechtigkeit geschenkt hat und bis auf diesen Tag durch Männer von großer Begabung und Intelligenz zu ihrer Erhellung beiträgt.
Es ist Zeit, daß wir uns in Bewegung setzen, um die Juden mit aller Kraft, deren wir fähig sind, zu verteidigen; es ist Zeit, ihnen ganze und volle Gerechtigkeit widerfahren zu lassen.
Möge das Wort Tat werden!

14. Leo Trotzki

Brief an jüdische Linksintellektuelle in der Sowjetunion (Oktober 1934)

Bezugnehmend auf den Brief von Ykslagor: Die Behauptung, daß Birobidjan »Links-Zionismus« sei, scheint mir völlig unrichtig zu sein. Der Zionismus lenkt die Arbeiter vom Klassenkampf ab durch Hoffnungen auf einen jüdischen Staat unter kapitalistischen Bedingungen, die nicht zu verwirklichen sind. Aber eine Arbeiterregierung ist verpflichtet, für die Juden sowie für jede Nation, die besten Verhältnisse für eine kulturelle Entwicklung zu schaffen; das bedeutet unter anderem: Für diejenigen Juden, die ihre eigenen Schulen, ihre eigene Presse, ihr eigenes Theater usw. verlangen, ein eigenes Territorium zur Selbstverwaltung und Entwicklung zu schaffen. Das internationale Proletariat wird genauso handeln, wenn es zum Herrn der ganzen Welt wird. Auf dem Gebiet der nationalen Frage darf es keine Einschränkung geben, im Gegenteil, es müssen die kulturellen Bedürfnisse aller Nationalitäten und ethnischen Gruppen allseitig materiell unterstützt werden. Wenn diese oder jene nationale Gruppe dazu bestimmt ist, unterzugehen (im nationalen Sinn), dann muß das so wie ein natürlicher Prozeß geschehen, aber nie als Folge irgendwelcher territorieller, wirtschaftlicher oder verwaltungsmäßiger Schwierigkeiten.

L. Trotzki

15. *Leo Trotzki*

Thermidor und Antisemitismus*
(22. Februar 1937)

Zur Zeit des letzten Moskauer Prozesses stellte ich in einer meiner Erklärungen fest, daß Stalin im Kampf gegen die Opposition die antisemitischen Tendenzen im Land ausgenützt hat. Zu diesem Punkt habe ich eine Reihe Briefe und Anfragen erhalten, die im allgemeinen – es gibt keinen Grund, die Wahrheit zu verbergen – sehr naiv waren. »Wie kann jemand die Sowjetunion wegen Antisemitismus anklagen?« »Wenn die UdSSR eine antisemitisches Land ist, was ist dann noch übriggeblieben?« Das war der herrschende Ton dieser Briefe. Diese Leute erheben Einspruch und sind verwirrt, weil sie es gewöhnt sind, den faschistischen Antisemitismus der Emanzipation der Juden gegenüberzustellen, die durch die Oktoberrevolution erreicht wurde. Für diese Leute scheint es, als würde ich ihren Händen ein magisches Amulett entwenden. Eine solche Denkweise ist typisch für diejenigen, die an das gängige, undialektische Denken gewöhnt sind. Sie leben in einer Welt von unveränderlichen Begriffen. Sie erkennen nur das an, was ihnen paßt: Hitler-Deutschland ist das absolute Königreich des Antisemitismus, die UdSSR ist demgegenüber das Königreich der nationalen Harmonie. Wesentliche Veränderungen, Übergänge von einer Lage in die andere, mit einem Wort: die aktuellen geschichtlichen Vorgänge entgehen ihrer schlaffen Aufmerksamkeit.

Ich bin überzeugt, man hat noch nicht vergessen, daß der Antisemitismus im zaristischen Rußland bei den Bauern, dem Kleinbürgertum aus der Stadt, der Intelligenzija und den rückständigeren Schichten der Arbeiterschaft ziemlich verbreitet war. »Mütterchen« Rußland war nicht nur für ihre periodischen Ju-

* Erstmals veröffentlicht in: The New International, Mai 1941

denpogrome berühmt, sondern auch für die Existenz einer beträchtlichen Anzahl an antisemitischen Publikationen, die sich in jenen Tagen einer großen Verbreitung erfreuten. Die Oktober-Revolution hat den Paria-Status der Juden abgeschafft. Das bedeutet jedoch auf keinen Fall, daß sie mit einem Schlag den Antisemitismus beseitigt hat. Ein langer und ausdauernder Kampf gegen die Religion hat es nicht vermocht, Tausende und Abertausende von Betern davon abzuhalten, sogar heute noch die Kirchen, Moscheen und Synagogen zu füllen. Die gleiche Situation herrscht auf dem Gebiet der nationalen Vorurteile. Die Gesetzgebung allein ändert die Leute nicht. Ihre Gedanken, Gefühle, Ansichten hängen ab von Tradition, materiellen Lebensbedingungen, kulturellem Niveau usw. Das Sowjet-Regime ist noch keine zwanzig Jahre alt. Die ältere Hälfte der Bevölkerung wurde unter dem Zarentum erzogen. Die jüngere Hälfte hat eine Menge von der älteren ererbt. Diese allgemeinen geschichtlichen Bedingungen allein sollten jeden denkenden Menschen erkennen lassen, daß es trotz der modellhaften Gesetzgebung der Oktober-Revolution unmöglich ist, daß nationale und chauvinistische Vorurteile – insbesondere der Antisemitismus – nicht in den rückständigeren Schichten der Bevölkerung hartnäckig überdauert haben sollten.

Aber das ist auf keinen Fall alles. In Wirklichkeit hat das Sowjet-Regime eine Reihe von neuen Phänomenen hervorgerufen, die wegen der Armut und des niedrigen Bildungsstandes der Bevölkerung es möglich machten, von neuem eine antisemitische Atmosphäre zu schaffen, und sie tatsächlich geschaffen hat. Die Juden sind eine typische Stadtbevölkerung. Sie machen einen beachtlichen Prozentsatz der Stadtbevölkerung in der Ukraine, in Weißrußland und sogar in Großrußland aus. Das Sowjet-Regime braucht mehr als irgendein anderes Regime der Welt eine große Anzahl von Staatsbediensteten. Staatsbedienstete kommen aus der kultivierteren Stadtbevölkerung. Natürlich stellten die Juden einen unverhältnismäßig hohen Anteil in der Bürokratie, und das besonders in den unteren und mittleren Rängen. Natürlich können wir unsere Augen vor dieser Tatsache verschließen und uns auf vage Allgemeinplätze über die Gleichheit und Brüderlichkeit aller Völker beschränken. Aber eine Vogel-Strauß-Politik wird uns keinen einzigen Schritt weiterbringen. *Der Haß der Bauern und Arbeiter auf die Bürokratie ist eine fundamentale Tatsache im sowjetischen Leben.* Die Gewaltherrschaft des Regimes, die Verfolgung jeglicher Kritik, das Erstarren jedes lebendigen Gedankens, schließlich die gerichtlichen Täuschungsmanöver sind einzig die Widerspiegelung dieser grundlegenden Tatsache. Sogar durch *apriorische* Überlegungen ist es unmöglich, nicht zu dem Schluß zu gelangen, daß der Haß auf die Bürokratie eine antisemitische Färbung annehmen würde, zumindest an solchen Orten, wo die jüdischen Funktionäre einen signifikanten Prozentsatz der Bevölkerung bilden und sich gegen den Hintergrund der bäuerlichen Massen abheben. Im Jahr 1923 schlug ich auf der Partei-Konferenz der Bolschewiki der Ukraine vor, daß die Funktionäre fähig sein sollten, die Sprache der sie umgebenden Bevölkerung zu sprechen und zu schreiben. Wie viele ironische Bemerkungen wurden über diesen Vorschlag gemacht, hauptsächlich von der jüdischen Intelligenzija, die Russisch sprach und las und die ukrainische Sprache nicht lernen wollte. Es muß zugegeben werden, daß sich die Situation in dieser Hinsicht beträchtlich gebessert hat. Aber die nationale Zusammensetzung der Bürokratie hat sich wenig geändert, und, was unermeßlich viel wichtiger ist, der Antagonismus zwischen der Bevölkerung und der Bürokratie ist während der letzten zehn oder zwölf Jahre ungeheuer gewachsen. Alle ernsthaften und aufrichtigen Beobachter, besonders diejenigen, die für lange Zeit unter den arbeitenden Massen gelebt haben, bezeugen die Existenz des Antisemitismus, nicht nur des alten und althergebrachten, sondern auch des neuen, der sowjetischen Spielart.

Der sowjetische Bürokrat fühlt sich selbst moralisch in einer belagerten Festung. Er versucht mit all seiner Kraft aus seiner Isolation auszubrechen. Die Politik Stalins ist zumindest bis zu 50 Prozent von diesem Drang geleitet. Das zeigt: 1. die pseudosozialistische Demagogie (»Der Sozialismus ist schon erreicht«; »Stalin gab, gibt und wird dem Volk ein glückliches Leben geben«, usw.); 2. politische und wirtschaftliche Maßnahmen, die dazu bestimmt sind, um die Bürokratie herum eine breite Schicht von neuen Aristokraten aufzubauen (die unverhältnismäßig hohen Löhne der Stachanow-Arbeiter, militärische Auszeichnungen, Ehrenorden, der neue »Adel« usw.); und 3. das Sich-Sorgen um nationale Gefühle und Vorurteile der rückständigen Schichten der Bevölkerung.

Der ukrainische Bürokrat, falls er selbst ein einheimischer Ukrainer ist, wird im kritischen Moment unvermeidlicherweise herauszustellen versuchen, daß er der Bruder des *Mushik* und des Bauern ist – nicht irgendein Fremder und unter keinen Umständen ein Jude. Natürlich liegt in einer solchen Haltung – o weh – nicht ein Korn von »Sozialismus« oder gar grundlegender Demokratie. Aber das ist genau der Kern der Frage. Die privilegierte Bürokratie, die um ihre Privilegien fürchtet und folglich moralisch total verdorben ist, stellt gegenwärtig die am meisten antisozialistische und am meisten antidemokratische Schicht der sowjetischen Gesellschaft dar. Im Kampf für ihre Selbsterhaltung nutzt sie die eingefleischtesten Vorurteile und die dunkelsten Instinkte aus. Wenn Stalin in Moskau Prozesse inszeniert, die die Trotzkisten anschuldigen, daß sie planten, die Arbeiter zu vergiften, dann ist es nicht schwer, sich vorzustellen, in welch trübe Tiefen sich die Bürokratie in einigen ukrainischen oder zentralasiatischen Hütten bewegen kann.

Derjenige, der aufmerksam das Leben in der Sowjetunion verfolgt, wenn auch nur durch offizielle Publikationen, wird von Zeit zu Zeit in verschiedenen Teilen des Landes scheußliche bürokratische Auswüchse offengelegt sehen: Bestechung, Korruption, Unterschlagung, Mord an Personen, deren Existenz für die Bürokratie unbequem ist, Schändungen von Frauen und ähnliches mehr. Könnten wir in die Tiefe dringen, so würden wir sehen, daß ein jedes dieser Abszesse aus der bürokratischen Schicht herrührt. Manchmal ist Moskau gezwungen, von Schauprozessen Gebrauch zu machen. In all solchen Prozessen bilden die Juden einen signifikanten Prozentsatz, teilweise, weil sie – wie bereits festgestellt – einen großen Teil der Bürokratie ausmachen und mit ihrem Makel gebrandmarkt sind, teilweise, weil die führenden Kader der Bürokratie, getrieben vom Instinkt der Selbst-

erhaltung, im Zentrum und in den Provinzen danach streben, den Unmut der arbeitenden Massen von sich selbst weg auf die Juden zu lenken. Diese Tatsache war bereits vor zehn Jahren jedem kritischen Beobachter in der UdSSR bekannt, als das Stalin-Regime kaum erst seine Grundzüge enthüllt hatte.
Der Kampf gegen die Opposition war für die herrschende Clique eine Frage von Leben und Tod. Das Programm, die Grundsätze, die Beziehungen zu den Massen, alles wurde aus der Angst der neuen herrschenden Clique um ihre Selbsterhaltung heraus ausgerottet und verworfen. Diese Leute schrecken vor nichts zurück, um ihre Privilegien und ihre Macht zu erhalten. Vor kurzem wurde eine Ankündigung auf die ganze Welt losgelassen mit dem Inhalt, daß mein jüngster Sohn, Sergei Sedov, unter der Anklage stehe, eine Massenvergiftung der Arbeiter auszuhecken. Jeder normale Mensch wird daraus folgern: Leute, die fähig sind, eine solche Anschuldigung hervorzubringen, haben den letzten Grad an moralischer Entartung erreicht. Ist es in diesem Fall möglich, auch nur für einen Moment zu bezweifeln, daß dieselben Kläger fähig sind, antisemitische Vorurteile der Massen zu fördern? Genau im Falle meines Sohnes sind diese beiden Vergehen vereint. Es lohnt sich, diesen Fall näher zu betrachten. Vom Tage ihrer Geburt an trugen meine Söhne den Namen ihrer Mutter (Sedov). Sie benutzten nie irgendeinen anderen Namen – weder in der Volksschule noch an der Universität, noch in ihrem späteren Leben. Was mich betrifft, so habe ich während der letzten 35 Jahre den Namen Trotzki getragen. In der sowjetischen Zeit hat mich nie jemand beim Namen meines Vaters (Bronstein) genannt, genauso wie nie jemand Stalin Dschugaschwili genannt hat. Damit meine Söhne nicht gezwungen wären, ihren Namen zu ändern, nahm ich aus »staatsbürgerlichen« Erfordernissen den Namen meiner Frau an (was nach sowjetischem Gesetz ausdrücklich erlaubt ist). Als mein Sohn, Sergei Sedov, jedoch unter die äußerst unglaubliche Anklage gestellt wurde, Arbeiter vergiften zu wollen, kündigte die GPU in der sowjetischen und ausländischen Presse an, daß der »echte« Name meines Sohnes nicht Sedov, sondern Bronstein sei. Falls diese Wahrheitsverdreher die Verbindung des Beschuldigten mit mir

herausstellen wollen, dann hätten sie ihn Trotzki genannt, da der Name Bronstein politisch für niemanden etwas bedeutet. Aber sie wollten auf ein anderes Spiel hinaus: d. h. sie wollten meine jüdische Herkunft und die halb-jüdische Herkunft meines Sohnes herausstellen. Ich habe mich bei diesem Vorfall kurz aufgehalten, weil er ein wesentliches und doch keineswegs ungewöhnliches Merkmal enthüllt. Der ganze Kampf gegen die Opposition ist voll von solchen Episoden.

Zwischen 1923 und 1926, als Stalin mit Sinovjew und Kamenew noch Mitglied der »Troika« war, trug das Spiel auf den Saiten des Antisemitismus vorsichtige und verhüllte Züge. Besonders geschulte Redner (Stalin führte schon damals unter der Hand den Kampf gegen seine Mitarbeiter) sagten, daß die Anhänger Trotzkis Kleinbürger aus »kleinen Städten« seien, ohne ihre Abstammung genau zu bezeichnen. In Wirklichkeit war daran kein wahres Wort. Der Prozentsatz jüdischer Intellektueller in der Opposition war keineswegs größer als der in der Partei und der Bürokratie. Es genügt, die Führer der Opposition für die Jahre 1923-25 zu nennen: I. N. Smirnow, Serebryakov, Rakowski, Piatakov, Preobrazhenski, Krestinski, Muralov, Beloborodow, Mrachkowski, V. Jakowlew, Sapronow, C. M. Smirnow, Istchenko – alles einheimische Russen. Radek war zu dieser Zeit erst ein halber Sympathisant. Aber wie in den Prozessen von den Schiebern und anderen Schurken, so betonte die Bürokratie zur Zeit der Ausrottung der Opposition aus der Partei absichtlich die Namen jüdischer Mitglieder, die von beiläufiger und zweitrangiger Bedeutung waren. Das wurde ziemlich offen in der Partei diskutiert, und damals, 1925, sah die Opposition in dieser Situation das unmißverständliche Symptom des Niedergangs der herrschenden Clique.

Nachdem Sinovjew und Kamenew sich der Opposition angeschlossen hatten, wandelte« sich die Situation radikal zum Schlechteren hin. An diesem Punkt bot sich eine vorzügliche Chance, den Arbeitern zu sagen, daß an der Spitze der Opposition drei »unzufriedene jüdische Intellektuelle« stünden. Unter der Leitung von Stalin setzten Uglanow in Moskau und Kirow in Leningrad diese Linie systematisch und fast völlig offen durch. Um noch schärfer den Arbeitern die Unterschiede zwischen dem »alten« und dem »neuen« Kurs klarzumachen, wurden die Juden, selbst wenn sie vorbehaltlos der allgemeinen Linie treu waren, aus verantwortlichen Partei- und Sowjet-Posten entfernt. Nicht nur auf dem Land, sondern sogar in Moskauer Fabriken nahm 1926 die Hetze gegen die Opposition einen unzweideutig antisemitischen Charakter an. Viele Agitatoren äußerten unverhohlen: »Die Juden sind die Aufrührer.« Ich habe Hunderte von Briefen erhalten, die die antisemitischen Methoden im Kampf gegen die Opposition beklagten. Während einer der Sitzungen des Politbüros schrieb ich Bucharin eine Notiz: »Du kannst nicht umhin zu erkennen, daß sogar in Moskau im Kampf gegen die Opposition Methoden der Schwarzhundertschaften (Antisemitismus usw.) angewandt werden.« Bucharin antwortete mir ausweichend auf dem gleichen Stück Papier: »Vereinzelte Vorfälle kann es natürlich geben.« Ich schrieb zurück: »Ich habe nicht vereinzelte Vorfälle im Sinn, sondern eine systematische Agitation unter den Parteisekretären großer Moskauer Unternehmen. Wenn Du einverstanden bist, so komm mit mir in die ›Skorochod‹-Fabrik, um dafür ein Beispiel zu untersuchen.« Bucharin antwortete: »In Ordnung, wir können gehen.« Vergeblich habe ich versucht, ihn dazu zu bringen, sein Versprechen einzulösen. Stalin verbot es ihm ausdrücklich. In den Monaten der Vorbereitungen für den Ausschluß der Opposition aus der Partei, der Verhaftungen, der Ausweisungen (in der zweiten Hälfte 1927) nahm die antisemitische Agitation einen völlig ungehemmten Charakter an. Der Slogan: »Schlagt die Opposition« bekam oft die Bedeutung des alten Slogans: »Schlagt die Juden und rettet Rußland«. Die Sache ging soweit, daß Stalin genötigt war, eine gedruckte Erklärung abzugeben, die besagte: »Wir kämpfen gegen Trotzki, Sinovjew und Kamenew, nicht weil sie Juden sind, sondern weil sie die Opposition sind« usw. Jedem politisch denkenden Menschen war es vollständig klar, daß diese bewußt doppeldeutigen Worte, die sich gegen die Auswüchse des Antisemitismus richteten, diesen zur selben Zeit mit vollem Bedacht nährten. »Vergeßt nicht, die Führer der Opposition sind – Juden!« Das war die *Bedeutung* der Feststellung Stalins, die in allen sowjetischen Zeitungen veröffentlicht wurde.

Als die Opposition entschlossener und offener im Kampf fortfuhr, um den Repressalien entgegenzutreten, sagte Stalin zu Piatakow und Preobrazhenski in Form eines sehr bezeichnenden »Scherzes«: »Ihr kämpft am wenigsten gegen die C. E., da ihr offen Eure Beile schwingt. Das beweist das ›Orthodoxe‹ Eurer Handlung. Trotzki arbeitet hinterhältig und nicht mit einem Beil.« Preobrazhenski und Piatakow berichteten mir dieses Gespräch mit starkem Abscheu. Dutzende Male versuchte Stalin, den Kern der Opposition gegen mich aufzuwiegeln.

Der bekannte deutsche radikale Journalist Franz Pfemfert, der frühere Herausgeber der ›Aktion‹, der im Augenblick im Exil lebt, schrieb mir im August 1936:

»Vielleicht erinnern Sie sich, daß ich vor einigen Jahren in der ›AKTION‹ behauptet habe, daß viele Handlungen Stalins aus seinen antisemitischen Tendenzen her erklärt werden können. Die Tatsache, daß er in diesem scheußlichen Prozeß es fertigbrachte, durch ›Tass‹ die Namen von Sinowjew und Kamenew ›richtigzustellen‹, stellt für sich allein eine Geste dar. Auf diese Weise gab Stalin allen antisemitischen, skrupellosen Elementen ›Grünes Licht‹.«

Tatsächlich scheint es, als seien die Namen Sinovjew und Kamenew bekannter als die Namen von Radomislyski und Rosenfeld. Welch anderes Motiv könnte Stalin gehabt haben, die »echten« Namen seiner Opfer bekanntzumachen, wenn nicht, mit antisemitischen Stimmungen sein Spiel zu treiben? Solches widerfuhr, wie wir gesehen haben, gleichermaßen dem Namen meines Sohnes, und dabei ohne die geringste gesetzliche Berechtigung. Am erstaunlichsten ist jedoch die Tatsache, daß sich alle vier »Terroristen«, die angeblich von mir aus dem Ausland geschickt worden seien, als Juden entpuppten und – zur gleichen Zeit – Agenten der antisemitischen Gestapo sein sollten. Da ich keinen dieser Unglücklichen je gesehen habe, ist klar, daß die GPU sie absichtlich wegen ihrer Abstammung ausgewählt hat. Und die GPU nicht vermöge ihrer eigenen Inspiration!

Noch einmal: Wenn solche Methoden an oberster Stelle praktiziert werden, wo die persönliche Verantwortlichkeit Stalins absolut fraglos ist, dann ist es nicht schwer, sich vorzustellen, was in den unteren Rängen, in den Fabriken und besonders in den *Kolchosen* geschieht. Und wie könnte es auch anders sein? Die physische Ausrottung der älteren Generation der Bolschewiki ist für jeden Menschen, der denken kann, ein unumstößlicher Ausdruck der Thermidor-Reaktion, und dabei in ihrem fortgeschrittensten Stadium. Die Geschichte hat bisher kein Beispiel gesehen, wo die Reaktion, die einem revolutionären Aufschwung folgte, nicht von den unverhohlensten chauvinistischen Leidenschaften begleitet gewesen wäre, den Antisemitismus eingeschlossen!

In der Meinung einiger »Freunde der UdSSR« stellt mein Hinweis auf das Ausnutzen antisemitischer Tendenzen durch einen beachtlichen Teil der gegenwärtigen Bürokratie eine böswillige Erfindung dar mit der Absicht, sie gegen Stalin zu richten. Es ist schwierig, mit berufsmäßigen »Freunden« der Bürokratie zu diskutieren. Diese Leute leugnen die Existenz einer Thermidor-Reaktion ab. Sie nehmen sogar die Moskauer Prozesse für bare Münze. Es gibt »Freunde«, die die UdSSR mit der besonderen Absicht besuchen, die Flecken auf der Sonne nicht zu sehen. Nicht wenige von ihnen bekommen eine besondere Bezahlung für ihre Bereitwilligkeit, nur das zu sehen, worauf der Finger der Bürokratie für sie hinzeigte. Aber wehe den Arbeitern, Revolutionären, Sozialisten, Demokraten, die mit den Worten Puschkins »einen Wahn, der uns verzückt«, der bitteren Wahrheit vorziehen. Ein gesunder revolutionärer Optimismus hat keinen Bedarf für Illusionen. Man muß das Leben so nehmen, wie es ist. Es ist notwendig, in der Wirklichkeit selbst die Kraft zu finden, ihre reaktionären und barbarischen Erscheinungen zu überwinden. Das ist es, was uns der Marxismus lehrt.

Einige »Möchte-gern-Weise« haben mich sogar beschuldigt, »plötzlich« die »jüdische Frage« aufgebracht zu haben und zu beabsichtigen, eine Art Getto für die Juden schaffen zu wollen. Da kann ich nur voller Mitleid mit den Schultern zucken. Ich habe mein ganzes Leben lang außerhalb jüdischer Kreise gelebt. Ich habe immer in der russischen Arbeiterbewegung gewirkt. Meine Muttersprache ist Russisch. Leider habe ich noch nicht einmal Jiddisch lesen gelernt. Die jüdische Frage hat daher nie im Mittelpunkt meiner Aufmerksamkeit gestanden. Aber das heißt nicht, daß ich das Recht hätte, gegenüber dem jüdischen Problem blind zu sein; es existiert und verlangt eine Lösung. »Die Freunde der UdSSR« sind mit der Schaffung von Birobidjan zufriedengestellt. Ich werde nicht aufhören, an diesem Punkt zu überlegen, ob es auf eine feste Grundlage gebaut wurde und welche Art von Regime dort existiert. (Birobidjan kann nicht anders, als alle Gemeinheiten der bürokratischen Willkürherrschaft widerspiegeln.) Aber nicht ein einziges, progressives Individuum wird etwas dagegen einzuwenden haben, daß die UdSSR ein besonderes Territorium für diejenigen Bürger bereitstellt, die sich als Juden betrachten, die die jiddische Sprache allen anderen bevorzugen und die wünschen, in konzentrierter Zahl unter sich zu wohnen. Ist das nun ein Getto, oder ist es keins? Während der Periode der sowjetischen Demokratie, der völlig freiwilligen Wanderungen, konnte von Gettos nicht die Rede sein. Aber die jüdische Frage setzte gerade durch die Art und Weise, in der die Ansiedlung der Juden erfolgte, einen internationalen Aspekt voraus. Haben wir nicht recht, wenn wir sagen, daß eine sozialistische Weltföderation die Schaffung eines »Birobidjan« für diese Juden unmöglich machen muß, die ihre eigene autonome Republik als Forum für ihre eigene Kultur wünschen? Es kann vorausgesetzt werden, daß eine sozialistische Demokratie keinen Gebrauch von zwangsweiser Assimilation machen wird. Es kann durchaus möglich sein, daß in zwei bis drei Generationen die Grenzen einer unabhängigen Republik wie so vieler anderer nationaler Regionen fallen werden. Ich habe weder Zeit noch das Verlangen, darüber nachzudenken. Unsere Nachkommen werden eher wissen als wir, was zu tun ist. Ich habe eine historische Übergangszeit im Sinn, während der die jüdische Frage als solche noch akut ist und angemessene Maßnahmen von einer Welt-Föderation von Arbeiterstaaten verlangt. Die gleiche Methode der Lösung der jüdischen Frage, die im untergehenden Kapitalismus einen utopischen und reaktionären Charakter hat (Zionismus), wird unter dem Regime einer sozialistischen Föderation eine reale und heilsame Bedeutung erhalten. Das ist es, was ich klarstellen wollte. Wie kann ein Marxist oder sogar ein konsequenter Demokrat dagegen sein?

16. Leo Trotzki

Imperialismus und Antisemitismus*
(Mai 1940)

Die Welt des untergehenden Kapitalismus ist überfüllt. Die Frage der Aufnahme von einhundert zusätzlichen Flüchtlingen wird zu einem Hauptproblem für eine Weltmacht wie die Vereinigten Staaten. Im Zeitalter von Luftfahrt, Telegraphie, Telefon, Radios und Fernsehen wird das Reisen von Land zu Land durch Pässe und Visa gelähmt. Die Zeit, in der der Außenhandel verfällt und der Binnenhandel zugrunde geht, ist zugleich die Zeit eines ungeahnten Chauvinismus und besonders Antisemitismus. In der Epoche seines Aufstiegs holte der Kapitalismus das jüdische Volk aus dem Getto heraus und bediente sich seiner als Instrument wirtschaftlicher Expansion. Heute trachtet die niedergehende kapitalistische Gesellschaft danach, die Juden aus all ihren Poren herauszupressen; siebzehn Millionen Menschen der zwei Milliarden, die den Erdball bevölkern, d. h. weniger als ein Prozent, können nicht länger mehr einen Platz auf unserem Planeten finden. Inmitten der riesigen Bodenflächen und der Wunder der Technik, die auch den Himmel für den Menschen erobert haben, genauso wie die Erde, hat es die Bourgeoisie fertiggebracht, unseren Planeten in ein widerwärtiges Gefängnis zu verwandeln. [...]

Der Kampf um »Lebensraum« ist nichts als eine Tarnung für imperialistische Expansion, d. h. für eine Poltik der Annexion und Plünderung. Die rassistische Rechtfertigung für diese Expansion ist eine Lüge; der Nationalsozialismus ändert seine rassischen Sympathien und Antipathien in Übereinstimmung mit

* Auszug aus: The Manifesto of the Emergency Conference of the Fourth International, erstmals publiziert in: Socialist Appeal, 29. 6. 1940.

strategischen Überlegungen. Ein etwas stabileres Element in der faschistischen Propaganda ist vielleicht der Antisemitismus, dem Hitler eine zoologische Form gegeben hat, indem er die wahre Sprache der »Rasse« und des »Blutes« im Bellen des Hundes und im Grunzen des Schweins entdeckt hat. Nicht umsonst hat Friedrich Engels den Antisemitismus als »Sozialismus der dummen Kerls« bezeichnet. Die einzige Eigenschaft des Faschismus, die nicht geheuchelt ist, ist der Wille zu Macht, Unterwerfung und Raub. Faschismus ist das chemisch reine Destillat der Kultur des Imperialismus. [...]

Nach fünf Jahren gröbsten Werbens um die Demokratien, als der gesamte »Kommunismus« auf die eintönige Klage über faschistische Aggressoren reduziert wurde, entdeckte die Komintern plötzlich im Herbst 1939 den kriminellen Imperialismus der westlichen Demokratien. Ein ziemlich abrupter Wandel. Von da an kam nicht ein einziges kritisches Wort zur Zerstörung der Tchechoslowakei und Polens, zur Einnahme Dänemarks und Norwegens und über die unerhörten Bestialitäten, die von Hitlers Banden dem polnischen und jüdischen Volk angetan wurden. Hitler wurde zum friedliebenden Vegetarier gemacht, der beständig von den westlichen Imperialisten herausgefordert wurde.

17. Abraham Léon

Der Niedergang des Kapitalismus und die jüdische Tragödie im 20. Jahrhundert[*]

Das größte Verdienst des kapitalistischen Systems ist die großartige Ausdehnung der Produktivkräfte, die Begründung der Weltwirtschaft und ein nie gekannter Aufschwung von Technik und Wissenschaft. Der Stagnation der feudalen Welt setzte der Kapitalismus eine Dynamik ohnegleichen entgegen. Viele Millionen Menschen, bisher in einem hoffnungslosen Routinealltag eingepreßt, fühlten sich plötzlich von dem Strom einer intensiven, fiebernden Existenz erfaßt.

Die Juden lebten in den Poren der feudalen Gesellschaft. Als die feudale Ordnung in sich zusammenstürzte, stieß sie zunächst die Elemente ab, die ihm zugleich fremd und unentbehrlich waren. Noch bevor der Bauer sein Dorf gegen das Industriezentrum eintauschte, verließ der Jude die mittelalterliche Kleinstadt, um in die Großstädte der damaligen Welt einzuwandern. Der Verlust der jahrhundertealten Funktion der Juden in der Feudalgesellschaft geht einher mit einer Art passiven Eindringens in die kapitalistische Gesellschaft.

Wenn jedoch der Kapitalismus der Menschheit auch wertvolle Eroberungen ermöglichte, so kann die Menschheit sich diese erst mit seinem Abtreten dienstbar machen. Allein der Sozialismus ist in der Lage, die materiellen Grundlagen der Zivilisation der ganzen Menschheit zugänglich zu machen. Aber der Kapitalismus überlebt sich selbst, und all seine großartigen Errungenschaften wenden sich mehr und mehr gegen die elementarsten Interessen der Menschheit.

[*] Auszug aus: Abraham Léon, Judenfrage und Kapitalismus, München 1971 (geschrieben 1942), S. 90–117.

Der Fortschritt von Technik und Wissenschaft verwandelt sich in Fortschritte der Wissenschaft und Technik des Todes. Die Entfaltung der Produktionsmittel ist gleichbedeutend mit dem Wachstum der Vernichtungsmittel. Die Welt, zu klein geworden für den vom Kapitalismus geschaffenen Produktionsapparat, wird noch weiter eingeengt durch die verzweifelten Bemühungen jedes Imperialismus, seine Einflußsphäre zu erweitern. Obwohl der Export im Übermaß ein untrennbarer Bestandteil der kapitalistischen Produktionsweise ist, versucht der dekadente Kapitalismus sich seiner zu entledigen; d. h., seinen alten Übeln noch die mit seiner Selbstauflösung verbundenen Übel hinzuzufügen. Mächtige Barrieren behindern die freie Zirkulation der Waren und der Menschen. Unüberwindbare Hindernisse bauen sich vor den Massen auf, die infolge des Zusammensturzes der traditionellen feudalen Welt weder Brot noch Arbeit finden. Die Auflösung des Kapitalismus hat nicht nur die Auflösung der feudalen Gesellschaft beschleunigt, sondern auch die hieraus resultierenden Leiden vervielfacht. Die »Zivilisatoren« in der Sackgasse versperren denjenigen den Weg, die sich zivilisieren wollen. Ohne die Möglichkeit, sich zu zivilisieren, können jene aber noch weniger im Stadium der Barbarei verharren. Der Kapitalismus verschließt denjenigen Völkern, deren traditionelle Existenzgrundlage er zerstört hat, den Weg in die Zukunft, nachdem er den Weg in die Vergangenheit abgeschnitten hat.

An diese allgemeinen Phänomene knüpft die jüdische Tragödie des 20. Jahrhunderts an. Die extreme und tragische Situation des Judentums in unserer Zeit erklärt sich durch die außerordentliche Ungesichertheit seiner gesellschaftlichen und wirtschaftlichen Position. Als erste von dem zerfallenden Feudalismus abgestoßen, werden die Juden auch als erste von dem sich im Todeskampf aufbäumenden Kapitalismus zurückgeworfen. Die Juden finden sich so zwischen dem Amboß des absterbenden Feudalismus und dem Hammer des niedergehenden Kapitalismus.

1. In Osteuropa

Die ganze Situation des Judentums in Osteuropa erklärt sich aus der Verbindung des Zerfalls der alten feudalen Formen mit dem Niedergang des Kapitalismus. Die gesellschaftliche Differenzierung, die sich in den Dörfern aufgrund des Vordringens des Kapitalismus durchsetzt, hat zur Folge, daß reiche wie proletarisierte Bauern in die Städte strömen: erstere bringen ihr Kapital, letztere ihre Arbeitskraft auf den Markt. Aber es gibt ebensowenig Möglichkeiten für die Unterbringung von Kapital wie Möglichkeiten, Arbeit zu finden. Kaum geboren, zeigt das kapitalistische System bereits Anzeichen von Senilität. Die allgemeine Dekadenz des Kapitalismus offenbart sich in Krise und Arbeitslosigkeit.

Im Inneren Osteuropas stellen sich der Auswanderung immer unüberwindbarere Schwierigkeiten entgegen. 7 bis 8 Millionen Bauern bleiben ohne Land und nahezu ohne Arbeit im »unabhängigen« Polen. Die Juden befinden sich zwischen zwei Feuern. Sie dienen Kleinbürgern und Bauern, die sich auf ihre Kosten sanieren wollen, zur Zielscheibe.

»Die Stellung der Juden ist besonders bedroht von der polnischen Bourgeoisie und den reichen Bauern, die die Lösung ihrer Schwierigkeiten in einem wilden Wirtschaftsnationalismus suchen. Die polnische Arbeiterklasse dagegen, die unter ständiger Arbeitslosigkeit leidet, sucht ihre Rettung eher in der wirtschaftlichen und politischen Befreiung, als in einer sterilen und mörderischen Konkurrenz (...).«[1]

Gerade in den vom Kapitalismus am weitesten entwickelten Gebieten bildet sich schnell eine nicht-jüdische Handelsklasse heraus. Hier tobt der Antisemitismus am wildesten.

»In den zentralen Wojwodschaften ging man am weitesten mit der Zerstörung jüdischer Geschäfte. Dies waren Gegenden mit rein polnischer Bevölkerung. Die Bauern hatten hier einen relativ hohen Lebensstandard erlangt, die Industrie war relativ fortgeschritten, was für die materielle und intellektuelle Lage des Dorfes sehr wichtig war.«[2]

Während 1914 72 % der Geschäfte in den Dörfern jüdisch waren, sank dieser Prozentsatz 1935 auf 34 %, d. h. um mehr als die Hälfte. Die Lage der Juden war in den wirtschaftlich weniger entwickelten Gebieten besser. »Die jüdische Teilnahme am Handel ist in den rückständigeren Wojwodschaften größer.« (Lipovski)

»Die östlichen, von Weißrussen besiedelten Gebiete sind in ökonomischer, intellektueller und politischer Hinsicht der rückständigste Teil Polens. In diesen Gebieten hat sich die absolute Mehrheit der jüdischen Händler um ⅓ vergößert.«[3]

1938 befanden sich in den rückständigen Gebieten Polens 82,6 % der Geschäfte in jüdischen Händen.[4]

Alle diese Tatsachen beweisen noch einmal, daß dem jüdischen Problem in Osteuropa die Zerstörung des Feudalismus zugrunde liegt. Je weiter zurück in seiner Entwicklung ein Gebiet ist, desto leichter gelingt es den Juden, ihre jahrhundertealte Position zu halten. Aber der allgemeine Zerfall des Kapitalismus macht eine Lösung der jüdischen Frage unmöglich: Krise und Arbeitslosigkeit versperren den Juden den Zugang zu anderen Berufen. Sie erzeugen einen wilden Andrang auf die von den Juden ausgeübten Berufe und tragen zur Verschärfung des Antisemitismus bei. Die Regierungen der Junker und der Großkapitalisten bemühen sich natürlich, die antijüdische Bewegung zu organisieren und so die Massen von ihrem wahren Feind abzulenken. »Die Lösung der jüdischen Frage« wird für sie synonym für die Lösung der sozialen Frage. Um den nationalen Kräften Spielraum zu verschaffen, organisiert der Staat einen systematischen Kampf, um alle Berufe vom jüdischen Element zu reinigen. Die Mittel, um den Handel in Polen zu polonisieren, reichen von dem einfachen Boykott der jüdischen Geschäfte durch entsprechende Propaganda bis zu Judenpogromen und -bränden.

Als Beispiel möge der »Siegesbericht« in dem polnischen Regierungsblatt ›Ilustrowany Kurjer Codzienny‹ aus dem Jahre 1936 dienen: 160 polnische Handelsgeschäfte seien während der ersten 3 Monate des Jahres im Kreis von Radom erworben worden. Allein in Przytyk (berühmt wegen seiner Pogrome) seien 50 Handelspatente von Polen aufgekauft worden. Im ganzen seien in den verschiedenen Bezirken 2400 polnische Handelsgewerbe von Juden gesäubert worden.[5]

Das jüdische Handwerk wurde von der polnischen Regierung

nicht besser behandelt. Boykott, übermäßige Steuern, Prüfungen nur auf polnisch (Tausende von jüdischen Handwerkern beherrschten diese Sprache nicht) trugen dazu bei, die jüdischen Handwerker zu vertreiben. Ohne Arbeitslosenunterstützung ist das Handwerkerproletariat ganz besonders benachteiligt. Die Gehälter der jüdischen Arbeiter sind sehr niedrig und die Lebensbedingungen unerträglich (ein Arbeitstag hat bis zu 18 Stunden).

Die Universitäten wurden das Lieblingsterrain des antisemitischen Kampfes. Die polnische Bourgeoisie unternahm alles, um den Juden den Zugang zu den intellektuellen Berufen zu versperren. Die polnischen Universitäten wurden zum Schauplatz von wirklichen Pogromen und Fensterstürzen. Lange vor den Judensternen Hitlers führte die polnische Bourgeoisie die Gettobanken an den Universitäten ein. »Legale Methoden«, diskreter, aber nicht weniger wirksam, machten der jüdischen Jugend, deren intellektuelle Fähigkeiten aufgrund des Lebensstils ihrer Vorfahren stark entwickelt waren, den Zugang zu den Universitäten so gut wie unmöglich. Der Prozentsatz der jüdischen Studenten in Polen verringerte sich zwischen 1923 und 1934 um 24,1 %, zwischen 1933 und 1936 um 23,2 %.[6]

In derselben Weise ging man in Lettland und Ungarn gegen die jüdischen Studenten vor. Der Anteil der jüdischen Studenten sank in Lettland von 15,7 % im Jahre 1920 auf 8,5 % im Jahre 1931; in Ungarn von 31,7 % (1918) auf 10,5 % (1931). Alles in allem glich die Lage der Juden in Ungarn jahrhundertelang der der polnischen Juden.

In diesem Land der großen Feudalmagnaten spielten die Juden lange Zeit hindurch die Rolle der Vermittlerklasse zwischen Herren und Bauern.

»Einer unserer Berichterstatter erinnert uns daran, daß gegen Ende des 19. Jahrhunderts ein gewisser Graf v. Palugvay, der sich selbst mit der industriellen Verarbeitung der auf seinen Ländereien gewonnenen Produkte beschäftigen wollte, insbesondere mit der Destillation von Kartoffelschnaps und Branntwein, mit Mühe und Not dem Ausschluß aus dem nationalen Verein des ungarischen Adels entging. Er hatte sich sogar erlaubt, den Verkauf zu übernehmen.«

Auch die liberalen Berufe waren Opfer dieses Vorurteils, das sowohl in der hohen Aristokratie wie beim niedrigen Adel verbreitet war. Kurz vor dem Sturz der Doppelmonarchie äußerte sich ein ungarischer Magnat verächtlich über die Adligen, die »für Geld« den Hals von Individuen untersuchten, die sie nicht kannten. Natürliche Folge dieser Haltung war, daß die Juden insbesondere in den Städten gezwungen waren, die Rolle der Vermittlerklasse zwischen Bauern und Adel zu übernehmen. Der Handel, vor allem der Kleinhandel, war in den Augen des Volkes Judensache. Noch heute ist der Kaufladen und alles, was mit dessen Betrieb zusammenhängt, in den Augen des ungarischen Volkes eine jüdische Angelegenheit, selbst wenn dieser Kaufladen längst zu einem Instrument des wirtschaftlichen Kampfes gegen die Juden geworden ist.

Folgende Anekdote offenbart diesen Bewußtseinsstand in erstaunlicher Weise:

Eine Bäuerin schickt ihren Sohn um Einkäufe. Sie will, daß er dies in der halbstaatlichen Kooperative Mangya tut und nicht in einem jüdischen Laden und sie sagt ihm: »Piesta, gehe zum Juden, aber nicht zu dem, der Jude ist, sondern in das neue Geschäft.«[7]

Die Juden wurden in ganz Osteuropa aus ihren wirtschaftlichen Positionen vertrieben. Die jüdischen Massen gerieten in eine aussichtslose Lage. Eine von allem ausgeschlossene Jugend vegetierte ohne Aussicht auf Integration in das Wirtschaftsleben in hoffnungslosem Elend dahin. Vor dem Zweiten Weltkrieg baten 40 % der jüdischen Bevölkerung bei philantropischen Institutionen um Hilfe. Die Tuberkulose wütete. Geben wir den Berichterstattern der wirtschaftlichen und statistischen Abteilung des jüdischen Wissenschaftsinstitutes, das sich in einem Gebiet befand, wo Verzweiflung und Hoffnungslosigkeit unter der jüdischen Jugend regierten, das Wort:

»Die Lage der jüdischen Jugend ist sehr schwierig, besonders die der Kaufmannssöhne und -töchter, die ohne Arbeit sind, da ihre Eltern ihrer Mithilfe nicht bedürfen. Unmöglich, neue Unternehmen zu eröffnen. 75 junge Männer, 120 junge Mädchen zwischen 15 und 28 Jahren, leben ohne jede Hoffnung, sich in der Wirtschaft des Landes zu integrieren.«

Von Sulejow (Wojwodschaft Lodz) verfügen wir über ein detaillierteres, für die polnischen Kleinstädte charakteristisches Bild:

»Nahezu 50 % der Kinder jüdischer Händler arbeiten bei ihren Eltern mit, aber nur, weil es ihnen nicht gelingt, eine andere Beschäftigung zu finden. 25 % erlernen irgendeinen x-beliebigen Beruf, und die restlichen 25 % sind zum Nichtstun verurteilt. 70 % der Kinder von Handwerkern bleiben in den Werkstätten ihrer Eltern, obwohl diese nahezu ohne Arbeit sind und sehr gut ohne Hilfe auskommen könnten. 10 % erlernen neue Berufe, 20 % haben nichts zu tun. Die Söhne von Rabbinern und Angestellten der jüdischen Gemeinschaften neigen dazu, ihren Lebensunterhalt durch die Erlernung eines Berufes zu sichern. Die ganze Jugend möchte auswandern, 90 % nach Palästina, aber ihre Chancen sind gering, da die Zahl der Auswanderungsgenehmigungen beschränkt ist. Aber das macht nichts, sie gingen selbst auf den Nord- oder Südpol, nur um dieser Stagnation zu entfliehen. Die Jugend wendet sich mehr und mehr dem Handwerk zu, und ihre Beteiligung am Handel nimmt ab.«[8]

2. In Westeuropa

Die Lage des Judentums – in Osteuropa in hoffnungsloser Verstrickung zwischen dem zusammenbrechenden Feudalismus und dem in Gärung befindlichen Kapitalismus – schuf eine Treibhausatmosphäre wilder Antagonismen, die sich in gewisser Weise auf die ganze Welt ausdehnte. West- und Mitteleuropa werden zum Schauplatz eines grauenvollen Antisemitismus. Während das Zurückgehen der jüdischen Emigration, deren jährlicher Durchschnitt von 155 000 in den Jahren 1901 bis 1914 auf 43 657 in den Jahren 1926 bis 1935 sank,[9] die Lage der Juden in Osteuropa fürchterlich erschwerte, machte die allgemeine Krise des Kapitalismus selbst diese beschränkte Auswanderung für die westeuropäischen Länder untragbar. Die jüdische Frage spitzte sich ungeheuer zu, nicht nur in den Emigrations-, sondern auch in den Immigrationsländern. Schon vor dem ersten imperialistischen Krieg schuf die massive Ankunft jüdischer Immigranten eine starke antisemitische Bewegung in den Mittelklassen mehrerer Länder in Mittel- und Westeuropa. Es genügt, an die großen

Erfolge der antisemitischen Christlich-Sozialen Partei in Wien und an ihren Führer Lueger zu erinnern, an das Anwachsen des Antisemitismus in Deutschland (Treitschke) und an die Affäre Dreyfus.[10] Der Antisemitismus zeigte seine Wurzeln am deutlichsten in Wien, einem der großen Zentren der jüdischen Immigration vor dem ersten imperialistischen Krieg. Das Kleinbürgertum, ruiniert durch die Entfaltung des Monopolkapitalismus, auf dem Wege der Proletarisierung, geriet bei dem massiven Einbruch des jüdischen Elements, das seiner Tradition nach kleinbürgerlich und handwerklich war, in äußerste Erbitterung.

Nach dem Ersten Weltkrieg sahen die Länder West- und Mitteleuropas, Deutschland, Österreich, Frankreich und Belgien, Zehntausende jüdische Einwanderer aus Osteuropa zerlumpt und ohne jegliche Reserven einströmen. Der sichtbare Nachkriegswohlstand erlaubte diesen Elementen, in alle kaufmännischen und handwerklichen Bereiche vorzudringen. Selbst die jüdischen Immigranten, die Zugang zu den Fabriken gefunden hatten, blieben dort nicht lange. Die lange kaufmännische Vergangenheit der Juden begünstigte ihre Nachkommen, und die wirtschaftlich vorteilhaften Bedingungen der Nachkriegszeit führten zu einer fühlbaren Entproletarisierung in Westeuropa und in den USA. Die jüdischen Arbeiter behielten ihre handwerkliche Struktur bei. In Paris betrieben von 10 083 gewerkschaftlich organisierten jüdischen Arbeitern im Jahre 1936 9253 Heimarbeit.

Die wirtschaftliche Katastrophe von 1929 machte die Lage der kleinbürgerlichen Massen aussichtslos. Die Überfüllung im Kleinhandel, im Handwerk und in den intellektuellen Berufen nahm ungewohnte Ausmaße an. Der Kleinbürger betrachtete seinen jüdischen Konkurrenten mit wachsender Feindseligkeit, dessen berufliche Überlegenheit – Ergebnis jahrhundertelanger Praxis – ihm oft leichter über »die schweren Zeiten« hinweghalf. Der Antisemitismus gewann sogar bei den breiten Schichten der handwerklichen Arbeiter an Boden, die schon immer unter dem Einfluß des Kleinbürgertums gestanden hatten.

Es ist also falsch, das Großkapital zu bezichtigen, den Antisemitismus provoziert zu haben. Das Großkapital hat sich nur den elementaren Antisemitismus der kleinbürgerlichen Massen zunutze gemacht. Es benutzte ihn zu einem Meisterstück faschistischer Ideologie. Mit dem Mythos des »jüdischen Kapitalismus« versuchte das Großkapital, den Kapitalistenhaß der Massen von sich abzulenken. Die reale Möglichkeit einer Agitation gegen die jüdischen Kapitalisten lag in dem Antagonismus zwischen Monopolkapital und spekulativem Kaufmannskapital, das in der Regel in jüdischen Händen lag. Die Skandale innerhalb dieses spekulativen Kaufmannskapitals, insbesondere die Börsenskandale, sind in der Öffentlichkeit relativ besser bekanntgeworden. Dies erlaubte es dem Monopolkapital, den Haß der kleinbürgerlichen Massen und teilweise sogar der Arbeiter zu kanalisieren und gegen den »jüdischen Kapitalismus« zu lenken.

3. Der Rassismus

»Die Ideologie ist ein Prozeß, der zwar mit Bewußtsein vom sogenannten Denker vollzogen wird, aber mit einem falschen Bewußtsein. Die eigentlichen Triebkräfte, die ihn bewegen, bleiben ihm unbekannt. Sonst wäre es eben kein ideologischer Prozeß. Er imaginiert sich also falsche, resp. scheinbare Triebkräfte.«[11]

Bis jetzt haben wir versucht, die wirklichen Grundlagen des Antisemitismus unserer Zeit herauszuarbeiten. Man muß sich jedoch nur die Rolle vergegenwärtigen, die das erbärmliche Dokument der zaristischen Ochrana, die ›Protokolle der Weisen von Zion‹[12], für die Entwicklung des Antisemitismus spielte, um die Bedeutung der »falschen resp. scheinbaren Triebkräfte« des Antisemitismus zu verstehen. In der Hitlerschen Propaganda heute spielt das wirkliche Motiv des Antisemitismus in Westeuropa, die wirtschaftliche Konkurrenz des Kleinbürgertums, keine Rolle mehr. Dagegen kommen die phantastischsten Aussagen aus den »Protokollen der Weisen von Zion«, die »Pläne der universellen Herrschaft des internationalen Judentums«, in jeder Rede und in jedem Manifest von Hitler zum Vorschein. Man muß also dieses mystische Element in der Ideologie des Antisemitismus analysieren.

Die Religion ist das charakteristischste Beispiel für eine Ideologie. Ihre wirklichen Triebkräfte müssen in dem außerordentlich prosaischen Bereich der materiellen Interessen einer Klasse gesucht werden, obwohl sie in scheinbar sehr viel mehr ätherischen Sphären liegen. Dennoch war der Gott, der der englischen Aristokratie die fanatischen Puritaner Cromwells als Geißel schickte, nichts anderes als der Reflex oder das Symbol der Interessen der englischen Bauern und Bürger. Jede religiöse Revolution ist in Wirklichkeit eine soziale Revolution.

Die ungezügelte Entfaltung der Produktivkräfte, die auf die engen Grenzen der Konsumtionsfähigkeit stößt – das ist die wirkliche Triebkraft des Imperialismus, dem höchsten Stadium des Kapitalismus. Statt dessen ist scheinbar jedoch die Rasse seine offensichtlichste Kraft. Der Rassismus ist also in erster Linie die ideologische Verkleidung des modernen Imperialismus. Die »für ihren Lebensraum kämpfende Rasse« spiegelt nichts anderes wider als den ständigen Expansionszwang, der den Finanz- oder den Monopolkapitalismus charakterisiert.

Wenn der fundamentale kapitalistische Widerspruch zwischen der Produktion und der Konsumtion das Großbürgertum dazu zwingt, für die Eroberung ausländischer Märkte zu kämpfen, so zwingt er das Kleinbürgertum, für die Ausdehnung des Binnenmarktes zu kämpfen. Das Fehlen der Absatzmärkte im Ausland geht Hand in Hand mit deren Fehlen im Inland. Während die Großbourgeoisie verbissen gegen die Konkurrenz im Ausland kämpft, kämpft das Kleinbürgertum nicht weniger verbissen gegen seine Konkurrenten im Inland. Der nach außen gerichtete Rassismus wird von einem internen Rassismus ergänzt. Die kapitalistischen Widersprüche, die sich im 20. Jahrhundert extrem verschärften, führen auch zu einer Verschärfung des externen und des internen Rassismus.

Die primär kaufmännische und handwerkliche Struktur des Judentums, das Erbe einer langen historischen Entwicklung, macht die Juden zum Feind Nummer eins des Kleinbürgertums auf dem Binnenmarkt. Es ist also der kleinbürgerliche Charakter des Judentums, der es dem Kleinbürgertum so verhaßt macht. Wenn jedoch die Vergangenheit des Judentums einen bestimmenden Einfluß auf seine heutige gesellschaftliche Zusammensetzung ausübt, so wirkt sie nicht weniger stark auf das Bewußtsein der Massen ein. Für diese ist und bleibt der Jude der traditionelle Vertreter der »Geldmacht«.

Dies ist sehr wichtig, denn das Kleinbürgertum ist nicht nur eine kapitalistische Klasse, d. h. eine Klasse, die alle kapitalistischen Tendenzen in Miniatur in sich trägt. Es ist zugleich antikapitalistisch. Es hat das starke, wenn auch vage Bewußtsein, vom Großkapital ausgeplündert und ruiniert zu werden. Aber sein Doppelcharakter, seine Lage zwischen zwei Klassen, erlaubt es ihm nicht, die wirkliche Struktur der Gesellschaft und den wirklichen Charakter des Großkapitals zu durchschauen. Es ist unfähig, die tatsächlichen Tendenzen der gesellschaftlichen Entwicklung zu verstehen, denn es ahnt, daß für es selbst diese Entwicklung nur tödlich sein kann. Es will antikapitalistisch sein, ohne aufzuhören, kapitalistisch zu sein. Es will den schlechten Charakter des Kapitalismus zerstören, d. h. die Tendenzen, die es selbst ruinieren, und zugleich den »guten Grundcharakter« des Kapitalismus erhalten, der es ihm erlaubt, zu leben und sich zu bereichern. Aber da es einen Kapitalismus mit zugleich guten und schlechten Seiten nicht gibt, muß ihn das Kleinbürgertum erfinden. Nicht zufälligerweise ist es die Kleinbourgeoisie, die den »Superkapitalismus« erfunden hat – die Verirrung und die Bösartigkeit des Kapitalismus. Es ist kein Zufall, daß seine Theoretiker, vor allem Proudhon[13], seit mehr als einem Jahrhundert zum Kampf gegen den »schlechten, spekulativen Kapitalismus« aufrufen und den »nützlichen, produktiven Kapitalismus« verteidigen. Der Versuch der nationalsozialistischen Theoretiker, zwischen dem »nationalen, produktiven Kapital« und dem »jüdischen, parasitären Kapital« zu unterscheiden, ist wahrscheinlich der letzte Versuch dieser Art. Der »jüdische Kapitalismus« ist am ehesten geeignet, die Rolle des schlechten Kapitalismus zu übernehmen. Die Vorstellung des jüdischen Reichtums war in der Tat im Bewußtsein der Massen fest verankert. Es ging nur darum, mit einer gut abgestimmten Propaganda das Bild des jüdischen Wucherers, gegen den Bauern, Kleinbürger und Gutsbesitzer lange Zeit hindurch gekämpft hatten, wieder wachzurufen und zu aktualisieren. Das Kleinbürgertum und ein

Teil der unter seinem Einfluß stehenden Arbeiterklasse lassen sich leicht von einer solchen Propaganda mitreißen und werden Opfer der Ideologie vom jüdischen Kapitalismus.

Historisch gesehen bedeutet der Erfolg des Rassismus, daß es dem Kapitalismus gelungen ist, das antikapitalistische Bewußtsein der Massen auf eine dem Kapitalismus vorangehende, nur noch fragmentarisch erhaltene Gesellschaftsform abzulenken. Diese fragmentarischen Überreste genügen jedoch, um dem Mythos einen Anschein von Realität zu verleihen.

Man sieht, daß der Rassismus aus sehr heterogenen Elementen zusammengesetzt ist. Er spiegelt den Expansionswillen des Großkapitals wider. Er drückt den Haß des Kleinbürgertums gegen die »fremden« Elemente auf dem inländischen Markt ebenso aus wie seine antikapitalistischen Tendenzen.

Als kapitalistisches Element bekämpft das Kleinbürgertum die jüdische Konkurrenz, als antikapitalistisches Element kämpft es gegen das jüdische Kapital. Der Rassismus lenkt schließlich den antikapitalistischen Kampf der Massen gegen eine dem eigentlichen Kapitalismus vorangehende, nur noch fragmentarisch vorhandene, frühere kapitalistische Form.

Aber wenn es die wissenschaftliche Analyse auch erlaubt, die Komponenten der rassistischen Ideologie auseinanderzulegen, so muß sie doch als eine völlig homogene Doktrin erscheinen. Der Rassismus dient gerade dazu, alle Klassen in dem Schmelztiegel einer Rassengemeinschaft aufgehen zu lassen. Der Rassenmythos bemüht sich, als einheitliches Ganzes – mit nur sehr vagen Beziehungen zu seinen sehr verschiedenen Quellen – zu erscheinen. Er versucht, seine verschiedenen Elemente in perfekter Manier zu vereinen.

So muß z. B. der nach außen gerichtete Rassismus als ideologischer Deckmantel für den Imperialismus keineswegs schon per se einen antisemitischen Charakter haben. Aber aufgrund der Notwendigkeit einer Verschmelzungsideologie bedient er sich in der Regel dieser Erscheinungsform. Die antikapitalistische Tendenz der Massen, zunächst gegen das Judentum gelenkt, bezieht sich sehr bald auch auf den äußeren Feind, der mit dem Judentum identifiziert wird. Die »germanische Rasse« muß gegen den Juden, ihren Hauptfeind, in allen seinen Verkleidungen kämpfen: der des Bolschewismus und Liberalismus im Inneren, der der angelsächsischen Plutokratie und der des russischen Bolschewismus nach außen.

Hitler schreibt in ›Mein Kampf‹, daß man die verschiedenen Feinde unter einem gemeinsamen Aspekt zeigen müsse, da sonst die Gefahr bestehe, daß die Massen zuviel über die bestehenden Unterschiede nachdenken würden. Der Rassismus ist also keine Doktrin, sondern ein Mythos. Er fordert Glauben und fürchtet die Überlegung wie das Feuer. Der Antisemitismus ist am besten geeignet, die verschiedenen Elemente des Rassismus zu untermauern.

Ebenso, wie es nötig ist, die verschiedenen Klassen in einer Rasse aufgehen zu lassen, muß diese Rasse auch einen gemeinsamen Feind haben: den internationalen Juden. Der Rassenmythos ist konsequenterweise von einem Gegenmythos begleitet: dem der Antirasse, des Juden. Die Rassengemeinschaft baut auf dem Haß gegen die Juden auf. Dieser Haß hat sein solidestes Fundament in der Geschichte. Er wurzelt in der Epoche, in der die Juden ein wirklicher Fremdkörper für alle Klassen waren. Die Ironie der Geschichte will es, daß der radikalste Antisemitismus, den die Geschichte bisher kennt, zu einem Zeitpunkt ausbricht, wo sich das Judentum auf dem Weg zur wirtschaftlichen und gesellschaftlichen Integration befindet.

Aber, wie immer in der Geschichte, ist das Paradoxon nur allzu verständlich. Zu der Zeit, da der Jude noch integrierbar war, zu der Zeit nämlich, als er wirklich das Kapital verkörperte, war er für die Gesellschaft unentbehrlich. Seine Ausrottung stand nicht zur Diskussion. Heute aber versucht sich die kapitalistische Gesellschaft, am Rande des Abgrundes angelangt, dadurch zu retten, daß sie den Juden und mit ihm den Judenhaß wiederaufleben läßt. Und gerade weil die Juden nicht mehr die ihnen zugeschriebene Rolle spielen, kann ihre Verfolgung solche Ausmaße annehmen. Der »jüdische Kapitalismus« ist ein Mythos, und deshalb ist er so leicht zu überwinden. Aber indem er sein Pendant zerstört, zerstört der Rassismus ebenfalls seine eigenen Existenzgrundlagen. In dem Maße, in dem das Phantom des jüdischen Kapitalismus verblaßt, ersteht die kapitalistische Realität in ihrer ganzen Häßlichkeit. Die gesellschaftlichen Widersprüche, die für einen Augenblick im Rausch des Rassenwahns untergingen, erscheinen wieder in ihrer ganzen Schärfe. Auf die Dauer ist der Mythos der Realität gegenüber machtlos.

Trotz seiner scheinbaren Homogenität läßt die Entwicklung des Rassismus deutlich die wirtschaftlichen, sozialen und politischen Transformationen erkennen, die jener zu vertuschen sucht. Das Großkapital muß zunächst seinen inneren Feind, das Proletariat, schlagen, bevor es die nötige Grundlage für den Kampf um den Lebensraum, den imperialistischen Krieg, schaffen kann. Das Kleinbürgertum und seine zum Proletariat herabgesunkenen Elemente stellen die Stoßtruppen, die fähig sind, wirtschaftliche und politische Organisationen des Proletariats zu sprengen. Der Rassismus erscheint anfänglich als Ideologie der Kleinbürger. Sein Programm spiegelt die Interessen und Illusionen dieser Klasse wider. Er verspricht den Kampf gegen den »Superkapitalismus«, gegen die Trusts, gegen die Börse, die großen Geschäfte etc. Sobald jedoch das Großkapital das Proletariat mit Hilfe des Kleinbürgertums zerschlagen hat, wird ihm auch dieses lästig. Das Kriegsvorbereitungsprogramm beinhaltet eine gnadenlose Ausmerzung der Kleinunternehmen, eine großartige Entwicklung der Trusts und eine starke Proletarisierung. Dieselbe militärische Vorbereitung bedarf aber der Unterstützung oder mindestens der Neutralität des Proletariats, des wichtigsten Produktionsfaktors. Das Großkapital zögert auch keinen Augenblick, seine feierlich gegebenen Versprechungen aufs zynischste zu brechen und das Kleinbürgertum in schändlicher Manier abzuwürgen. Der Rassismus bemüht sich nun, das Proletariat zu gewinnen, indem er sich als radikal »sozialistisch« ausgibt. Hier spielt die Identifikation Judentum-Kapitalismus die wichtigste Rolle. Die radikale Enteignung der jüdischen Kapitalisten dient als Garantie und Beweis für die Bereitschaft des Rassismus zum antikapitalistischen Kampf. Der anonyme Charakter des Monopolkapitalismus im Gegensatz zu dem im allgemeinen an Personen gebundenen (und oft spekulativ kaufmännischen) Charakter der jüdischen Unternehmen erleichtert diese betrügerische Operation. Der Mann auf der Straße erkennt leichter den »realen Kapitalismus«, nämlich den Händler, den Fabrikanten, den Spekulanten, als den »respektablen Direktor einer Aktiengesellschaft«, den man als einen »notwendigen Produktionsfaktor« darstellt. Auf diese Art und Weise gelangt die Rassenideologie zu folgenden Identifikationen: Judentum = Kapitalismus, Rassismus = Sozialismus, gelenkte Kriegswirtschaft = sozialistische Planwirtschaft.

Unleugbar haben sich beachtliche Teile der Arbeiterklasse, ihrer Organisationen beraubt und durch den politischen Erfolg Hitlers geblendet, von dem Rassenmythos ebenso täuschen lassen wie zuvor das Kleinbürgertum. Im Augenblick scheint die Bourgeoisie ihr Ziel erreicht zu haben. Grauenvolle Judenverfolgungen erstrecken sich über ganz Europa und dienen dazu, den »Endsieg« des Rassismus und die endgültige Niederlage des internationalen Judentums zu beweisen.

4. Über die jüdische Rasse

Die heute herrschende »Rassentheorie« ist nichts anderes als der Versuch, den Rassismus wissenschaftlich zu fundieren. Sie hat keinerlei wissenschaftlichen Wert. Um sich davon zu überzeugen, braucht man sich nur die kläglichen intellektuellen Verrenkungen anzusehen, derer sich die Rassentheoretiker bedienen müssen, um die Verwandtschaft zwischen Germanen und Japanern oder den unüberwindbaren Antagonismus zwischen »germanischem Heldengeist« und »angelsächsischem Krämergeist« zu beweisen. Die Verirrungen eines Montandon über die »Entprostituierung« des jüdischen Volkes durch die Verpflichtung, den Davidstern zu tragen, sind sicher nicht viel mehr wert. Die wirkliche Prostitution bestimmter »Wissenschaftler« gegenüber dem Rassismus zeigt ein seltsames Schauspiel menschlicher Selbsterniedrigung. Hier vollendet sich die Dekadenz der bürgerlichen Wissenschaft, die bereits zu Zeiten der Demokratie nichts weniger als objektiv war.

Der Rassenwahn darf uns jedoch nicht von der Untersuchung

abhalten, inwieweit man von einer jüdischen Rasse sprechen kann. Schon bei sehr oberflächlicher Betrachtung erkennt man, daß »die Juden« in Wirklichkeit eine Mischung höchst heterogener Rassen sind. Natürlich ist die jüdische Diaspora die Hauptursache für diese Erscheinung. Schon in Palästina jedoch bildeten die Juden keineswegs eine »reine Rasse«. Ohne in Betracht zu ziehen, daß die Israeliten – nach der Bibel – bei ihrem Auszug aus Ägypten eine Menge Ägypter mit sich nahmen, so daß Strabo sie als Abkömmlinge der Ägypter ansah, genügt es, sich die zahlreichen Rassen, die sich in Palästina zusammenfanden, ins Gedächtnis zu rufen: Hethiter, Kanaaniter, Philister (Arier), Ägypter, Phönizier, Griechen und Araber. Judäa war nach Strabo von Phöniziern, Ägyptern und Arabern bewohnt. Die Entwicklung des jüdischen Proselytismus während der Epoche der griechischen und römischen Herrschaft hat stark zur Vermischung der Rassen beigetragen. Schon 139 v. Chr. wurden die Juden aus Rom vertrieben, weil sie dort Proselyten angeworben hatten. Die jüdische Gemeinde in Antiochia setzte sich zum großen Teil aus Proselyten zusammen. Der Proselytismus hat nie völlig aufgehört, selbst zu späteren Zeiten nicht. Die Zwangsbekehrung der Sklaven zum Judentum, die Bekehrung der Chazaren sowie anderer Rassen und Volksstämme während der langandauernden Diaspora haben ebenso dazu beigetragen, aus dem Judentum ein Rassenkonglomerat zu machen. Heute besteht z. B. keinerlei rassische Homogenität zwischen den jemenitischen Juden und den Juden von Daghestan. Die ersteren sind Orientalen, während die letzteren der mongolischen Rasse angehören. Es gibt schwarze Juden in Indien und äthiopische Juden (Falascha) ebenso wie jüdische »Höhlenbewohner« in Afrika. Aber dieser fundamentale Unterschied wie z. B. der zwischen Juden aus Daghestan und den jemenitischen Juden erschöpft unsere Frage nicht. Tatsächlich wohnen neun Zehntel der heute lebenden Juden in Osteuropa oder stammen von dort. Gibt es eine osteuropäische jüdische Rasse? Der antisemitische Theoretiker Hans Günther antwortet darauf:

»Das Ostjudentum, das heute fast neun Zehntel der Juden ausmacht, setzt sich aus russischen, polnischen, galizischen, ungarischen, österreichischen, deutschen und einem großen Teil der nordamerikanischen und westeuropäischen Juden zusammen. Es bildet eine Mischung vorderasiatischer, orientalischer, baltischer, innerasiatischer, nordischer, hamitischer und Negerrassen.«[14]

Die Untersuchungen in New York ergaben, daß von 4235

Juden	und	Jüdinnen	
52,62 %		56,94 %	braunes Haar
10,42 %		10,27 %	blondes Haar
36,96 %		32,79 %	gemischtfarbenes Haar hatten.

14,25 % der Juden und 12,7 % der Jüdinnen besaßen die typische jüdische Nase, die nichts anderes ist als eine Nasenform, die man bei den Völkern Kleinasiens, besonders bei den Armeniern findet. Diese Nase ist auch stark bei den Mittelmeervölkern sowie bei den Bayern (dinarische Rasse) verbreitet. Diese wenigen Tatsachen zeigen bereits, daß die »jüdische Rasse« nichts anderes als ein hohler Begriff ist. Die jüdische Rasse ist ein Mythos. Dagegen ist es richtig zu sagen, daß die Juden eine Rassenmischung darstellen, die sich von den Mischungen der meisten europäischen Völker, die hauptsächlich slawischen oder germanischen Ursprungs sind, unterscheidet.

Jedoch sind es nicht so sehr anthropologische Besonderheiten, die die Juden von anderen Völkern unterscheiden, sondern vielmehr physiologische, pathologische und vor allem psychische Kategorien.

Es ist vor allem die wirtschaftliche und gesellschaftliche Funktion des Judentums im Verlaufe der Geschichte, die das jüdische Phänomen erklärt. Jahrhunderte hindurch wohnten die Juden in Städten und widmeten sich dem Handel. Der typische Jude ist weit mehr das Ergebnis dieser jahrhundertealten Funktion als einer rassischen Besonderheit. Die Juden haben eine Unzahl rassisch heterogener Elemente in sich aufgenommen, alle diese Elemente jedoch waren den besonderen Bedingungen unterworfen, unter denen die Juden lebten. Dies führte auf die Dauer zur Herausbildung dessen, was man heute den »typischen Juden« nennt. Er ist das Ergebnis eines langen ökonomischen und gesellschaftlichen, nicht jedoch rassischen Selektionsprozesses. Körperliche Schwäche, die Häufigkeit bestimmter Krankheiten wie Diabetes und Nervosität, eine bestimmte Körperhaltung etc., sind keine Rassenmerkmale, sondern das Ergebnis einer spezifischen gesellschaftlichen Position. Nichts ist lächerlicher als die Neigung zum Handel, die Tendenz zur Abstraktion bei den Juden durch ihre Rasse erklären zu wollen. Überall, wo die Juden sich wirtschaftlich anpassen, überall, wo sie aufhören, eine Klasse zu bilden, verlieren sie sehr schnell diese besonderen Merkmale. Überall, wo die Rassentheoretiker eine »wirkliche Rasse« aufzuspüren glauben, sind sie in Wirklichkeit mit einer menschlichen Gemeinschaft konfrontiert, deren Besonderheiten vor allem und in erster Linie das Ergebnis von jahrhundertelangen gesellschaftlichen Bedingungen sind. Die Veränderung dieser Bedingungen hat natürlich das Verschwinden der jüdischen »Rassenmerkmale« zur Folge.

5. Der Zionismus

Der Zionismus ist geboren im Widerschein des durch die russischen Pogrome des Jahres 1882 in Rußland und den Skandal der Dreyfus-Affäre hervorgerufenen Feuers, zwei Ereignisse, die die zunehmende Verschärfung des jüdischen Problems Ende des 19. Jahrhunderts widerspiegeln.

Die schnelle Kapitalisierung der russischen Wirtschaft nach der Reform von 1863[15] machte die Situation der jüdischen Massen in den Kleinstädten unerträglich. Im Westen begannen die Mittelklassen, von der kapitalistischen Konzentration zerrieben, sich gegen das jüdische Element zu wenden, dessen Konkurrenz ihre Situation verschärft. In Rußland bildet sich die Gesellschaft der »Freunde Zions«. Leo Pinsker schreibt seine ›Auto-Emanzipation‹[16], ein Buch, in dem er die Rückkehr nach Palästina als einzig mögliche Lösung der jüdischen Frage empfiehlt. In Paris beginnt Baron Rothschild, der wie alle jüdischen Geldmagnaten die Überflutung der westlichen Länder mit jüdischen Einwanderern ungern sieht, sich für das Werk der jüdischen Kolonisierung zu interessieren. Ihren unglücklichen Brüdern zu helfen, in das Land ihrer »Vorfahren« zurückzukehren – d. h. möglichst weit weg zu ziehen –, kann der westlichen Bourgeoisie nur recht sein, die nicht ohne Grund ein Anwachsen des Antisemitismus befürchtet. Kurze Zeit nach der Erscheinung des Buches von Leo Pinsker erlebt ein jüdischer Journalist aus Budapest namens Theodor Herzl in Paris eine antisemitische Demonstration, die durch die Affäre Dreyfus provoziert wurde. Er schreibt daraufhin sein Buch ›Der jüdische Staat‹, das bis heute das Evangelium der zionistischen Bewegung geblieben ist. Seit seinem Ursprung erscheint der Zionismus als eine Reaktion des jüdischen Kleinbürgertums (das noch heute den Kern des Judentums darstellt), das von der steigenden Woge des Antisemitismus getroffen, von einem Ort zum anderen abgeschoben, versuchte, das Verheißene Land zu erreichen, wo es sich aus den Stürmen heraushalten könnte, die über die moderne Welt hinwegbrausen.

Der Zionismus ist also eine sehr junge Bewegung, die jüngste der europäischen nationalen Bewegungen. Das hindert ihn aber keineswegs – und zwar weniger als alle anderen Nationalismen – an der Behauptung, daß er seine Substanz aus sehr ferner Vergangenheit ziehe. Während der Zionismus in Wirklichkeit ein Produkt der letzten Phase des bereits morschen Kapitalismus ist, beansprucht er jedoch, seinen Ursprung in einer mehr als zweitausendjährigen Vergangenheit zu haben. Während er realiter eine Reaktion gegen die für die Juden so verhängnisvolle Verknüpfung feudalistischer und kapitalistischer Auflösungstendenzen ist, versteht er sich als Reaktion auf die jüdische Geschichte, seit der Zerstörung Jerusalems im Jahre 70 der christlichen Zeitrechnung. Seine junge Existenz ist natürlich der beste Beweis für die Unrichtigkeit dieser Behauptung. In der Tat, wie kann man glauben, daß das Heilmittel gegen ein seit 2000 Jahren bestehendes Übel erst Ende des 19. Jahrhunderts hätte gefunden werden können? Wie alle Nationalismen jedoch – und noch weit stärker – betrachtet der Zionismus seine Vergangenheit im Lichte der Gegenwart. Auf diese Weise verzerrt sich das Bild der Gegenwart. Ganz wie die französischen Kinder lernen, daß Frankreich seit dem Gallien von Vercingetorix existiere, ganz wie

man den Kindern in der Provence die Siege, die die Könige der
Ile de France gegen ihre Vorfahren errungen haben, als ihre eigenen Erfolge darstellt, so versucht der Zionismus den Mythos
des ewigen Judentums zu schaffen, das ständig mit denselben
Verfolgungen habe kämpfen müssen.

Der Zionismus sieht in der Zerstörung Jerusalems die Ursache
für die Diaspora und demzufolge auch die Quelle aller jüdischen
Leiden in Vergangenheit, Gegenwart und Zukunft. »Die Quelle
aller Leiden des jüdischen Volkes ist der Verlust seiner geschichtlichen Heimat und seine Zerstreuung in alle Welt«, erklärt die
marxistische Abteilung von Poale Zion[17] beim holländisch-skandinavischen Komitee. Nach der gewaltsamen Zersprengung
der Juden durch die Römer habe die leidensvolle Geschichte begonnen. Aus ihrem Vaterland vertrieben, hätten die Juden sich
nicht assimilieren wollen (wie schön ist die freie Entscheidung!).
Durchdrungen von ihrer »nationalen Zusammengehörigkeit«,
einem »ethischen Gefühl höherer Art« und einem »unzerstörbaren Glauben an einen einzigen Gott«[18], hätten sie allen Verlockungen zur Assimilierung widerstanden. Ihre einzige Hoffnung in den dunklen Tagen dieser zweitausendjährigen Leidensgeschichte sei die Vision einer Rückkehr in ihr altes Vaterland
gewesen.

Warum haben die Juden während dieser 2000 Jahre niemals den
Versuch unternommen, in ihre Heimat zurückzukehren? Diese
Frage hat sich der Zionismus niemals ernsthaft gestellt. Warum
mußte man das 19. Jahrhundert abwarten, damit Herzl von der
Notwendigkeit einer Rückkehr überzeugen konnte? Warum
wurden alle Vorgänger Herzls, wie beispielsweise der berühmte
Sabbatai Zewi[19], jeweils wie ein falscher Messias behandelt?
Warum wurden die Anhänger von Sabbatai Zewi von dem orthodoxen Judentum so grausam verfolgt?

Natürlich nimmt man, um diese peinlichen Fragen zu beantworten, Zuflucht zu der Religion. »Solange die Massen glaubten,
daß sie bis zur Ankunft des Messias in der Diaspora bleiben
müßten, mußten sie schweigend dulden«, sagt Schitlovski[20],
dessen Zionismus recht umständebedingt ist. Es handelt sich
nämlich genau darum zu erfahren, warum die jüdischen Massen

glaubten, daß sie, »um in ihre Heimat zurückkehren zu können«, den Messias erwarten müßten. Die Religion, die ein ideologischer Reflex der hinter ihr stehenden gesellschaftlichen Interessen ist, muß diesen notwendigerweise entsprechen. Heute bildet die Religion nirgends mehr ein Hindernis für den Zionismus.[21]

In Wirklichkeit war, solange das Judentum im feudalen System seinen Platz hatte, der »Traum von Zion« nichts anderes als ein Traum und entsprach keinem realen Interesse des Judentums. Der jüdische Gastwirt oder »Pächter« im Polen des 16. Jahrhunderts dachte ebensowenig an eine »Rückkehr« nach Palästina wie heute der jüdische Millionär in Amerika. Der jüdische Messianismus unterschied sich durch nichts von den Messianismen anderer Religionen. Die jüdischen Pilger, die nach Palästina zogen, trafen dort katholische, orthodoxe und muselmanische Pilger. Es war übrigens nicht so sehr die »Rückkehr nach Palästina«, die den Grund für diesen Messianismus bildete, sondern eher der Glaube an den Wiederaufbau des Tempels in Jerusalem.

All diese idealistischen Konzeptionen des Zionismus sind natürlich untrennbar mit dem Dogma des ewigen Antisemitismus verbunden. »Solange die Juden in der Diaspora leben, werden sie von den einheimischen Bewohnern gehaßt werden.« Dieser Grundgedanke des Zionismus, sein Gerippe sozusagen, wird natürlich durch diverse Strömungen nuanciert. Der Zionismus überträgt den modernen Antisemitismus auf alle Zeiten. Er erspart sich das Studium der verschiedenen Formen des Antisemitismus und seiner Entwicklung. Wir haben aber gesehen, daß das Judentum zu verschiedenen geschichtlichen Epochen den besitzenden Klassen angehörte und wie diese behandelt wurde. Im ganzen gesehen müssen die Quellen des Zionismus wohl in der Unmöglichkeit gesucht werden, sich zu assimilieren, anstatt in einem »ewigen« Antisemitismus oder dem Willen, die »Reichtümer des Judentums« zu erhalten.[22]

In Wirklichkeit ist die zionistische Ideologie, wie alle Ideologien, nichts anderes als eine verzerrte Widerspiegelung der Interessen einer bestimmten Klasse. Er ist die Ideologie des jüdischen Kleinbürgertums, das zwischen den Ruinen des Feudalismus und dem absterbenden Kapitalismus zerrieben würde. Die Widerlegung der ideologischen Phantastereien schafft natürlich die wirklichen Bedürfnisse, aus denen jene entstanden sind, nicht aus der Welt. Es ist der moderne Antisemitismus, der den Zionismus schürt, und nicht der Mythos des »ewigen Antisemitismus«. Ebenso ist die wesentliche Frage nicht, inwieweit der Zionismus fähig ist, das »ewige« jüdische Problem zu lösen, sondern ob er fähig ist, die jüdische Frage zur Zeit des kapitalistischen Niedergangs zu lösen.

Die zionistischen Theoretiker lieben den Vergleich des Zionismus mit allen anderen nationalen Bewegungen. Aber in Wirklichkeit sind die Grundlagen nationaler Bewegungen und die des Zionismus völlig verschieden. Die nationale Bewegung der europäischen Bourgeoisie ist eine Konsequenz der kapitalistischen Entwicklung; sie spiegelt den Willen des Bürgertums wider, sich der feudalen Überreste zu entledigen. Der Nationalismus der europäischen Bourgeoisie ist eng verbunden mit dem aufsteigenden Kapitalismus. Im 19. Jahrhundert, der Blütezeit der Nationalismen, war das jüdische Bürgertum jedoch weit vom Zionismus entfernt und in großem Maße assimilierungswillig. Der wirtschaftliche Prozeß, aus dem die modernen Nationen hervorgegangen sind, legte den Grundstein für die Integration des jüdischen Bürgertums in die bürgerliche Nation.

Erst als der Prozeß der Bildung der Nationen seinem Ende zuging, als den entfalteten Produktivkräften die nationalen Grenzen schon längst zu eng geworden sind, beginnt man, die Juden aus der kapitalistischen Gesellschaft auszustoßen. Der moderne Antisemitismus entsteht. Die Ausrottung des Judentums begleitet den Niedergang des Kapitalismus. Weit davon entfernt, Ergebnis der Entwicklung der Produktivkräfte zu sein, ist der Zionismus gerade die Konsequenz des totalen Stillstands der Entwicklung, das Resultat der kapitalistischen Erstarrung. Während der Nationalismus das Ergebnis der Entfaltung des Kapitalismus ist, ist der Zionismus ein Produkt der imperialistischen Ära. Die jüdische Tragödie des 20. Jahrhunderts ist eine direkte Folge des Niedergangs des Kapitalismus.

Hier liegt das prinzipielle Hindernis für die Verwirklichung des Zionismus. Der Niedergang des Kapitalismus, Grundlage für das Wachstum des Zionismus, ist auch die Ursache für die Unmöglichkeit seiner Verwirklichung. Das jüdische Bürgertum ist verpflichtet, mit allen Mitteln einen eigenständigen Nationalstaat zu schaffen und den objektiven Rahmen für die Entfaltung seiner Produktivkräfte zu sichern – und das zu einer Zeit, wo die Bedingungen einer solchen Entwicklung längst vorüber sind. Der Niedergang des Kapitalismus, der die jüdische Frage so sehr zugespitzt hat, hat auch ihre Lösung durch den Zionismus illusorisch gemacht. Das ist keineswegs erstaunlich. Man kann ein Übel nicht ohne seine Ursachen beseitigen. Der Zionismus aber will die jüdische Frage lösen, ohne den Kapitalismus, die Hauptquelle der jüdischen Leiden, zu zerstören.
Gegen Ende des 19. Jahrhunderts, als das jüdische Problem sich erst in seiner ganzen Schärfe stellte, verließen 150 000 Juden jährlich ihr Ursprungsland. Zwischen 1881 und 1925 sind 4 Millionen Juden ausgewandert. Trotz dieser enormen Zahlen wächst die ostjüdische Bevölkerung von 6 auf 8 Millionen an.
Selbst wenn der Kapitalismus sich noch weiter entfalten würde, wenn die Überseeländer noch weiterhin Emigranten aufnehmen würden, wäre eine Lösung der jüdischen Frage (im zionistischen Sinn) noch in unerreichbarer Ferne. Anstatt sich zu verringern, zeigt die jüdische Bevölkerung immer noch die Tendenz, sich zu vermehren. Um einen wirklichen Anfang bei der Lösung der jüdischen Frage zu machen, d. h., um die jüdischen Massen wirklich zu verpflanzen, wäre es nötig, daß die Immigrationsländer wenigstens etwas mehr als das natürliche Wachstum der Juden in der Diaspora, also wenigstens 300 000 Juden pro Jahr, absorbieren. Und wenn vor dem ersten imperialistischen Kriege, als noch alle Bedingungen für die Emigration günstig waren, als noch alle fortgeschrittenen Länder, wie die USA, Immigranten in Massen aufnahmen, eine solche Zahl nicht erreicht werden konnte, wie sollte dies dann in der schweren Krise des Kapitalismus und in der Periode endloser Kriege möglich sein?
Natürlich gibt es genügend Schiffe in der Welt, um Hunderttausende oder gar Millionen Juden zu transportieren. Aber

wenn alle Länder den Emigranten die Türen verschlossen, so deshalb, weil eine Überproduktion von Arbeitskräften existierte, wie es auch eine Überproduktion von Waren gibt. Im Gegensatz zur These von Malthus, nach der es zu viel Menschen auf der Erde geben werde, weil es zu wenig Produkte geben werde, ist es gerade der Überfluß an Produkten, der den »Überfluß« an Menschen erzeugt. Welches Wunder hätte – selbst in einem noch so reichen und noch so großen Land – zu einer Zeit, wo die Märkte der Welt mit Produkten gesättigt sind und überall permanente Arbeitslosigkeit herrscht, die Produktivkräfte in dem Maße entwickeln können, um 300 000 Einwanderer jährlich zu verkraften (ganz abgesehen von den besonderen Voraussetzungen des armen und kleinen Palästina)? In Wirklichkeit verringerten sich die Auswanderungsmöglichkeiten für die Juden in demselben Maße, in dem ihre Notwendigkeit stieg. Die Gründe für die Emigration sind dieselben, die ihre Verwirklichung verhindern, sie sind auf den Niedergang des Kapitalismus zurückzuführen.

Gerade dieser grundlegende Widerspruch zwischen der Notwendigkeit und der Möglichkeit der Auswanderung macht auch die politische Schwierigkeit des Zionismus aus. Die Entwicklungsphase der europäischen Nationen ging einher mit der intensiven Kolonisierung der Überseeländer. Nordamerika wurde zu Beginn und Mitte des 19. Jahrhunderts – der goldenen Jahre des europäischen Nationalismus – kolonisiert. Zur selben Zeit begannen auch Südamerika und Australien sich zu entwickeln. Weite Teile der Erde waren nahezu herrenlos und eigneten sich vorzüglich dazu, Millionen europäischer Emigranten aufzunehmen. Zu dieser Zeit dachten die Juden gar nicht oder kaum an Emigration – aus Gründen, die wir bereits kennengelernt haben.

Heute ist die ganze Welt kolonisiert, industrialisiert und unter den verschiedenen imperialistischen Mächten aufgeteilt. Die jüdischen Auswanderer prallen zugleich auf den Nationalismus der »Eingeborenen« und auf den jeweils dominierenden Imperialismus. In Palästina stößt der jüdische Nationalismus auf einen immer aggressiveren arabischen Nationalismus. Die Bereicherung Palästinas durch die Imigranten vergrößert noch die Intensität des arabischen Nationalismus. Die Entwicklung des Landes zieht das Anwachsen der arabischen Bevölkerung, deren gesellschaftliche Differenzierung und die Entfaltung eines nationalen Kapitalismus nach sich. Um den arabischen Widerstand zu brechen, bedürfen die Juden des englischen Imperialismus. Aber seine »Unterstützung« ist nicht weniger schädlich als der arabische Widerstand. Der englische Imperialismus sieht zwar mit Wohlwollen eine schwache jüdische Einwanderung, die ein Gegengewicht gegen die Araber bildet. Aber er ist entschieden gegen eine jüdische Immigration größeren Stils, gegen die industrielle Entwicklung und das Anwachsen des Proletariats in Palästina. Die Juden dienen ihm nur zur Neutralisierung der arabischen Bedrohung. Er tut alles, um die jüdische Immigration zu erschweren.

So gesellt sich zu den wachsenden Schwierigkeiten, die der arabische Widerstand macht, das perfide Spiel des britischen Imperialismus. Schließlich muß man noch einen letzten Schluß aus den bisher entwickelten grundsätzlichen Prämissen ziehen: Infolge ihres notwendigerweise künstlichen Charakters, infolge ihrer geringen Aussichten auf eine schnelle und normale Entwicklung der palästinensischen Wirtschaft braucht die zionistische Kolonisierung heute beträchtliche Kapitalien. Der Zionismus verlangt den jüdischen Rassen in aller Welt in zunehmendem Maße Opfer ab. Solange jedoch die Lage der Juden in der Diaspora mehr oder weniger erträglich ist, verspürt keine jüdische Klasse den Drang, Opfer auf sich zu nehmen. Je mehr jedoch die jüdischen Massen die Notwendigkeit eines eigenen Vaterlandes empfinden, je mehr die Judenverfolgungen zunehmen, desto weniger sind die jüdischen Massen in der Lage, das Werk des Zionismus zu unterstützen. »Der Wiederaufbau Palästinas braucht ein starkes jüdisches Volk in der Diaspora«, sagt Ruppin. Aber solange das jüdische Volk in der Diaspora stark ist, verspürt es keinen Drang, Palästina zu helfen. Will es jedoch, fehlen ihm die Mittel dazu. Es wäre schwierig, die europäischen Juden, deren erste Sorge heute die Emigration ist, dazu zu bringen, den Wiederaufbau Palästinas zu unterstützen. An dem Tag, an dem sie dazu in der Lage sein werden, wird sich ihr Enthusiasmus sicherlich sehr verringern.

Man kann natürlich einen relativen Erfolg des Zionismus nicht ausschließen, derart etwa, daß eine jüdische Mehrheit in Palästina entsteht. Denkbar wäre sogar die Bildung eines »jüdischen Staates«, d. h. eines Staates unter der vollständigen Herrschaft des englischen oder amerikanischen Imperialismus. Dies wäre in gewisser Weise eine Rückkehr zum Stand der Dinge vor der Zerstörung Jerusalems, und aus dieser Sicht könnte man sogar von der »Wiedergutmachung einer zweitausend Jahre alten Ungerechtigkeit« sprechen. Aber dieser winzige, »unabhängige« jüdische Staat inmitten einer weltweiten Diaspora wäre nichts anderes als eine offensichtliche Zurückdrehung der Geschichte auf die Zeit vor dem Jahre 70 n. Chr. Es wäre noch einmal der Beginn der Lösung der jüdischen Frage. In der Tat hatte die Diaspora im Römischen Reich solide wirtschaftliche Grundlagen. Die Juden spielten in der damaligen Welt eine wichtige ökonomische Rolle. Die Existenz oder Nicht-Existenz einer jüdischen Metropole hatte für die Juden der damaligen Zeit nur eine sekundäre Bedeutung. Heute handelt es sich nicht mehr darum, den Juden einen politischen oder geistigen Mittelpunkt zu geben (wie es Achad Haam[23] wollte). Es geht vielmehr darum, das Judentum vor der Vernichtung zu bewahren, die ihm in der Diaspora droht. Was aber kann ein kleiner jüdischer Staat in Palästina an der Situation der polnischen oder deutschen Juden ändern? Angenommen, alle Juden der Welt wären heute Bürger Palästinas: Würde dies die Politik Hitlers beeinflussen? Man muß mit unglaublicher juristischer Naivität geschlagen sein, um zu glauben, daß gerade heute die Schaffung eines kleinen jüdischen Staates in Palästina irgend etwas an der Lage der Juden in der Welt ändern könnte. Die eventuelle Schaffung eines jüdischen Staates in Palästina würde dem Stand der Dinge im Römischen Reich nur in einer Hinsicht gleichen, daß nämlich in beiden Fällen die Existenz eines kleinen jüdischen Staates in Palästina keinen Einfluß auf die Situation der Juden in der Diaspora hätte. Zur Zeit Roms war die wirtschaftliche und gesellschaftliche Stellung des Judentums in der Diaspora sehr stark. Auch das

Verschwinden des jüdischen Staates konnte sie nicht berühren. Heute hat sich die Lage der Juden in der ganzen Welt sehr verschlechtert: Auch die Errichtung eines jüdischen Staates könnte sie nicht verbessern. In beiden Fällen hängt das Schicksal der Juden nicht von der Existenz eines jüdischen Staates in Palästina ab, sondern hat ihre ganz bestimmte Funktion im allgemeinen wirtschaftlichen, gesellschaftlichen und politischen Kontext. Selbst unter der Annahme, daß der zionistische Traum in Erfüllung ginge und die »jahrhundertealte Ungerechtigkeit« beseitigt würde (was in weiter Ferne liegt), so würde dadurch die Lage des Weltjudentums nicht verändert. Der Tempel wäre vielleicht wieder errichtet, aber die Gläubigen würden ihren Leidensweg weitergehen.

Die Geschichte des Zionismus ist die beste Illustrierung der unüberwindbaren Schwierigkeiten, auf die er stößt. Diese Schwierigkeiten entstehen letzten Endes aus dem grundlegenden Widerspruch, an dem er krankt: der Antinomie zwischen der wachsenden Notwendigkeit, die jüdische Frage zu lösen, und der wachsenden Unmöglichkeit, dies unter dem Vorzeichen des im Niedergang befindlichen Kapitalismus zu tun. Unmittelbar nach dem imperialistischen Krieg stellten sich der jüdischen Emigration keine großen Hindernisse entgegen. Die wirtschaftlichen Bedingungen der kapitalistischen Länder nach dem Krieg ließen eine Auswanderung nicht als sehr dringlich erscheinen. Die Emigrationsbewegung war daher sehr schwach. Das war übrigens auch der Grund, weshalb die britische Regierung der Einreise der Juden in Palästina keine größeren Hindernisse in den Weg stellte. In den Jahren 1924, 1925 und 1926 eröffnete die polnische Bourgeoisie eine wirtschaftliche Offensive gegen die jüdischen Massen. In diesen Jahren stieg die Einwandererquote in Palästina sehr an. Aber diese massive Zuwanderung stieß rasch auf unüberwindbare wirtschaftliche Schwierigkeiten. Der Rückfluß der Emigranten war beinahe ebenso groß wie ihr Zufluß. Bis zur Machtergreifung Hitlers 1933 blieb die Immigrationsquote in Palästina gering. Nach diesem Ereignis zogen Zehntausende von Juden nach Palästina. Diese »Hochkonjunktur« erlahmte bald unter dem Druck antijüdischer Manifestationen und Judenmassakern. Die Araber befürchteten ernsthaft, eine Minderheit im eigenen Lande zu werden. Die arabischen Feudalherren befürchteten, von der kapitalistischen Welle hinweggeschwemmt zu werden. Der britische Imperialismus nützte diese Spannung aus, um den Juden die Einreise zu erschweren und den Graben zwischen Juden und Arabern zu vertiefen. Bis zum zweiten imperialistischen Krieg sah sich der Zionismus wachsenden Schwierigkeiten gegenüber. Die palästinensische Bevölkerung lebte in einem Zustand ständigen Terrors. Gerade als die Lage der Juden immer verzweifelter wurde, zeigte sich der Zionismus völlig unfähig, hier ein Heilmittel zu finden. Die »heimlichen« jüdischen Einwanderer wurden mit Schüssen aus den Gewehren ihrer britischen »Beschützer« empfangen.

Die zionistische Illusion verlor nach und nach ihre Anziehungskraft selbst in den Augen der weniger Aufgeklärten. Die letzten Wahlen in Polen zeigten, daß sich die jüdischen Massen völlig vom Zionismus abgewandt hatten. Sie fingen an zu begreifen, daß der Zionismus ihre Lage nicht nur nicht ernsthaft verbessern konnte, sondern daß er den Antisemiten mit seinen Theorien über die »objektive Notwendigkeit der jüdischen Auswanderung« nur die Waffen lieferte. Der imperialistische Krieg und der Triumph des Hitlerismus in Europa wurden für das Judentum zum Verhängnis ohnegleichen. Das Judentum ist von vollständiger Ausrottung bedroht. Was bedeutet der Zionismus in Anbetracht einer solchen Katastrophe? Ist es nicht offensichtlich, daß die jüdische Frage sehr wenig vom zukünftigen Geschick Tel Avivs abhängt, in starkem Maße jedoch von dem Regime, das morgen in Europa und in der Welt dominiert? Die Zionisten setzen große Hoffnungen in einen Sieg der angelsächsischen Imperialisten. Aber besteht denn irgendein Grund für die Annahme, daß die Haltung der angelsächsischen Imperialisten sich nach einem eventuellen Sieg ändern werde? Nicht im geringsten! Selbst wenn der angelsächsische Imperialismus in irgendeiner Art die Mißgeburt eines jüdischen Staates bewirkte, würde dadurch – wie wir gesehen haben – die Lage des Weltjudentums nicht beeinflußt. Eine Einwanderung größeren Stils in Palästina würde nach diesem Krieg auf dieselben Schwierigkeiten stoßen wie vorher.[24] Unter den Voraussetzungen des Niedergangs des Kapitalismus ist es unmöglich, Millionen von Juden zu verpflanzen. Nur eine weltweite sozialistische Planwirtschaft wäre zu solch einem Wunder fähig. Aber dies setzte natürlich die sozialistische Revolution voraus.

Der Zionismus aber will das jüdische Problem unabhängig von der Weltrevolution lösen. Da der Zionismus die wirklichen Quellen der jüdischen Frage in unserer Zeit verkennt und sich in kindischen Träumen und dummen Hoffnungen wiegt, zeigt er sich als ideologischer Auswuchs ohne jeglichen wissenschaftlichen Wert.

Die Wege zur Lösung der jüdischen Frage

Es ist falsch, daß eine Lösung des jüdischen Problems sich seit 2000 Jahren angeboten hätte. Die Tatsache, daß während dieser langen Zeit keine Lösung gefunden werden konnte, beweist schon ihre Überflüssigkeit. Das Judentum war für die vorkapitalistische Gesellschaft unentbehrlich. Es stellte ein wesentliches Strukturelement dieser Gesellschaft dar. Dies erklärt seine zweitausendjährige Existenz in der Diaspora. Der Jude war für die feudale Gesellschaft ebenso charakteristisch wie Herr und Knecht. Nicht zufälligerweise ist es ein fremdes Element, das im feudalen Wirtschaftssystem die Rolle des »Kapitals« übernommen hat. Die feudale Gesellschaft konnte als solche keine kapitalistische Formen ausbilden. Von dem Augenblick an, als sie dazu in der Lage war, hörte sie auf, feudal zu sein. Es ist auch kein Zufall, daß der Jude dem feudalen Milieu fremd blieb. Das »Kapital« der vorkapitalistischen Gesellschaft existiert außerhalb ihres wirtschaftlichen Systems. Von dem Augenblick an, wo das Kapital sich von diesem gesellschaftlichen System zu lösen beginnt und so das fremde Organ ersetzt, verschwindet der Jude zur selben Zeit, wie die Feudalgesellschaft aufhört, feudal zu ein.

Erst der moderne Kapitalismus hat das Judenproblem geschaffen. Nicht, weil die Juden nahezu zwanzig Millionen zählen (der Prozentsatz der Juden gegenüber den Nicht-Juden ist seit der römischen Epoche sogar stark gesunken), sondern weil der Kapitalismus die jahrhundertealte Existenzgrundlage des Judentums zerstörte. Er zerstörte die Feudalgesellschaft und mit ihr die Funktion der jüdischen Volks-Klasse. Die Geschichte verurteilte diese Volks-Klasse zum Untergang, und so stellte sich das jüdische Problem. Die jüdische Frage ist die Frage der Anpassung des Judentums an die moderne Gesellschaft, das Problem der Beseitigung des feudalistischen Erbes.

Durch Jahrhunderte hindurch stellte das Judentum einen gesellschaftlichen Organismus dar, in dem Elemente der sozialen Struktur und Elemente nationaler Art einander wechselseitig durchdrangen. Die Juden bilden keineswegs eine Rasse; im Gegenteil, sie sind, wahrscheinlich in besonders charakteristischer und ausgeprägter Art, eine Rassenmischung. Das schließt nicht aus, daß in dieser Rassenmischung das asiatische Element besonders hervorsticht, jedenfalls in ausreichendem Maße, um den Juden in der Welt des Okzident, in derer am stärksten vertreten ist, auffallen zu lassen. Dieser reale nationale »Hintergrund« wird von einem irrealen, literarischen Hintergrund ergänzt, gebildet durch die jahrhundertealte Tradition, die den Juden der Gegenwart mit seinen entferntesten »Ahnen« aus der Bibel verbindet. Auf diese nationale Grundlagen wurde in der Folgezeit der Klassenhintergrund, die merkantile Psychologie aufgetragen. Nationale und gesellschaftliche Elemente haben sich weitgehend vermischt und gegenseitig durchdrungen. Es wäre schwierig, bei einem polnischen Juden das Erbe seiner Vorfahren von dem seiner sozialen Funktion geschuldeten Erbe zu trennen, die er in Polen über Jahrhunderte hinweg ausgeübt hat. Sicherlich hat die gesellschaftliche Basis seit langer Zeit an Einfluß gegenüber dem nationalen Hintergrund gewonnen. Aber, wenn der gesellschaftliche Aspekt zum nationalen hinzukommt, so konnte letzterer nur dank des ersteren überleben. Nur dank seiner gesellschaftlichen und wirtschaftlichen Position konnte der Jude sich »konservieren«.

Der Kapitalismus hat die jüdische Frage gestellt, d. h., er hat die gesellschaftlichen Grundlagen zerstört, auf denen das Judentum

sich seit Jahrhunderten erhielt. Aber er hat sie nicht gelöst, weil er dem von seinem bisherigen gesellschaftlichen Rahmen befreiten Juden keinen neuen Platz zuweisen konnte. Der Kapitalismus im Niedergang hat den Juden ins Nichts geworfen. Der »vorkapitalistische« jüdische Händler verschwand weitgehend, aber sein Sohn fand keinen Platz in der modernen Produktion. Das Judentum verlor den Boden unter den Füßen und wurde weithin ein gesellschaftlich deklassiertes Element. Der Kapitalismus hat nicht nur die gesellschaftliche Funktion der Juden, sondern auch die Juden selbst verurteilt.
Kleinbürgerliche Ideologien neigen immer dazu, historische Phänomene zu zeitlosen Kategorien aufzuwerten. Für sie ist die Judenfrage ein Ergebnis der Diaspora; nur die Rückkehr der Juden nach Palästina kann sie lösen.
Es ist kindisch, die jüdische Frage auf eine territoriale Frage reduzieren zu wollen. Die territoriale Lösung könnte nur dann einen Sinn haben, wenn sie das Verschwinden des traditionellen Judentums, sein Eindringen in die moderne Wirtschaft, die »produktive Eingliederung« der Juden in die kapitalistische Ordnung bedeuten würde. Der Zionismus gelangt auf umgekehrtem Weg zu den von seinen ärgsten Feinden, den konsequenten »Assimiliatoren«, vorgeschlagenen Lösungen. Für beide handelt es sich darum, das »verfluchte« Erbe der Vergangenheit zu beseitigen, aus den Juden Arbeiter, Landwirte und produktive Intellektuelle zu machen. Die Illusion des Zionismus besteht nicht in seinem Willen, dieses Ergebnis zu erreichen; dabei handelt es sich schlicht um eine historische Notwendigkeit, die sich früher oder später realisieren wird. Seine Illusion besteht in dem Glauben, daß die unüberwindbaren Schwierigkeiten, die der Kapitalismus den zionistischen Zielen entgegensetzt, sich in Palästina auf wunderbare Weise von selbst lösen würden. Wenn sich die Juden in der Diaspora wirtschaftlich jedoch nicht integrieren konnten, so werden dieselben Gründe verhindern, daß ihnen dies in Palästina gelingt. Die Welt ist heute so eng geworden, daß der Versuch, sich einen Schlupfwinkel vor ihren Stürmen zu schaffen, völlig absurd ist. Deshalb bedeutet der Fehlschlag der »Assimilation konsequenterweise zugleich ein Versagen des Zio-

nismus«. Als sich das jüdische Problem zur ungeheuren Tragödie ausweitete, erwies sich die Hoffnung auf Palästina als jämmerlicher Trugschluß. 10 Millionen Juden befinden sich in Konzentrationslagern. Was bedeuten einige zionistische Kolonien in Anbetracht dieser gigantischen Zahl?

Also gibt es keine Lösung für die jüdische Frage außerhalb des Gegensatzes von Assimilation und Zionismus? Nicht innerhalb des kapitalistischen Systems, ebensowenig wie es für die anderen Probleme der Menschheit eine Lösung ohne tiefgreifende gesellschaftliche Umwälzungen gibt. Es sind die gleichen Gründe, die die jüdische Emanzipation und die Zielsetzungen des Zionismus unmöglich machen. Man kann die Ergebnisse der jüdischen Frage nicht ohne ihre tieferliegenden Ursachen beseitigen.

Das Getto und die Ringellöckchen sind wieder aufgetaucht, Symbole des tragischen Wegs, den die Menschheit eingeschlagen hat. Der Antisemitismus wächst, aber er trägt bereits den Keim seines Absterbens in sich. Die Ausrottung der Juden schafft vorübergehend eine Art Lebensraum für das Kleinbürgertum. Die »Arisierung« erlaubt es, einige Zehntausend beschäftigungsloser Intellektueller und Kleinbürger unterzubringen. Indem sich die Kleinbürger jedoch gegen die scheinbaren Gründe ihres Elends wenden, tragen sie nur dazu bei, die wahren Gründe und deren Wirkung zu verschärfen. Der Faschismus beschleunigt die Proletarisierung der Mittelklassen. Nach den jüdischen Kleinbürgern werden viele Tausende Händler und Handwerker enteignet und proletarisiert. Die kapitalistische Konzentration hat gigantische Fortschritte gemacht. Die »offensichtliche Verbesserung der wirtschaftlichen Lage« geschah um den Preis der Vorbereitung des zweiten imperialistischen Krieges, der eine Quelle furchtbarer Zerstörungen und Massenmorde wurde.

So spiegelt das tragische Schicksal des Judentums nur mit besonderer Schärfe die Lage der Menschheit in ihrer Gesamtheit wider. Der Niedergang des Kapitalismus bedeutet für die Juden die »Rückkehr zum Getto«, und dies zu einem Zeitpunkt, wo das Getto längst zusammen mit den Grundmauern der feudalen Gesellschaft verschwunden war. Der Kapitalismus versperrt der Menschheit den Weg in die Vergangenheit ebenso wie den Weg

in die Zukunft. Nur die Zerstörung des Kapitalismus kann die Menschheit in die Lage versetzen, die ungeheuren Errungenschaften des industriellen Zeitalters für sich zu benutzen. Ist es verwunderlich, daß die jüdischen Massen, die als erste und mit besonderer Schärfe unter den Widersprüchen des Kapitalismus litten, dem sozialistischen und revolutionären Kampf im Übermaß Kräfte zur Verfügung stellten? Lenin unterstrich wiederholt die Bedeutung der Juden für die Revolution, nicht nur in Rußland, sondern auch in anderen Ländern, Lenin sagte auch, daß die Flucht eines Teils der jüdischen Bevölkerung ins Innere Rußlands im Anschluß an die Besetzung der westlichen Industriegebiete sehr nützlich für die Revolution war, ebenso, wie das Auftreten einer großen Zahl jüdischer Intellektueller in den russischen Städten während des Krieges. Sie ermöglichten den Bolschewiki die Durchbrechung der allgemeinen Sabotage, auf die sie überall nach der Revolution stießen und die sehr gefährlich war. Dadurch halfen sie den Bolschewiki, eine sehr kritische Phase zu überwinden.[25] Der hohe Prozentsatz von Juden in der proletarischen Bewegung spiegelt nur die tragische Situation des Judentums in unserer Zeit wider. Die geistigen Fähigkeiten des Judentums, die es seiner historischen Entwicklung verdankt, sind so für die proletarische Bewegung eine ernstzunehmende Unterstützung. Hierin liegt sicher noch ein letzter – wenn vielleicht auch nicht weniger wichtiger – Grund für den modernen Antisemitismus. Die herrschenden Klassen verfolgen mit besonderem Sadismus die jüdischen Intellektuellen und Arbeiter, die viele Kämpfer für die proletarische Bewegung stellten. Die völlige Isolierung der Juden von den Quellen von Kultur und Wissenschaft wird für das ins Schwanken geratene Regime, das sie verfolgt, unumgänglich. Die lächerliche Legende vom »jüdischen Marxismus« ist nichts weiteres als eine Karikatur der tatsächlichen Beziehung zwischen dem Sozialismus und den jüdischen Massen.
Noch nie ist die Situation der Juden so tragisch gewesen. Selbst in den schlimmsten Zeiten des Mittelalters bestanden ganze Landstriche, die sie beherbergten. Heute macht ein weltweiter Kapitalismus die Erde für sie unbewohnbar. Noch nie hat die

Fata Morgana des Verheißenen Landes die jüdischen Massen so sehr verführt. Aber noch nie war das Verheißene Land weniger in der Lage, die jüdische Frage zu lösen.

Der Paroxysmus der jüdischen Frage heute ist auch der Schlüssel zu ihrer Lösung. Wenn die Lage der Juden noch niemals so tragisch war, so war sie auch noch niemals so nahe daran, als Problem gelöst zu werden. In den vergangenen Jahrhunderten hatte der Judenhaß einen wirklichen Grund in dem gesellschaftlichen Antagonismus zwischen Juden und anderen Teilen der Bevölkerung. Heute fallen die Interessen der jüdischen Klassen mehr oder minder mit denen der Arbeiterklassen der ganzen Welt zusammen. Indem der Kapitalismus die Juden als »Kapitalisten« verfolgt, macht er sie zu Parias der Gesellschaft. Die grausamen Judenverfolgungen demaskieren die stupide Bestialität des Antisemitismus und zerstören die letzten Vorbehalte der Arbeiterklassen gegen die Juden. Die Gettos und die gelben Sterne verhindern nicht, daß die Arbeiter eine wachsende Solidarität für die empfinden, die am meisten unter dem leiden müssen, an dem die Menschheit in ihrer Gesamtheit leidet.

Eine gesellschaftliche Explosion – die großartigste, die die Welt je gesehen haben wird –, wird die Befreiung der am meisten verfolgten Parias unserer Erde vorbereiten. Wenn endlich die Menschen in den Fabriken und auf den Feldern die Vormundschaft der Kapitalisten abgeschüttelt haben, wenn sich vor der befreiten Menschheit das Abenteuer einer unbegrenzten Zukunft auftut, dann können die Juden einen nicht unbeachtlichen Beitrag zum Aufbau dieser neuen Welt leisten.

Das soll nicht heißen, daß der Sozialismus wie mit einem Zauberstab alle Schwierigkeiten, die mit der Lösung der jüdischen Frage verbunden sind, mit einem Schlag aus der Welt schaffen wird. Das Beispiel der Sowjetunion zeigt, daß selbst nach der proletarischen Revolution die spezifische, historisch ererbte Struktur des Judentums eine bestimmte Anzahl Schwierigkeiten verursachen wird, vor allem während der Übergangsperiode. So haben die Juden in Rußland beispielsweise während der NEP[26] aufgrund ihrer Handelstradition der neuen Bourgeoisie zahlreiche Kader geliefert.

Andererseits hat die große Masse der kleinen jüdischen Händler und Handwerker zu Beginn der Diktatur des Proletariats viel gelitten. Erst viel später, mit dem Erfolg des Fünfjahresplans, drangen die Juden in Massen in die sowjetrussische Wirtschaft ein. Im ganzen gesehen war die Erfahrung – trotz einiger Schwierigkeiten – eindeutig: Hunderttausende von Juden sind Arbeiter und Bauern geworden. Die Tatsache, daß ein genügend hoher Prozentsatz der jüdischen Lohnempfänger aus Angestellten und Beamten besteht, ist keineswegs beunruhigend. Der Sozialismus hat kein Interesse daran, daß die Juden sich auf manuelle Tätigkeiten beschränken. Im Gegenteil, die intellektuellen Fähigkeiten der Juden müssen ihm soweit wie möglich zur Verfügung gestellt werden.

Es hat sich also erwiesen, daß selbst unter den relativ schwierigen Bedingungen eines rückständigen Landes die jüdische Frage vom Proletariat gelöst werden kann. Die Juden haben sich in Massen in die russiche Wirtschaft integriert. Die »produktive Eingliederung« der Juden wurde von zwei parallel laufenden Prozessen, einem Prozeß der Assimilation und einem Prozeß der territorialen Konzentration, begleitet. Dort, wo die Juden in die Industrie vordrangen, assimilierten sie sich schnell. Schon im Jahre 1926 sprachen kaum 40 % der jüdischen Bergarbeiter im Donez-Becken noch Jiddisch. Dennoch leben die Juden in nationaler Autonomie. Sie besitzen eigene Schulen, eine jiddische Presse und unabhängige Gerichte. Aber die jüdischen Nationalisten hören nicht auf, die Vernachlässigung dieser Schulen und dieser Presse zu beklagen. Nur dort, wo die jüdischen Massen in genügender Dichte als Siedler hingeschickt worden waren, besonders nach Birobidjan, erlebt man eine Art »nationaler Renaissance«.[27] Das Leben selbst zeigt also, daß das Problem, das das Judentum so sehr entzweit, nämlich die Alternative: Assimilation oder territoriale Konzentration – nur in den Köpfen von Kleinbürgern spukt. Die jüdischen Massen wünschen nur eines, nämlich das Ende ihres Martyriums. Dies kann ihnen nur der Sozialismus verschaffen. Aber der Sozialismus muß ihnen, wie auch allen anderen Völkern, die Möglichkeit geben, sich zu assimilieren und zugleich ein eigenes nationales Leben zu führen.

Ist dies das Ende des Judentums? Mit Sicherheit. Trotz ihrer scheinbar unüberwindlichen Gegensätzlichkeit sind sich Assimilatoren und Zionisten darin einig, das Judentum, so wie es die Geschichte kennt, nämlich als merkantiles Judentum in der Diaspora, als Volks-Klasse, zu bekämpfen. Die Zionisten hören nicht auf zu wiederholen, daß es sich darum handle, in Palästina einen völlig neuen Typ von Juden zu schaffen, völlig verschieden von dem der Diaspora. Sie verwerfen mit Abscheu selbst Sprache und Kultur des Judentums der Diaspora. In Birobidjan, in der Ukraine und im Donez-Becken entledigt sich der »alte Jude« ebenfalls seines jahrhundertealten Plunders. Die Volks-Klasse, das historische Judentum, ist endgültig von der Geschichte verurteilt. Der Zionismus wird trotz aller seiner traditionellen Forderungen eine »nationale Wiedergeburt« nicht bewirken können, sondern höchstens eine »nationale Geburt«. Der »neue Jude« gleicht weder seinem Bruder in der Diaspora, noch seinem Vorfahren aus der Zeit der Zerstörung Jerusalems. Der junge Palästinenser, der stolz ist, die Sprache Bar Kochbas[28] zu sprechen, hätte diesen wahrscheinlich nicht verstanden. In der Tat sprachen die Juden zur Zeit Roms fließend Aramäisch und Griechisch, aber sie hatten nur sehr vage Kenntnisse des Hebräischen. Das Neu-Hebräisch entfernt sich übrigens gezwungenermaßen mehr und mehr von der biblischen Sprache. All dies wird dazu beitragen, die palästinensischen Juden von denen der Diaspora zu entfernen. Und wer kann daran zweifeln, daß morgen, wenn die nationalen Barrieren und Vorurteile in Palästina verschwinden, eine fruchtbare Annäherung zwischen arabischen und jüdischen Arbeitern stattfindet, was zu ihrer partiellen oder totalen Vermischung führen wird?

Das »ewige« Judentum, das noch nie mehr als ein Mythos war, wird verschwinden. Es ist voreilig, in der »Assimilation« und in der »nationalen Lösung« unvereinbare Widersprüche zu sehen. Selbst in den Ländern, in denen sich möglicherweise Juden gruppieren, wird man entweder das Entstehen einer neuen, von der alten völlig verschiedenen jüdischen Nationalität oder die Bildung neuer Nationen erleben. Übrigens wird im ersten Fall diese neue Nationalität – es sei denn, daß die ansässige Bevölkerung

vertrieben würde oder die strengen Verordnungen Esras und Nehemias wiedereingeführt würden – von den Einheimischen des Landes beeinflußt werden.
Der Sozialismus führt im nationalen Bereich notwendigerweise zur Demokratisierung im weitesten Sinne. Er muß den Juden die Möglichkeit geben, in allen Ländern, in denen sie ansässig sind, ein eigenes nationales Leben zu führen. Er muß ihnen außerdem ermöglichen, sich auf ein oder mehrere Gebiete zu konzentrieren, ohne natürlich die Interessen der einheimischen Bevölkerung zu verletzen. Nur eine so weit wie möglich ausgedehnte proletarische Demokratie wird es erlauben, die jüdische Frage mit einem Minimum an Leiden zu lösen.
Natürlich hängt das Tempo der Lösung der jüdischen Frage vom Rhythmus des sozialistischen Aufbaus ab. Der Antagonismus zwischen Assimilation und nationaler Lösung ist relativ, die letztere ist oft nur die Einleitung zur ersteren. Historisch gesehen, sind alle bestehenden Nationen Produkte diverser Rassen- und Völkervermischungen. Es ist nicht ausgeschlossen, daß neue Nationen durch Vermischung oder Versprengung heute existierender Nationen entstehen. Wie dem auch sei, der Sozialismus muß sich hier darauf beschränken, »die Natur handeln zu lassen«.
Man wird übrigens im gewissen Sinne zur Praxis der vorkapitalistischen Gesellschaft zurückkehren. Erst der Kapitalismus hat dadurch, daß er dem nationalen Problem eine wirtschaftliche Basis gegeben hat, auch die unüberwindbaren nationalen Gegensätze geschaffen. Vor Einbruch des Kapitalismus lebten Slowaken, Tschechen, Deutsche und Franzosen in völliger Eintracht miteinander. Die Kriege hatten keinen nationalen Charakter; sie interessierten nur die besitzenden Klassen. Die Politik erzwungener Assimilierung und nationaler Verfolgungen war bei den Römern unbekannt. Die barbarischen Völker ließen sich auf friedlichem Wege romanisieren oder hellenisieren. Die nationalen kulturellen und linguistischen Antagonismen von heute sind nichts anderes als die Folgen der vom Kapitalismus geschaffenen wirtschaftlichen Widersprüche. Mit dem Verschwinden des Kapitalismus wird das nationale Problem seine Schärfe völlig

verlieren. Wenn es auch verfrüht wäre, von einer weltweiten Assimilation der Völker zu sprechen, so ist es doch offensichtlich, daß eine globale Planwirtschaft eine beträchtliche Annäherung aller Völker der Welt zur Folge hätte. Es wäre jedoch unangebracht, die Assimilierung künstlich voranzutreiben; nichts könnte ihr mehr schaden. Noch ist nicht vorauszusehen, welcher Art die »Nachfahren« des heutigen Judentums sein werden. Aber der Sozialismus wird darüber wachen, daß sich diese »Generation« unter optimalen Bedingungen entfalten kann.

Anmerkungen

1 La situation économique des Juifs dans le monde, op. cit.
2 Ebd.
3 Ebd.
4 Yiddische Ekonomik, September–Oktober 1938.
5 In Warschau waren 1882 79,3 % der Kaufleute Juden, 1931 nur noch 51 %. J. Lestschinskiy, Der wirtschaftliche Zusammenbruch der Juden in Deutschland und Polen, Paris/Genf, Jüdischer Weltkongreß 1936. (R)
6 Zu einer Zeit, wo die kleinbürgerlichen jüdischen und nicht-jüdischen Intellektuellen Hitler als den einzigen Verantwortlichen des Antisemitismus in unserer Zeit darstellen, zu einer Zeit, wo die Vereinten Nationen, unter ihnen Polen, die Verteidigung der »Menschenrechte« übernehmen, dürfte es nicht nutzlos sein, dies ins Gedächtnis zurückzurufen. Sicherlich hat Hitler in ausgeklügelter Weise die Zerstörung des europäischen Judentums vorbereitet. Hier wie auf anderen Gebieten personifiziert er die kapitalistische Barbarei, aber die verschiedenen Regierungen, mehr oder minder demokratisch, die sich in Polen ablösen, hätten nicht viel von ihm lernen können. Das Verschwinden Hitlers kann nichts Wesentliches zur Veränderung der Lage der Juden beitragen. Eine vorübergehende Verbesserung des jüdischen Schicksals wird die tiefen Wurzeln des Antisemitismus im 20. Jahrhundert nicht beseitigen.
7 La situation économique des Juifs dans le monde, op. cit.
8 Ebd., S. 252.
9 Yiddische Ekonomik, Mai–Juni 1938.
10 Entfällt.
11 F. Engels an F. Mehring am 14. Juli 1893, MEW 39, Berlin 1969, S. 97.
12 Ochrana ist die zaristische Geheimpolizei; das Dokument, auf das Léon sich bezieht, ließ dies nicht ermitteln.

13 Vgl. die Utopie Proudhons über den »crédit gratuit«.
14 Hans Günther, Rassenkunde des jüdischen Volkes.
15 D. h. die Bauern»befreiung« Zar Alexanders II.
16 Leon Pinsker (1821–1891) stammte aus Odessa; zunächst Anhänger der Assimilation, entwickelte er sich neben Herzl zu dem bedeutendsten frühen Vertreter der zionistischen Ideologie. 1882 erschien seine aufsehenerregende Schrift »Autoemanzipation«.
17 Poale-Zion = Weltverband zionistischer Arbeiter.
18 Ben Adir, »Antisemitisme«, Algemeine yidishe Encyklopedie.
19 Siehe Anm. V, 22.
20 Chajm Schitlovskij, Der socialism un di nacionale Frage, E. Yiddish, New York 1908.
21 Es gibt eine bürgerlich religiös-zionistische (Misrakhi) und eine proletarische religiös-zionistische Partei (Poale-Misrakhi).
22 Vgl. A. Böhm, Die Zionistische Bewegung bis zum Ende des Weltkrieges, Wien 1935, S. 16 ff.
23 Achad Haam (Usher Ginzberg – 1856–1927), bedeutender Vertreter des Zionismus, der die Idee einer politischen Staatsgründung in Palästina ablehnte.
24 Es geht in diesem Kapitel nur um den Zionismus in Beziehung zur jüdischen Frage. Die Rolle des Zionismus in Palästina ist natürlich eine andere Frage.
25 S. Dimanstein, zitiert von Otto Hellner in: Der Untergang des Judentums, Wien/Berlin 1931, S. 229.
26 NEP = Novaja ekonomitscheskaja politika (Neue ökonomische Politik) – von Lenin durchgesetzte Wirtschaftspolitik der Sowjetunion ab 1921/22, die den Kriegskommunismus ablöste und die Privatinitiative der Bauern, und gerade der reichen Bauern, mittels privatkapitalistischer Wirtschaftsmethoden für den sozialistischen Aufbau nutzbar machen sollte.
27 Das jüdische Problem in Rußland wird hier nur gestreift.
28 Siehe I, 6.

**zeitnah
kritisch
weltweit
ausführlich
und oft
unbequem**

DEUTSCHES ALLGEMEINES SONNTAGSBLATT

DIE WOCHENZEITUNG FÜR POLITIK WIRTSCHAFT
HERAUSGEBER HANNS LILJE

Berichte,
Kommentare,
Analysen aus
Politik, Kultur
und der Wirtschaft.
Die Wochenzeitung
der besser Informierten.

Fordern Sie kostenlos drei
Ansichtsexemplare bei uns an:
2000 Hamburg 13 · Mittelweg 111

Frankfurter Allgemeine
ZEITUNG FÜR DEUTSCHLAND

Eine
der großen
Zeitungen
der Welt

DOKUMENTE

Zeitschrift für übernationale Zusammenarbeit
Chefredakteur Paul Schallück

Aus dem Inhalt früherer Hefte

Heft 1/1973
Eigentum verpflichtet
Jean Améry – Walter Dirks – Alberto Cola – Ota Šik – Alfred Neven DuMont
Heinrich Böll: Einmischung erwünscht
Chilenische Chansons

Heft 2/1973
Die strafende Gesellschaft
Strafvollzug in der Bundesrepublik
Resozialisierung in Frankreich
Die neuen »schwedischen Gardinen«

Heft 3/1973
Brauchen wir das Theater?
H. W. Sabais: Spielraum der Gesellschaft
M. Butcher: Optimismus in England
M. Marianelli: Vorteilhafte Nachteile in Italien

Heft 4/1973
Ist die Kirche uninteressant geworden?
L. Waltermann: Drift ins Abseits
W. Schricker: Kirche heißt Welt
U. Engelbrecht: Überbleibsel der russischen Vergangenheit?
J. Stroynowski: Polnisches savoir-vivre

Deutschland-Frankreich im übernat. Kontext
Heft 1/1974
Paul Schallück: Ins dreißigste Jahr
Kritische Zuneigung für Israel
Siegfried Lenz: Über das Leistungsprinzip
André Laurens: Frankreichs politische Parteien

Macht und Ohnmacht der Gewerkschaften
Heft 2/1974
A. Cola: Neue Perspektiven in Italien
R. Lasserre: Deutsche Gewerkschaften:
Die Grenzen der Integration
B. Morawe: Gewerkschaften in Frankreich

Das Kino ist tot – es lebe der Film
Heft 3/1974
J. L. Douin: Die Situation des franz. Films
Z. Paulinyi: Der ungarische Artfilm
R. Haarmann: Funktionsträger neben anderen
A. Halstenberg: Ist Opas Kino tot in der BRD?

Heft Nr. 4/74:

Gegen wen verteidigen uns die Soldaten?

Erscheinungstermin: 1. Dezember 1974

Preis DM 4,– · Jahresabonnement 4 Hefte DM 14,– · Studenten DM 10,50
Bezug bei Ihrem Buchhändler oder
VERLAG DER DOKUMENTE, 5 KÖLN 1, Hohenstaufenring 11

Für **das da** schreiben: HEINRICH BÖLL • NICOLAS BORN • FRANZ JOSEF DEGENHARDT • KARL-HEINZ DESCHNER • HUBERT FICHTE • ROLV HEUER • ROLF HOCHHUTH • PEGGY PARNASS HERMANN PETER PIWITT • E.A. RAUTER • KLAUS RAINER RÖHL PETER RÜHMKORF • JOCHEN STEFFEN • GÜNTER WALLRAFF JOCHEN ZIEM • GERHARD ZWERENZ u.v.a. **das da** analysiert, kritisiert, provoziert. **das da** Ein Monatsmagazin für Kultur und Politik.

das da erscheint jeden letzten Donnerstag im Monat

Hoffmann und Campe
Kritische Wissenschaft

Hans Albert
Konstruktion und Kritik
Aufsätze zur Philosophie des kritischen Rationalismus

Albert / Keuth (Hrsg.)
Kritik der kritischen Psychologie

Werner Becker
Kritik der Marxschen Wertlehre

Jacques Ellul
Von der Revolution zur Revolte
Vorwort: Kurt Sontheimer

Ossip K. Flechtheim
Zeitgeschichte und Zukunftspolitik

Ernst Fraenkel
Reformismus und Pluralismus

Fricke / Geißler (Hrsg.)
Demokratisierung der Wirtschaft

Martin Greiffenhagen (Hrsg.)
Emanzipation

Peter Grottian
Strukturprobleme staatlicher Planung

Rudolf Hamann
Armee im Abseits?

Rudolf Hamann
Politische Soziologie für den Sozialkunde-Unterricht

John H. Herz
Staatenwelt und Weltpolitik
Aufsätze zur internationalen Politik im Nuklearzeitalter

Willy Hochkeppel
Der Mythos Philosophie

Jan Jaroslawski
Theorie der sozialistischen Revolution
Von Marx bis Lenin

Walter Kaufmann:
Jenseits von Schuld und »Gerechtigkeit«

Hubert Kiesewetter
Von Hegel zu Hitler

Hans J. Kleinsteuber
Die USA – Politik, Wirtschaft, Gesellschaft

Johannes Kniffka
Soziolinguistik und Texttheorie
Analyse des Angela-Davis-Urteils in der amerikanischen Presse

Karl Liebknecht
Studien über die Bewegungsgesetze der gesellschaftlichen Entwicklung
Hrsg. von Ossip K. Flechtheim

Richard Münch
Gesellschaftstheorie und Ideologiekritik

Dieter Nohlen
Chile – das sozialistische Experiment

Karl R. Popper
Objektive Erkenntnis
Ein evolutionärer Entwurf

Karl-Heinz Pütz
Die Außenpolitik der USA
Eine Einführung

Joachim Raschke
Innerparteiliche Opposition
Die Linke in der Berliner SPD

Reetz / Witt (Hrsg.)
Berufsausbildung in der Kritik: Curriculumanalyse Wirtschaftslehre

Frank Rotter
Verfassung und sozialer Wandel
Systemtheoretische Studien zur Rechtssoziologie

Brigitte Schlieben-Lange
Sprachtheorien

Alexander u. Gesine Schwan
Sozialdemokratie und Marxismus

Sontheimer / Bleek
Die DDR – Politik, Gesellschaft, Wirtschaft

Kurt P. Tudyka (Hrsg.)
Multinationale Konzerne und Gewerkschaftsstrategie

Peter Waldmann
Der Peronismus 1943–1955

Wolfgang Wickler
Verhalten und Umwelt

Bernhard Winterer
Traktat über Elend und Bedürfnis
Vorüberlegungen zu einer Theorie der Verelendung

Hoffmann und Campe
Reader

Gisela Ammon (Hrsg.)
Psychoanalytische Pädagogik

Günter Ammon
Psychoanalytische Traumforschung

Günter Ammon (Hrsg.)
Gruppenpsychotherapie
Beiträge zur Theorie und Technik der Schulen einer psychoanalytischen Gruppentherapie

Manfred Asendorf (Hrsg.)
Aus der Aufklärung in die permanente Restauration
Geschichtswissenschaft in Deutschland

Dirk Berg-Schlosser (Hrsg.)
Die politischen Probleme der Dritten Welt

Bermbach / Nuscheler (Hrsg.)
Sozialistischer Pluralismus
Texte zur Theorie und Praxis sozialistischer Gesellschaften

Bredow / Zurek (Hrsg.)
Film und Gesellschaft in Deutschland

Johannes Cremerius (Hrsg.)
Psychoanalytische Textinterpretation

Ernest Feder (Hrsg.)
Gewalt und Ausbeutung
Lateinamerikas Landwirtschaft

Ossip K. Flechtheim (Hrsg.)
Die Parteien der Bundesrepublik Deutschland

Wolf Grabendorff (Hrsg.)
Lateinamerika – Kontinent der Krise

Grottian / Murswieck (Hrsg.)
Handlungsspielräume der Staatsadministration
Beiträge zur politologisch-soziologischen Verwaltungswissenschaft

Helga Haftendorn (Hrsg.)
Theorie der internationalen Politik

Holzer / Steinbacher (Hrsg.)
Sprache und Gesellschaft

Wolfgang Keim (Hrsg.)
Gesamtschule
Bilanz ihrer Praxis

Joachim Knoll (Hrsg.)
Lebenslanges Lernen
Erwachsenenbildung in Theorie und Praxis

Mühlfeld / Schmid
Soziologische Theorie

Nikles / Weiß (Hrsg.)
Gesellschaft
Organismus – Totalität – System

Ritter / Miller (Hrsg.)
Die deutsche Revolution 1918–1919 – Dokumente

Peter Schmidt (Hrsg.)
Innovation
Diffusion von Neuerungen im sozialen Bereich

Wolfgang Schmidbauer (Hrsg.)
Evolutionstheorie und Verhaltensforschung

Stephan Voets (Hrsg.)
Sozialistische Erziehung
Texte zur Theorie und Praxis

Oskar Weggel (Hrsg.)
Die Alternative China
Politik, Gesellschaft, Wirtschaft der Volksrepublik China

Wickler / Seibt (Hrsg.)
Vergleichende Verhaltensforschung

EINZELTITEL

Doeker / Steffani (Hrsg.)
Klassenjustiz und Pluralismus
Festschrift für Ernst Fraenkel zum 75. Geburtstag

Nohlen / Nuscheler (Hrsg.)
Handbuch der Dritten Welt
Theorien und Indikatoren der Unterentwicklung und Entwicklung

Ota Šik
Der Dritte Weg
Die marxistisch-leninistische Theorie und die moderne Industriegesellschaft

Hoffmann und Campe
Standpunkt

Werner Becker
Die Achillesferse der marxistischen Theorie: der Widerspruch von Kapital und Arbeit

Peter Bernholz
Währungskrisen und Währungsordnung

Gerd Breitenbürger / Günter Schnitzler (Hrsg.)
Marx und Marxismus heute

Peter J. Etges
Kritik der analytischen Theologie
Vorwort: Hans Albert

Iring Fetscher (Hrsg.)
Marxisten gegen Antisemitismus

Imanuel Geiss
Was wird aus der Bundesrepublik?
Die Deutschen zwischen Sozialismus und Revolution

Burkhard Greger
Städtebau ohne Konzept

Klaus Grimm
Niklas Luhmanns »soziologische Aufklärung«
oder Das Elend der aprioristischen Soziologie

Grube / Richter (Hrsg.)
Leistungssport in der Erfolgsgesellschaft

Willy Hochkeppel (Hrsg.)
Wie krank ist Amerika?
Analysen und Perspektiven einer Weltmacht

Jutta Kamke
Schule der Gewaltlosigkeit
Das Modell Palo Alto

Hans J. Kleinsteuber
Fernsehen und Geschäft

Manfred Koch
Die Deutschen und ihr Staat
Ein Untersuchungsbericht

Alena Köhler-Wagnerová
Die Frau im Sozialismus – Beispiel ČSSR

Jan Kotik
Konsum oder Verbrauch?
Gesellschaftlicher Reichtum, Gebrauchswert, Nutzungsprozeß, Bedürfnisse

Christian Graf von Krockow
Sport
Eine Soziologie und Philosophie des Leistungsprinzips

Axel Kuhn
Das faschistische Herrschaftssystem und die moderne Gesellschaft

Borys Lewytzkyj
Die linke Opposition in der Sowjetunion

Bedřich Loewenstein
Plädoyer für die Zivilisation
Vorwort: Golo Mann

H.-J. Müller-Borchert
Guerilla im Industriestaat
Ziele, Ansatzpunkte, Erfolgsaussichten

Adelbert Reif (Hrsg.)
Antworten der Strukturalisten

Adelbert Reif (Hrsg.)
Interviews

Wolfgang Schmidbauer
Biologie und Ideologie
Kritik der Humanethologie

Wolfgang Schmidbauer
Die sogenannte Aggression
Die kulturelle Evolution und das Böse

Bernhard Schossig
Emanzipatorische Gewerkschaftspolitik und überbetriebliche Mitbestimmung

Dieter Senghaas
Gewalt – Konflikt – Frieden
Essays zur Friedensforschung

Ota Šik
Argumente für den Dritten Weg

Sontheimer / Bleek
Abschied vom Berufsbeamtentum?